잡雜문체로 엮은
조선의 국가대표 괴짜들

잡雜문체로 엮은 조선의 국가대표 괴짜들

발행일   2024년 4월 15일

지은이   김성기
펴낸이   손형국
펴낸곳   (주)북랩
편집인   선일영   편집   김은수, 배진용, 김다빈, 김부경
디자인   이현수, 김민하, 임진형, 안유경, 한수희   제작   박기성, 구성우, 이창영, 배상진
마케팅   김회란, 박진관
출판등록 2004. 12. 1(제2012-000051호)
주소   서울특별시 금천구 가산디지털 1로 168, 우림라이온스밸리 B동 B113~115호, C동 B101호
홈페이지 www.book.co.kr
전화번호 (02)2026-5777   팩스   (02)3159-9637

ISBN   979-11-7224-061-5 03910 (종이책)   979-11-7224-062-2 05910 (전자책)

잡雜 문체로 엮은

조선의
국가대표
괴짜들

김성기 지음

북랩

1

조선조 셀럽들의 파파라치를 자임하며 그네들의 내밀한 삶의 자취를 쫓고 훔쳐보는 과정에서 '관종(관심 종자)' - 또는 '어그로꾼' -으로 지목되기 딱 좋은 면면들과 종종 맞닥뜨리곤 했습니다.

그런데 저의 별난 취향 탓인지, 파파라치 샷을 연사로 누르며 문제의 '관종'들을 쫓으면 쫓을수록 그네들의 특이한 삶의 양태에서 '간지 난다'는 표현을 떠올릴 때가 많았습니다.

혹시나 해서 은밀하게 뒤를 캐봤더니, 역시나 그네들 이름 앞에는 '기인(奇人)' 또는 '이인(異人)'이라는 수식어가 무슨 아호인 양 착 들러붙어 있더군요. 아는 분은 아시겠지만, 기인은 '성격이나 말, 행동 따위가 보통 사람과 다른 별난 사람', 이인은 '재주가 신통하고 비범한 사람'을 일컫습니다.

…조선을 대표하는 별난 사람 & 비범한 사람들을 한 공간에?…

패 오래전 저는 문득 이런 구상을 했고, 늦게나마 이렇게 남루한 공간을 마련해 "괴짜"라는 문패 내건 채 이들을 함께 모시게 됐습니다. 괴상한 짓 잘하는 사람을 속되게 이르는 말 '괴짜'는 기인과 사촌지간

쯤 되지만, 이 말 속엔 이인의 의미도 꽤 녹아들어 있어 이 둘을 아우르는 문패로 제격이라고 봤던 것이죠.

하지만 대상자 선정 과정은 절대 녹록지 않았습니다. '기록 변태'라 불릴 만치 역사 기록 남기기를 진심으로 한 조선조였지만, 오백 년 치 기록을 탈곡기처럼 탈탈 털어 봐도 '괴짜'로 검증된 '인재 풀'이 그리 풍족지는 않았던 탓입니다. 요컨대 살면서 어쩌다 '괴짜 짓' 좀 한 인사는 여럿 있었어도 삶을 통째로 '괴짜 짓'으로 일관하다 간 진퉁 괴짜'들은 그리 많지 않더라는 말씀입니다.

그 때문에 네임드가 워낙 레전드급인 '조선의 3대 기인'(김시습, 이지함, 정북창)은 우선하여 선발할 수밖에 없었으며, 이들과 함께 어렵사리 이 공간에 모신 '진퉁 괴짜'는 모두 11인입니다. 눈치 빠른 분들은 감 잡았겠지만, 여기서 11은 축구의 레귤러 멤버, 즉 '베스트 일레븐(Best Eleven)'을 상징하는 숫자입니다.

실제로 이 졸저에 포진한 '괴짜'들은 - 기존의 레전드급을 제외하고는 - 2002년 월드컵 당시와 매우 유사한 선발 절차, 이를테면 히딩크 리더십의 모체인 '연고와 인맥에 좌우되지 않는 철저한 능력 중심의 선발' 방식을 따르려고 애쓴 결과물들입니다.

거지가 동냥 바가지 자랑하는 격이라고 흉보실지 모르나, 이런 선발 방식을 통해 치명적인 핸디캡을 이겨내고 인간 승리의 신화를 쓴 '둔재 형 괴짜'도 과감히 발탁함으로써 '천재 일변도'의 편중된 라인업을 탈피한 건 2002년식 선발 절차가 가져다준 작은 개가(?)였노라고, 감히 '셀프 칭찬'도 곁들여 봅니다.

2

기왕 멍석이 깔렸으니, 이번엔 독자 제위께 이 졸저의 문체에 대해서도 한 말씀 드려볼까 합니다.

중국 작가 루쉰(魯迅)은 1921년 펴낸 중편소설 '아Q정전'에서, 자신의 문체가 마치 수레나 끌고 된장이나 파는 자들이 사용하는 말처럼 비속하다고 '셀프 디스'를 했습니다. 차제에 '자진 납세'를 좀 하면, 이 졸저에서 사용되는 문체도 그에 못지않게 비속합니다. 아니, 거기다가 요즘 유행하는 조어와 은어, 심지어는 축약어까지 마구 흩뿌려 놨으니 어쩌면 그 이상으로 비속하다고 할 수도 있을 겁니다. 문체반정을 주도한 정조의 시각에서 본다면 이건 뭐 갈 데 없는 '잡(雜) 문체'의 불순한 글이죠.

사실 제가 이런 난해한 '잡 문체'로 글쓰기를 즐겨 하는 까닭은 무엇보다 '읽는 맛'을 돋워보고자 하는 갸륵한 충정(?) 때문입니다. 앞에서 열거한 비속어와 조어, 은어, 축약어 따위야말로 '언어의 M·S·G'라는 - 근거 없는 믿음에 기인한 - 이상한 자기 확신 같은 게 꽤 오래전부터 저의 심저(心底)에 똬리를 틀고 있거든요.

물론 이 졸저와 만나는 독자 중에는 이런 문체에 불편함을 느끼는 분도 더러 계시리라고 봅니다. 하지만 비록 그런 분들이 쏴 보내는 레이저가 제 꼭뒤를 심하게 자극한다고 할지라도 저로선 이제 달리 어찌할 방도가 없습니다. 농(弄) 한 꼬집만 섞어 변명하면, 저의 뇌 구조가 어느덧 이런 문체에 특화된 상태로 화석처럼 굳어져 버렸기 때문이지요.

3

바야흐로 하 수상한 시절입니다. 한 치 앞도 내다볼 수 없는 '시계 (視界) 제로'의 그믐밤 같은 나날이 이어지고 있습니다. 그래서인지, 모두 뭔지 모를 조급함에 허둥대는 느낌입니다. 하지만 '급할수록 돌아가라'고 했습니다. 조급한 마음에 서두르다가는 더 큰 낭패를 맛볼 수 있다는 선현들의 가르침이죠.

그렇습니다. 팍팍한 세상살이 하루하루가 버겁더라도 한 타임 늦춰 숨도 고르고, 시린 속도 달래고, 그래서 조금의 여유라도 되찾은 다음 다시 출발하는 지혜가 필요할 때입니다. 이 졸저가 여유를 되찾고 싶어 하시는 분들에게 옹색하나마 '차양막' 구실 정도라도 해낼 수 있다면, 정녕 그럴 수만 있다면 더 바랄 게 없겠습니다.

- 동쪽 바다가 보이는 어느 골방에서

·목차·

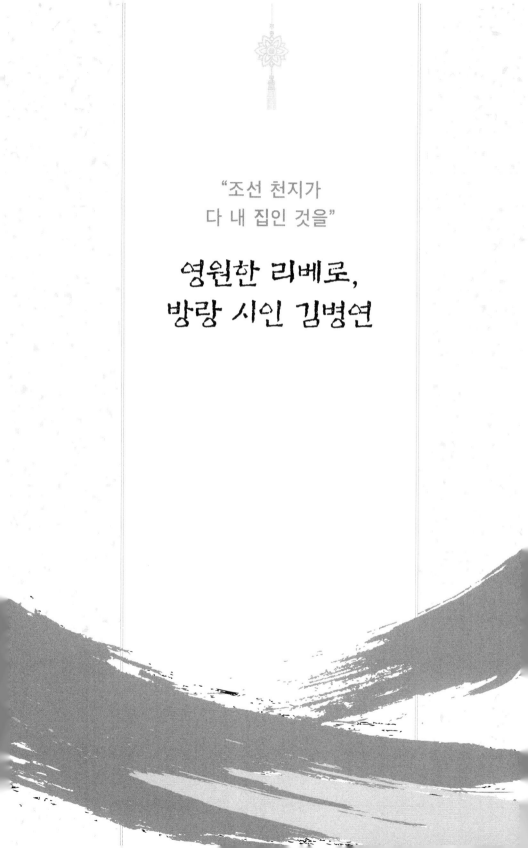

"조선 천지가
다 내 집인 것을"

영원한 리베로,
방랑 시인 김병연

김삿갓에게 술이란?

김삿갓이라는 지극히 비현실적인 캐릭터의 한 떠돌이 시인이 나의 뇌리에 벙커버스터처럼 내리꽂혔다가 내쳐 가슴 한편에 아담한 둥지까지 틀게 된 것은, 자못 흥겨운 트로트 리듬에 실려 스리살살 넘어가는 어떤 '뽕짝'과의 우연한 조우 때문이었다. 현실에서의 일탈이 일생의 로망으로 치부되던 한 시기에 내 서푼짜리 감성을 사정없이 찢으며 성큼 다가왔던 그 노래, 바로 '방랑시인 김삿갓'이다.

죽장에 삿갓 쓰고 방랑 삼천리 / 흰 구름 뜬 고개 넘어가는 객이 누구냐 / 열두 대문 문간방에 걸식을 하며 / 술 한 잔에 시 한 수로 떠나가는 김삿갓

세상이 싫던가요. 벼슬도 버리고 / 기다리는 사람 없는 이 거리 저 마을로 / 손을 젓는 집집마다 소문을 놓고 / 푸대접에 껄껄대며 떠나가는 김삿갓

　김문응이 노랫말을 짓고 전오승이 '콩나물 대가리'를 그려 붙인 이 노래는, 1955년 신신레코드를 통해 세상에 나왔다가 1957년 영화 '김 삿갓(감독 이만흥)'의 주제곡으로 쓰이면서 널리 알려지기 시작해-당시 로서는 기록적인-5만 장 이상의 앨범 판매량을 올리는 초대박을 터트 렸다.

　하지만 10년 뒤인 1965년 일본가요 '아사타로의 달밤(淺太郎 月夜)'을 표절했다는 이유로 방송금지곡이 되면서 그대로 '폭망'하는가 했더니, 그 15년 뒤인 1980년대 초에 꽤나 엉뚱한 이유로 다시금 강렬한 사이 키 조명 세례를 받기 시작했다(방송에선 여전히 금지곡으로 묶여 있었지 만). 당시 대통령 전두환의 '최애 곡'이라는 이유에서였는데, 실제로 전 두환은 군 장성 시절 주흥이 도도해지면 한껏 '텐션 업(Tension Up)'해 서 이 노래를 신나게 불러젖히곤 했다 한다. 마지막 소절의 '김삿갓'을 '전 삿갓'으로 바꾸는 '드립'까지 깜짝 시전하면서.

　아닌 게 아니라, 간혹 노래방 같은 '언더그라운드' 공간에서 "뽕짝~

뽕짝~" 하고 빠르게 전개되는 이 노래와 조우할라 치면, 경쾌하게 흐르는 리듬이 듣는 이들의 어깨를 질로 들썩이게 만들면서 텐션을 한껏 끌어올려 주는 게 사실이다.

하지만 누군가 군이 한 쪽만 택하라고 강요(?)한다면, 나는 주저 없이 가락보다는 노랫말의 손을 번쩍 치켜들어줄 요량이다. 비록 단 2절(원래는 3절까지 있는데 요즘은 주로 2절까지만 부른다. 3절은 뒤에 따로 소개하겠다)로 구성된 짤막한 노랫말이지만, 들을 때마다 김삿갓이라는 캐릭터의 특장점을 정수만 정갈하게 뽑아냈다는 느낌을 강하게 받곤 하기 때문이다.

이렇게 뽑은 핵심을 정확히 마흔 글자로 깔끔하게 정리하면 대략 이런 내용이 되지 않을까 한다.

「세상이 싫다고 삿갓을 눌러쓴 채 주유천하 했던 김삿갓은 술을 너무나도 사랑한 떠돌이 시인이었다.」

그렇다. 김삿갓 하면 연관검색어처럼 리얼타임으로 떠오르는 단어가 바로 술이다. 실제로 여러 사료와 문학작품에 공공행사장의 '순국선열에 대한 묵념'만큼이나 단골로 들어가는 레퍼토리가 그의 술에 얽힌 일화들이다. 김삿갓과 교유가 있었던 동시대의 향토 문인 황오(1816~?)가 〈녹차집(綠此集)〉에 남긴 다음과 같은 인물평도 그중 하나다.

『그는 술을 잘 마시고, 우스갯소리를 좋아하며, 시를 잘 지었고, 취하면 가끔 대성통곡을 했다.』

또한 19세기 중반 김삿갓과 동시대를-거의 동년배로-함께 살아냈던 향토 작가 이우준(1801~1867)은 〈몽유야담(夢遊野談)〉이라는 잡문집에 이런 인물평을 남겼다.

> 『김병연(김삿갓의 본명)은 대나무로 만든 삿갓을 쓰고 다녔다. 옷
> 을 잘 차려입을 때도 있고 누더기를 입고 다니기도 하는데, 술을
> 즐겨 마셔서 언제나 취하지 않는 날이 없다…(후략)….』

물론, 김삿갓 하면 늘 첫머리에 '술'이 올라붙다 보니 그를 시구깨나 읊조리는 중중 알코올 의존 증상의 주정뱅이 부랑자쯤으로 시답잖게 보는 시각도 세간에는 존재한다. 이런 꼬리한 시각에 안타까움을 느껴서인지, 소설가 정비석은 자신의 저서 〈소설 김삿갓〉에 이런 '쉴드 글'을 담아 놓기도 했다.

> 『…세상 사람들은 김삿갓을 흔히 한평생 술이나 얻어먹으며 돌
> 아다니다가 객사한 거지 시인으로 알고 있기가 고작인데, 그것은
> 크게 잘못된 생각이다. 한마디로 말하면, 김삿갓은 우리나라 역
> 사상 가장 뛰어난 생활 시인이었고, 문학적으로도 모든 욕망을 초
> 월한 세계적인 선(禪) 시인이었다….』

당송팔대가 중 한 사람인 중국 북송 때의 대문장가 소동파는 술을 다른 표현으로 조시구(釣詩鉤)라고 했다. 우리말로 풀면 '시정(詩情)을 낚는 낚싯바늘'이라는 뜻인데, 이는 김삿갓에게 적용해도 한 치의 오

차 없이 야무지게 맞아떨어지는 말이다. 김삿갓이 조선팔도 곳곳에 토
사물처럼 게워놓은 무수한 한시들, 그 주옥같은 시어들을 가슴속 깊
은 곳으로부터 낚아채어 끌어내 준 낚싯바늘 같은 것, 그것이 '김삿갓
의 술'이기 때문이다.

千里行裝付一柯(천리행장부일가) 餘錢七葉尙云多(여전칠엽상운다)
천 리 나그네 길을 지팡이 하나에 의지하고, 여윳돈 일곱 닢도
오히려 많다 여기며.
囊中戒爾深深在(낭중계이심심재) 野店斜陽見酒何(야점사양견주하)
주머니 속 깊이깊이 있으라고 일렀건만, 해 질 녘 주막에서 술
을 보았으니 어이하랴.

- 주막에서(艱飮野店·간음야점) -

오늘도 계속되는 '김삿갓 신드롬'

앞선의 '술 한 잔에 시 한 수'라는 노랫말에서도 알 수 있듯이 김삿
갓은 가성비 뛰어난 창작활동의 대표주자 격이었다. 우스갯소리 같지
만, '술 한 잔에 시 한 수'라면 '술 한 말에 시 백 편'이라는 이백의 그것
과 맞먹는 생산성이다. 손가락 계산기로 대충 꼽아 봐도, '100홉은 1
말(斗)'이므로 김삿갓의 술잔이 1홉 들이라는 전제만 흔들리지 않는다
면 두 시인의 생산성은 '쌤쌤'이 되니 말이다.
그렇다면 이런 '가성비 원탑' 급의 김삿갓은 어떤 유형의 시인이었으

며, 그의 시풍은 어떠했을까?

단도직입적으로 말하면, 그는 격식 파괴의 천재 시인이었다. '파격'이라는 단어는 그의 시풍을 함축해 주는 키워드다. 실제로 그는 운율이나 따지고 음풍농월[1]만을 읊조려 대는 기존의 한시 스타일에 대뜸 '빅엿'부터 먹였다. 그러고는 파자(破字)와 동음이의어 따위를 끌어와 사회적 모순과 일상을 비꼬는가 하면, 겉으로는 예사의 한시 같되 우리말로 옮기면 바로 욕지거리가 되는 육담풍월(肉談風月)로 타락한 세태에 거침없이 하이킥을 날려댔다(주의: 다음 작품은 '소리내어 읽는 것'을 금함).

書堂乃早知(서당내조지) 房中皆尊物(방중개존물)

서당은 내가 이에 일찍이 알았는데, 방안에는 잘난 척하는 놈들만 있더라.

生徒諸未十(생도제미십) 先生來不謁(선생내불알)

생도는 모두 열 명도 안 되는데, 선생은 와서 뵙지도 않는구나.

▷ 강원도 원산 근처의 한 서당-. 선생은 없고 못된 학동 놈들이 김삿갓의 초라한 몰골을 보고 놀려대자, 핏대가 올라 써 갈겨 놓고 떠났다는 시다.

김삿갓은 또한 언어의 연금술사였다. 그는 주로 자연과 인생의 아름다움을 노래했던 이백 등과 달리 서정시, 풍자시는 물론이고 망건·담뱃대·콩·닭·이·벼룩·장기·요강 등 정통 한시의 영역 밖에 있던 일

---

1 음풍농월 : 맑은 바람과 밝은 달을 대상으로 시를 짓고 흥취를 자아내어 즐겁게 놂.

상의 잡동사니들까지도 닥치는 대로 시의 소재로 끌어왔다.

> 賴渠深夜不煩扉(뢰거심야불번비) 令作團隣臥處圍(령작단린와처위)
>
> 네 덕분에 밤중에 드나들지 않아도 되고, 사람과 이웃해 잠자리
> 의 벗이 되었구나.
>
> 醉客持來端膝跪(취객지래단슬궤) 態娥挾坐惜衣收(태아협좌석의수)
>
> 취객은 너를 끌어다 단정히 무릎 꿇고, 어여쁜 여인도 널 끼고
> 앉아 살며시 옷자락을 걷는구나.
>
> 堅剛做體銅山局(견강주체동산국) 灑落傳聲練瀑飛(쇄락전성련폭비)
>
> 단단한 네 몸뚱이는 마치 구리산 같고, 시원스레 떨어지는 물소
> 리는 비단 폭포 소리 같구나.
>
> 最是功多風雨曉(최시공다풍우효) 偸閑養性使人肥(투한양성사인비)
>
> 비바람 치는 새벽에 가장 공로가 많으며, 모든 곡식의 거름 되
> 어 사람을 살찌게 하는구나.

▷ 제목은 '요강(溺缸)'-. 비바람 치는 새벽에도 밖에 나가지 않고 편안히 '볼 일'을
보게 해주는 요강에 대한 찬사가 절절히 묻어나는 시다.

그런가 하면, 김삿갓은 '진퉁' 민중 시인이기도 했다. 그는 한시의 정
통적인 길이 아닌 풍자와 해학의 길을 걸으면서 집권층과 있는 자들
을 비꼬고 조롱해 백성의 열렬한 박수를 끌어냈다. 아래 〈원생원(元生
員)〉이라는 시는 민중 시인 김삿갓의 풍자적인 성향을 제대로 보여주
는 대표작 중 하나다.

日出猿生原(일출원생원) 猫過鼠盡死(묘과서진사)

해 뜨자 원숭이 언덕에 나타나고, 고양이 지나가니 쥐가 다 죽네.

黃昏蚊櫓至(황혼문첨지) 夜出蚤碩士(야출조석사)

황혼이 되니 모기가 처마에 이르고, 밤 되자 벼룩이 자리에서 쏘아대네.

▷ 김삿갓이 함흥으로 넘어가기 위해 반룡산 골짜기를 지나던 중 기생까지 대동하고 시화를 여는 마을 유지들에게 술 한 잔 청했다가 거지 행색이라고 무시당한 뒤, 원 생원·문 첨지·서 진사·조 석사라는 이 기름종이들을 골려주기 위해 휘갈겨 놓고 떠난 시다.
위 시에서 '원 생원'은 '원숭이(猿)', '서 진사'는 '쥐(鼠)', '문 첨지'는 '모기(蚊)', '조 석사'는 '벼룩(蚤)'을 의미한다. 말하자면 생원·진사·첨지·석사처럼 마을에서 꽤 거들먹거리는 자들을 각각 원숭이, 쥐, 모기, 벼룩에 비유하면서 '이 쥐새끼 같은 놈, 이 벼룩 같은 놈'하고 한껏 조롱한 것이다.

이처럼 김삿갓은 썩을 대로 썩어 문드러진 조선 말기에 민중을 핍박하고 못살게 굴던 지방 관리와 있는 자들을 붓 한 자루로 마구 난도질해 버림으로써 백성에게 대리만족의 짜릿한 쾌감을 안겨줬고, 이런 김삿갓에게 백성은 열광했다.

그 때문에 전국 도처에서는 '짝퉁 김삿갓'들이 떼거리로 발호하는 기현상도 빚어졌는데(그래서 김삿갓은 이들 모두를 망라하는 지칭으로 봐야 한다는 주장도 있다), 더욱 재미있는 건 이런 기현상이 무려 현재진행형이라는 것이다. 김삿갓이 지금도 'VIP급' 예우를 받는 슈퍼스타의 면모를 '뿜뿜'하며 우리 주변에 살아 숨 쉬고 있으니 말이다.

구체적인 예를 몇 개만 들어보자. 먼저 김삿갓이라는 상호를 붙인

점포들이다. 실제로 인터넷 포털사이트를 '건성건성' 훑어봐도 김삿갓을 앞세운 상호는 입종과 입태를 불문하고 넘쳐난다. 김삿갓 막국수·민속주점 김삿갓·김삿갓밥집·김삿갓숯불구이·김삿갓 펜션·김삿갓 노래방·김삿갓 보쌈족발·김삿갓 슈퍼·김삿갓 횟집·김삿갓 막걸리·짬뽕 맛집 김삿갓·김삿갓 전집·김삿갓 대리운전…

하지만 이건 약과다. 지난 2009년 강원도의 한 기초자치단체에서는 '김삿갓'을 관할 '면(面)'의 정식 명칭으로 삼는 파격적인 결정까지 내렸다. 강원도 영월군 김삿갓면(구 하동면)이 그곳인데, 임금 묘호(세종)나 장군 시호(충무)가 도시 명칭으로 사용된 예는 있었지만, 일개 재야시인의 '별명'을 행정구역 명칭으로 끌어다 붙인 경우는 아마도 이게 처음이자 마지막이 아닐까 한다.

그뿐만 아니다. 눈길을 문화예술 분야로 돌려도 김삿갓의 활약상(?)은 실로 눈부시다. 먼저 문학 쪽을 살피면 그의 이야기를 종이책으로 펴낸 건수만 해도 이문열의 〈시인〉, 정비석의 〈소설 김삿갓〉, 이상문의

난고 김병연 초상화

〈방랑시인 김삿갓〉, 이청의 〈소설 김삿갓〉, 황원갑의 〈김삿갓〉 등 여러 종을 헤아리며, e-book 형태로 나온 김삿갓의 시집(詩集)류는 손가락과 발가락을 모두 동원해도 다 세지 못할 정도다.

게다가 조선시대 인물로는 희귀하게 그의 이야기를 담은 대중가요도 명국환의 〈방랑시인 김삿갓〉을 필두로 홍서범의 〈김삿갓〉, 이상번의 〈춤추는 김삿갓〉 등

여러 곡이 있다. 여기에 - 나를 비롯한 - 수많은 누리꾼이 다투어 '김삿갓'을 웹상의 아이디(ID)로 끌어와 쓰는 현상은 차라리 애교스럽기까지 하다. 그야말로 21세기에도 꺼지지 않는 '김삿갓 신드롬'인 것이다.

그렇다면 이 같은 기현상은 왜 일어나는 걸까? 사람들은 대체 어째서 - 150년 전에 홀연히 세상을 떠나 - 이젠 '백골이 진토 되어 넋이 있는지 없는지조차 알 길 없는' 이 뜨내기 시인을 오늘도 목 놓아 부르고 또 불러 쌓는 걸까?

김삿갓은 누구인가?

앞에서 밝혔듯이, 김삿갓의 본명은 김병연(炳淵)이다. 1807년(순조 7) 3월 경기도 양주 - 최근에 밝혀진 바로는 회천읍 회암리 -에서 아버지 김안근과 어머니 함평 이씨 슬하의 4형제[2](병하·병연·병호·병두) 중 둘째로 태어났다. 자는 성심(性深), 호는 난고(蘭皐), 본관은 안동이다. 그 즈음 세상을 쥐락펴락하던 안동 김씨, 그중에서도 장동 김씨[3]는 붕어빵으로 치면 '앙꼬' 같은 존재인데, 바로 이 '앙꼬'의 후손이다.

그 때문에 그의 직계 조상들 또한 헛기침 깨나 하는 면면들이었으니, 9대 조부가 전 형조참판 김상준(김상헌의 사촌 형), 5대 조부가 전

---

2   김병연의 4형제 중 넷째 병두는 아주 어릴 때 사망
3   장동(壯洞) 김씨 : 안동 김씨 내에서도 경복궁 근처 장의동에 거주하면서 세도를 누리던 김상헌의 후손들을 지칭

황해도 병마절도사 김시태, 고조부가 전 전의 현감 김관행, 중조부가 선 경원 부사 김이환, 그리고 조부가 선천 부사 김익순이나. 특히나 조부 김익순은 병연이 어릴 때 현직 부사였기에 그는 자연 '원님의 손주'라는 귀여움을 듬뿍 받는 포지션에서 인생 일모작을 시작할 수 있었다.

▷ 할아버지 김익순은 순조의 장인이자 안동 김씨 세도정치의 문을 활짝 연 김조순과 같은 항렬이었기에 벼슬 또한 이 덕분에 '거저' 얻은 게 아닌가 하는 의심을 받기도 한다.

하지만 1812년 12월 청천강 북쪽(서북) 지역에서 일어난 민중 쿠데타로 이제 겨우 다섯 살이던 병연의 팔자는 꽈배기처럼 배배 꼬이며 극초음속으로 '망 테크'를 타게 된다. 평안도 용강 출신으로 스스로 평서대원수로 칭하던 홍경래가 조선왕조 내내 무시당해오던 서북 사람들의 깊은 분노를 한데 모아 일으킨 '홍경래의 난'이 그것인데, 이 쿠데타군은 단 열흘 만에 선천을 비롯한 청천강 북쪽의 8개 군현을 다 삼킬 정도로 막강 화력을 과시하며 백성의 '물개박수'를 끌어냈다.

사실 조부 김익순이 부사로 있던 선천은 군사요충지여서 다른 어느 지역보다 방어사(김익순이 겸임)의 맹활약이 요구되는 상황이었다. 하지만 믿었던 돌에 발부리 챈다고, 그는 외려 오늘날까지 질리게 씹히는 겁쟁이 짓과 양아치 짓을 패키지로 펼쳐 보이며 조정의 기대에 찬물을 양동이째 퍼붓고 말았다. 이웃의 가산 군수 정시는 쿠데타군이

"살고 싶으면 인부[4]와 보화를 내놓고 항복문서를 쓰라."

고 하자

"항복? 내 명이 다하기 전에는 그딴 것 없다. 속히 나를 죽여라."

하고 대차게 덤비다가 칼에 맞아 죽지만, 김익순은 꼬리를 돌돌 만 채 냅다 줄행랑부터 쳤다가 쿠데타군이 위협하자 '쌍수 들고' 항복하는가 하면, 쿠데타군이 패하고 홍경래가 잡힌 뒤엔 대역 모반죄에서 벗어나기 위해 농민 조문형을 천 냥에 매수해 적장 김창시의 목을 베게 하고는 자기가 벤 것처럼 조작질했다가 걸리기까지 했다.

▷ 평안감사 이만수(李晩秀)의 장계에 따르면, 선천 부사 김익순은 수하 군졸을 데리고 검산 산성에 숨어 있다가, 반군 부원수 김사용(金士用)이 격서를 보내 위협하자 항복문서를 쓰고 새끼로 목을 맨 채 쿠데타군을 찾아가 항복하고 옥에 갇혔다. 그 뒤 김사용이 김익순의 족쇄를 풀게 하고 전(錢) 30냥, 백미 30석, 민어 10마리, 조기 10속(束)을 보내며 "이젠 서울에 가도 생명을 보존하기 어려우니 같이 일하자."고 하자 봉기군에 합류하였다.

이런 얼굴 두껍기가 꽹과리 같은 김익순에 대해 조정의 여론은 탕국 끓듯 들끓었고, '그 XX 재활용도 안 되는 완전 음식물 쓰레기 같은 XX여…' 하는 따위의 비난이 하늘을 마구 찔러댔다.

쿠데타가 진압된 후 조정의 뭇매를 처맞던 김익순은 결국 참형의 끝판왕이라는 능지처참 형에 처해졌고, 불과 얼마 전까지 고을에서 큰

---

4 인부(印符) : 인장(印章)과 병부(兵符). 부임하는 지방관이나 수령에게 이것들을 주었는데, 인하여 임명장을 의미하기도 함.

소리 떵떵 치던 그의 집안은 짚불 꺼지듯 순식간에 폭삭 주저앉고 말았다.

이에 김익순의 처인 전주 이씨 할머니는 광주의 관비로 축출됐고, 병연의 아버지 안근은 남해로 귀양을 가게 됐으나, 노비 신세로 전락할 위기에 처한 병하·병연 형제는 김성수라는 종이 데리고 황해도 곡산 본가로 도망쳤고, 어머니는 젖먹이 병호를 업은 채 경기도 광주로 숨어들어 지냈다.

그들 가족이 다시 합친 건 2년 뒤, 집안에 대한 형벌이 삼족을 멸하는 '멸족'에서 목숨은 살려주는 '폐족'으로 한 단계 경감되고 나서였다. 아버지는 식솔들을 모두 이끌고 함께 살 터를 마련하기 위해 광주에서 양평 쪽으로 내려갔는데, 이때 병약하던 막내 병호가 죽었다. 게다가 - 문중에서는 역적이니… 폐족이니… 가문의 치욕이니… 하는 험담과 갖은 악담이 터져 나오는 상황이라 - 수치심과 화병으로 괴로워하던 아버지 김안근마저 39세의 젊은 나이에 생을 마감하고 말았다.

졸지에 과부가 된 어머니 이씨(당 38세)는 두 아들에게 할아버지에 대한 일은 숨기고 학문에만 전념하도록 단단히 일렀지만, 사람들의 괄시와 천대가 점점 심해지자, 결국 평창·정선 등 인적이 드문 강원도 '비탈'을 전전하다가 영월의 삼옥리라는 첩첩 산골에 터를 잡게 됐다.

이들은 여기서 화전을 일구며 살다가, 형 병하는 두 살 위 규수인 창원 황씨와, 병연은 한 살 위 규수인 장수 황씨와 각각 혼인했다.

하지만 이때부터 형 병하가 시름시름 앓기 시작하면서, 잔뜩 오그라든 집안을 살려내야 하는 짐은 이제 온전히 병연이 짊어지는 형국이 됐다.

여기까지가 김병연 가족이 영월 땅에 터를 잡게 된 내력이다. 김병연의 생애를 다룬 문학작품이나 사료를 보더라도 여기까지는 전개 과정이 대동소이하다. 문제는 그다음부터다. 그다음의 어느 지점엔가 우리가 아는 내용과 다른 반전이 숨어 있다는 얘기다. 그게 어느 지점일까.

일단 이야기를 이어가도록 하자. 대부분의 문학작품이나 〈한국구비문학대계〉 같은 사료에서 소개하는 '김삿갓 설화'는 이후 이런 식으로 전개된다.

'김삿갓 설화'의 진실

병연이 스무 살 나던 해에 영월 관아에서 백일장이 열렸다. 영월도호부 차원에서 개최한 백일장이었다. 병연은 한껏 '넓히고, 힘쓰고, 닦은' 학문을 테스트해볼 겸 좀 더 큰 꿈을 향한 지렛대로 삼기 위해 이 백일장에 참가했다. 그런데 무슨 팔자가 꼬이길 칠팔 월 수숫잎 꼬이듯 하는지, 이 결정은 그의 인생을 또 한 번 격랑 속으로 몰아넣는 실마리가 됐다.

이날 백일장의 시제는 '論鄭嘉山忠節死嘆 金益淳罪通于天(논정가산충절사탄 김익순죄통우천)', 즉 '가산 정 공(정시)의 충성스러운 죽음을 우러러 논하고, 김익순의 죄가 하늘에 이름을 굽어 한탄하라'였다. 그때까지 가문의 흑역사를 전혀 몰랐던 병연은 갈고 닦은 유려한 필치로 이 '근본이 안 된' 천하의 역적 김익순을 누구보다 신랄하게 잘근잘근 씹었고, 그 결과 장원의 '골든벨'을 울릴 수 있었다. 역적 김익순의 죄를 추상같이 몰아세운 마지막 구절이 가점을 듬뿍 받았던 것이다.

> …忘君是日又忘親(망군시일우망친) 一死猶輕萬死宜(일사유경만사의)
> 너는 임금을 저버리고 조상도 잊은 자이니, 한 번 죽어선 가볍
> 고 만 번 죽어야 마땅하다.
> 春秋筆法爾知否(춘추필법이지부) 此事流傳東國史(차사유전동국사)
> 역사의 준엄한 기록을 아느냐 모르느냐, 욕된 그 일 우리 역사
> 에 기록하여 천추에 남기리라…

그런데 의기양양해서 집에 돌아온 병연이 "엄마 나 장원 먹었어~."
하고 신나게 자랑을 늘어놓을 때, 갑자기 어머니가 말허리를 뚝 자르
더니 "네가 '너,너' 하며 마구 비난해 댄 그 어른이, 바로 너의 친할아버
님이시니라."하고는 폭풍 눈물을 쏟아내는 것이었다.

이에 너무 놀라 한동안 망연자실해 있던 병연은 정신을 차리고 상황
분석까지 대충 마치게 되자 즉각 뒤통수를 부여잡은 채 울부짖었다.

"노인네에게 만 번 죽어 마땅하다느니, 역사에 기록해 천추에 남기
겠다느니…세상의 악담이란 악담 다 끌어와서 잘근잘근 씹어주고 돌
아왔는데, 흑! 그 노인네가 내 친할아버지라니, 으흐흑! 으흐흑!"

조상을 욕되게 한 죄인, 아니 조상에게 대놓고 욕을 퍼부은 '십악대
죄인[5]'이라는 자책감이 순간 김병연의 전신을 아프게 옥죄어 왔다.

---

5 십악대죄인(十惡大罪人) : 조선시대에, 대명률(大明律)에 정한 열 가지 큰 죄. 모반죄(謀反罪),
   모대역죄(謀大逆罪), 모반죄(謀叛罪), 악역죄(惡逆罪), 부도죄(不道罪), 대불경죄(大不敬罪), 불
   효죄(不孝罪), 불목죄(不睦罪), 불의죄(不義罪), 내란죄(內亂罪)를 이른다.

그렇게 좌절에 함빡 빠진 채 척 늘어져서 며칠째 끙끙 앓아누웠던 병연은, 어느 날 자못 비장한 표정을 지으며 결연히 자리를 박차고 일어났다. 그러고는 상주들이 외출할 때 쓰는 삿갓(方笠)을 푹 눌러써서 얼굴을 가린 다음 죽장(대나무 지팡이)을 하나 챙겨 들고 천천히 집을 나섰다.

여기까지는 문학작품 등을 통해 자주 접해온 '김병연'에서 '김삿갓'으로의 변신 과정이다. 지금까지 거의 '정설(正說)'로 대접(?) 받는 스토리라인이다. 하지만 이는 그야말로 '썰(說話)'일 따름이라고 힘주어 말하는 이가 있다. 작가 이문열이다.

이문열의 반론

이문열은 장편소설 〈시인〉에서 '김병연은 어려서부터 이미 조부의 역적 행위로 가족들이 도망 다니는 신세임을 잘 알고 있었으며, 그 때문에 자신의 출셋길 또한 위태롭다는 사실을 뼈저리게 통감하고 있었다'라고 주장한다.

『…그의 인간적인 고뇌를 보다 실감 나게 하기 위한 구성으로도 그러한 설화의 주장은 그리 성공적이지 못하다. 오히려 그가 진작부터 김익순이 자신의 할아버지임을 알고 있었고, 그런 상황 아래서 겪어야 했던 내심의 갈등을 차분히 펼쳐 보이는 것이 설화의 극적인 반전보다 훨씬 더 감동적일 수 있다.』

이문열은, 그럼에도 김병연이 백일장에서 할아버지를 추상같이 몰아세운 이유는 글로써 집안을 다시 일으켜야 한다는 책임감과 신분 회복에의 강한 의지 때문이었다고 강조한다. 이건 어디까지가 '팩트'일까?

먼저, 김병연이 어려서부터 자신의 처지를 잘 알고 있었다는 이문열의 다음과 같은 주장은 상당한 설득력이 있다.

『…설화는 그가 시제를 보고 과시를 마칠 때까지도 그 김익순이 자신의 할아버지인 줄 몰랐다고 우긴다. 하지만 그 불행한 사건은 그가 여섯 살이 다 되어 갈 무렵에 일어났고, 그로 인해 그가 겪었던 일 또한 특별한 기억력 없이도 잊기가 쉽지 않을 만큼 혹독한 것이었다. 그 뒤 어머니의 함구가 아무리 철저했다 하더라도 아버지가 그토록 젊은 나이에 피를 토하며 쓰러지고, 젊은 어머니와 어린 그들 형제가 뿌리 없이 떠다니며 살아야 했던 까닭을 남달리 예민했던 그가 전혀 몰랐다는 것은 영 이치에 맞지 않는다.』

게다가 이는 당시 과거제도 - 백일장도 일종의 향시였으므로 -의 특성을 감안하더라도 신빙성이 크게 떨어진다. 고려 광종 9년(958)부터 실시된 과거제도는 응시를 위한 필수요건으로 성씨를 가져야 하고 본관을 밝혀야 하도록 규정해 놓았다. 그러다가 고려 문종 9년(1055)부터는 응시자의 성명, 본관, 4대조까지의 이름을 써서 미리 시원에 제출하도록 하는 '봉미(封彌) 제도'를 시행했다. 오늘날의 '신원조회'와 비슷한 이 제도는 조선조까지 그대로 이어졌다. 따라서 과거 공부하는 자라면 당연히 4대조까지의 이름을 알아야 했고, 더욱이 김병연처럼 천재성을 겸비한 스무 살짜리 청년이라면 더더욱 이를 모를 리가 없었을 것이라는 얘기다.

또 다른 반론 한 가지

다음으로 따져 볼 부분은 김병연이 백일장에서 썼다는 문제의 한시다. 전술했듯이, 이문열도 이에 대해서는 거의 기정사실로 받아들이고 있다. 하지만 문제의 한시가 김병연의 작품이 아니라는 기록도 있음은 자못 흥미롭다. 이런 주장을 실은 책은 1926년에 강효석이 편찬한 〈대동기문〉이다. 이 책은 문제의 한시를 지은이가 노진(魯禛)이라고 적고 있다. 이게 어찌 된 영문인가. 다음은 〈대동기문〉의 해당 구절이다.

『…병연이 스스로 천지간의 죄인이라면서 삿갓을 쓰고 하늘의 해를 보지 않았으므로 사람들이 그를 김삿갓이라고 불렀다. 김삿갓은 공령시[6]를 잘 지어서 세상에 널리 알려져 있었다. 일찍이 관서 지방에 갔을 때의 일이다. 그곳에 노진이란 사람이 공령시를

---

6 공령시(功令詩) : 과거시험용 시

잘 지었는데 김삿갓보다는 못했다. 그래서 노진은 김삿갓을 관서 지방에서 쫓아내려고 김익순을 조롱하는 시를 지었는데 다음과 같았다.

…대대로 이어온다는 나라의 신하 김익순아, 가산 군수 정시는 하찮은 벼슬에 불과했지만, 너의 가문은 이름난 안동 김씨, 훌륭한 집안에 이름도 장안을 울리는 순(淳) 자 항렬이로다….

김삿갓이 이 시를 보고 한번 크게 읊은 뒤에 "참 잘 지었다!" 하더니 피를 토하고 다시는 관서 땅을 밟지 않았다.』

요컨대 당시 풍류 시인 & 방랑 시인 & 민중 시인 & 생활 시인 & 천재 시인 등으로 불리며 한창 인기몰이 중이던 김병연에게 시샘을 느낀 노진이 김삿갓을 궁지에 빠트릴 계략으로 지은 시가 지금껏 김병연의 것으로 회자되는 그 시라는 얘기다.

과연 진실은?

일단 여기까지의 전개 양상을 정리하면, 김병연이 백일장에 도전할 때 할아버지가 김익순임을 알고 있었는지, 김익순을 맹공한 한시가 김병연의 것인지 등과 관련해 자그마치 세 가지 버전이 만들어진다.

① 오리지널 버전: 김병연은 김익순이 친할아버지인 줄 모르고 백일장에 나가서 잘근잘근 씹었다.

② 이문열식 버전: 김병연은 김익순이 친할아버지인 줄 알고 있었으

나 몰락한 집안 재건을 위해 의도적으로 잘근잘근 씹었다.

③ 새로운 버전: 김병연은 김익순이 친할아버지인 줄 잘 알고 있었으며, 친할아버지를 잘근잘근 씹은 문제의 한시는 김병연의 것이 아닐 개연성이 높다.

그렇다면 위 세 가지 버전 중 실체적 진실에 가장 근접하는 추론은 어떤 것일까?

사실 우리는 어쩌면 ①을 가장 믿고 싶어 하는지도 모른다. 천재 시인, 민중 시인이라 칭송받는 김삿갓이라면 당연히 삿갓을 쓰게 된 동기도 '김삿갓다워야'하고, 그게 왠지 좀 더 드라마틱하게 여겨질 테니까. 차선으로 ②가 낙점될 수도 있겠으나, 김병연이 자기 할아버지임을 알면서도 '만 번 죽어 마땅한 죄인' 운운하는 악다구니를 마구 퍼부어댔다는 주장은 현실성이 떨어진다. 따라서, 다소 맥 빠지는 선택일지 모르나, 각종 사료에 입각할 때, 오히려 ③이 '팩트'에 가장 근접하는 추론이 아닐까 '나는' 생각한다.

이 같은 추론의 근거는 다음 순서에서 따져 볼 김병연의 행보와도 맞닿아 있다.

이문열은 〈시인〉에서 '김병연은 스물두 살 나던 해에 서울로 올라가 안응수라는 세도가의 문객으로 2년 정도 있으면서 출셋길을 모색했다'라고 했다. 이 역시 백일장 직후 바로 방랑길에 나섰다는 기존의 통설을 뒤엎는 주장이다. 이문열은 그러면서 안응수의 문우 신석우(예조판서 역임)가 쓴 〈해장집〉의 '기김대립사(記金藎笠事)'라는 글을 그 근거로 들었다. 실제로 신석우의 〈해장집〉에는 그런 기록들이 꽤 있다. 이 문집에 따르면, 김병연은 처음에 경기도 광주에서 올라온 김란(金鑾)이라고 자신을 소개하면서 안응수와 가까워진다. 그리고 얼마 뒤 안응수의 문객으로 들어앉게 된다.

이문열이 김병연의 생애를 소설화하기로 결심한 것도 「그(김병연)가 출세를 위해 권문세가에서 문객 노릇을 한 적이 있다는 기록을 보게 된 뒤」라고 밝혀 그 '기록'이 신석우의 〈해장집〉임을 암시했다.

▷ 반면, 국문학 전공의 한 명문대 교수는, '김란을 김병연과 동일 인물로 볼 수 없다'고 단언하면서 그 근거로 이우준이라는 인물이 〈몽유야담〉에 적은 「그(김병연)는 자신의 성과 이름을 속이지 않았고 글을 잘 쓰는 것으로 이름이 났다」 하는 짧은 문장을 내세운다.
하지만 그가 단언하는 근거라는 게 존재감 제로에 수렴하는 한 재야 문인의 '잡록'에 실린 문장 한 줄이라니, 어째 좀 약하다는 느낌은 지울 수 없다.

사실 이문열의 이런 주장 - 서울에서 2년 정도 세도가의 문객으로 있었다는 주장 - 과 맥을 같이 하는 내용은 정부 부처의 글에서도 발견된다. 2003년 문화관광부(당시)는 김병연을 '9월의 문화 인물'로 지정하고 그의 프로필을 소개했는데, 거기엔 이런 대목이 나온다.

『…김병연은 20세 때의 봄에 영월 관아에서 실시한 백일장에 응시해서 장원을 했던 것으로 추정된다. 그러나 그는 거기서 가을에 열릴 초시(생원시, 진사시)를 포기하고 곧장 한양으로 나갔다. 그는 한양에서 신분을 숨긴 채 2년쯤 의도적으로 명문대가의 자식들을 사귀어 교유하면서 벼슬할 수 있는 길을 찾았다···.』

　이처럼 김병연의 서울 생활을 드러내는 정황증거는 꽤 있다. 하니, 이쯤에서 김병연이 서울에서 두어 해 생활했음은 '팩트'로 정리하자.

서울로 간 김삿갓

　그렇다면 김병연의 서울 생활은 어땠을까? 그 단서 역시 〈해장집〉에 일부 남아 있다. 이 책에 따르면, 병연은 그때 과체시(과거시험용 시)에 힘을 쏟고 있었는데, '그 범위가 넓고 멀었으며 솜씨도 매우 뛰어나 모든 이가 대가를 이룰 줄로 기대했다'고 한다. 요즘으로 치면 공무원 수험용 도서를 '기출문제집'까지 달달 외우는 수준이어서 다들 합격은 따 놓은 당상으로 받아들이는 분위기였달까. 아무튼 '매일 글 읽는 소리가 낭랑하게 그치지 않았고 백가서(百家書)를 베끼는 손도 쉬지 않을' 정도로 그는 수험 준비에 전력을 다했던 듯하다.

　하지만 그로부터 2년 뒤 그는 '아무것도 얻은 것 없이' 안응수의 집을 나오고 말았다. 역적의 자손이라는 사실이 알려지면서 안응수 등과도 틈이 벌어졌기 때문이다. 그는 후일 이상우라는 선비에게 '이때 나의 병을 안응수와 신석회가 덧나게 했노라'고 속내를 털어놓았다. 그러면서 '우울하고 즐겁지 않아 거의 미치기에 이르렀다'라고도 했다. 더욱이, 얼마 후엔 그의 친척 김정순(김익순의 종제)이 과거에 합격했다가 갑자기 취소됐다는 황당한 소식까지 전해졌다. 역적의 일가라는 신분이 발각됐기 때문이라는 것이었다. 이처럼 서울에서의 도전마저 좌절되면서 병연은 큰 내상을 입었다.

그간의 고생은 죄다 도로 아미타불이 됐고, 희망은 다시 절벽이 되고 말았다. 또 한 번 '애꿎은' 뒤통수나 부여잡은 채 고심에 고심을 거듭하던 병연은 어느 날 이윽고 중대 결심을 하기에 이른다. 진즉부터 자신을 유혹하던 그 일탈에의 결의를 이제 비로소 실천에 옮기기로 한 것이다.

하지만 그즈음 저잣거리에서 우연히 형 병하의 부음을 전해 듣게 되면서 병연은 일단 영월 집으로 되돌아갔다. 병연은 영월 집에서 1년가량 머물렀고, 그 사이 둘째 아들 익균도 태어났다. 병연은 맏아들 학균을 자식 없이 죽은 형 앞으로 입적시켜 그 뒤를 잇게 했다. 그러고는 어느 날 행장을 꾸려 집을 나섰다. 자신을 가정과 일상의 삶에서 영원히 일탈시키는 '역사적인' 가출이었다. 그는 '장동 김씨 24세손 김병연'이라는 거추장스러운 정체성 또한 내던져 버렸다. 그리고 만신창이가 된 영혼을 삿갓으로 가렸다. 바야흐로 그의 인생 이모작 '김삿갓'의 시대가 막을 올리는 순간이었다.

김삿갓이 자주 찾은 의외의 장소

집을 나온 김병연, 아니 - 이제부턴 다시 - 김삿갓이 맨 처음 찾아간 곳은 금강산이었다. 그런 까닭에 그가 처음엔 콧바람이나 쐬려고 금강산에 들렀다가 뭔가에 홀린 듯 돌연 급커브를 틀어 방랑의 꼬부랑길로 접어들었다는, 이른바 '충동적 가출' 쪽에 무게를 두는 이들도 없진 않다.

충분히 가능한 추론이라고 생각한다. 처음엔 별생각 없이 나섰을 나들잇길에서 새로운 사람들을 하나둘 만나다 보니 울적하던 심사도 좀 가시고 세상살이의 소박한 즐거움까지 맛보게 돼, 내친김에 나라 안을 좀 더 돌아봐야겠다는 충동을 아주 '강하게' 느꼈을 수 있을 테니까.

하지만 그가 첫 목적지를 금강산으로 정한 이유만큼은 장황하게 설명할 필요가 없다. 왜냐? 오래전부터 워낙 좋아했던 명소이니까. 그가 금강산을 얼마나 좋아하고 자주 찾았는지는 황오의 〈녹차집〉에 잘 묘사돼 있다.

『…밤이 깊어 나를 발길로 건드리면서 금강산 구경을 했느냐고 나에게 물었다. 그래서 금강산은 좋은 고장으로 꿈에도 그리워하고 있으나 아직 못 보았다고 하자 눈을 부라리고 말하기를 '나는 해마다 금강산 구경을 한다. 봄에도 가고 가을에도 가고.'』

그래서 금강산에는 김삿갓과 엮이는 명승지가 꽤 많다. 다음 한시도 김삿갓의 금강산 시 중 하나인데, 운의 반복으로 시각적, 청각적 효과를 높인 지극히 '김삿갓다운' 작품이다.

松松栢栢岩岩廻(송송백백암암회) 水水山山處處奇(수수산산처처기)
소나무와 소나무, 잣나무와 잣나무, 바위와 바위를 돌아가니,

물에 물, 산에 산, 곳곳이 절경이로다!

이렇듯 금강산은 김삿갓에게 있어 최적의 힐링 공간이면서 최고 효율의 배터리 충전 공간이었다.

물론 간혹가다 못된 인간들을 만나 열받는 일이 생기면 이런 육담 풍월을 싸질러 놓고 떠나기도 했지만.

僧首圓圓汗馬閬(승수원원간마랑)　*儒頭尖尖坐狗腎*(유두첨첨좌구신)

둥글둥글한 중의 대가리는 땀 찬 말 불X 같고, 뾰족뾰족한 선비의 대가리(관을 쓴 모습)는 앉은 개X 같네.

聲令銅鐘衡銅鼎(성령동종형동정)　*目若黑椒落白粥*(목약흑초낙백죽)

목소리는 구리방울이 구리 솥에 부딪히는 것 같고, 눈깔은 검은콩이 흰죽 위에 드문드문 떨어진 것 같네.

▷ 금강산 입구의 한 사찰에서 그의 거지 행색에 박대를 일삼는 늙은 중과 선비를 두고 지은 시다.

김삿갓은 금강산 유람을 통해 배터리를 빵빵하게 충전했다 싶으면 잰걸음으로 조선팔도를 제 집 안방과 건넌방 넘나들듯 온통 헤집고 다니며 못 말리는 기행과 파격적인 시풍으로 기성 '양반 문학'을 유린하고 해체해 버렸다. 이건 이제 누구나 아는 사실이다.

그런데 김삿갓의 초기 동선을 따라가다 보면 매우 흥미로운 사실을 하나 발견하게 된다. 김삿갓이 처음 집을 나선 20대 중반부터 30대

중반까지의 약 10년간 그가 집중적으로 돌아다닌 지역은 함경도와 평안도였고, 그중에서도 홍경래가 활동했던 지역이 유난히 많았다는 것이다.

이뿐만이 아니다. 김삿갓은 심지어 홍경래 쿠데타군의 심장 격인 평안도 가산의 다복동[7]을 찾기도 했는데, 이때 마을 사람들에게 자신이 김익순의 손자임을 밝히며 대성통곡했다는 현지인의 놀라운 증언도 있다. 영월의 향토 사학자 박영국 씨(1994년 사망)가 생전에 밝힌 비화(祕話)라고 했다.

『…그(박영국)가 김삿갓의 인품에 매료된 것은 다음과 같은 비화를 발굴한 다음이었는데, 그 일화는 평안도 출신 최용현이란 분에게 들었다고 했다. 최 씨의 처조부 김대명이란 분은 서당 훈장으로서 늘 필사본 김삿갓 시집을 애지중지하며 학동들에게 소개해 주곤 했다. 하루는 훈장이 김삿갓에 관한 이런 이야기를 들려주었다. 언젠가 평안도 가산읍 다복동에 삿갓 쓰고 죽장 짚고 남루를 걸친 나그네가 찾아와 마을을 둘러보더니 사람들에게, "내가 바로 김 아무개의 손자 병연(炳淵)이요!"하고 자신의 신분을 밝히더니 땅을 치며 한바탕 대성통곡을 하더라는 것이었다…』

- 황원갑의 역사 기행 '김삿갓 일대기' 중에서 -

---

7 다복동 : 평안북도 박천군에 있는 마을. 홍경래가 이 마을에서 농민군을 모집하기 위해 '금이 많은 곳'이라고 소문을 내어 농민들이 끊임없이 모여들었고, '복이 쏟아지는 마을'이라고 한입 두입 건너 전해지다가 다복동이라는 이름이 붙었다 한다.

이문열은 예의 장편소설 〈시인〉에서 김삿갓의 이런 의외의 행보에 대해 '다른 아무런 실명이 없어도 젊은 그의 고뇌와 설망이 어디에 근거하고 있는가를 넉넉히 짐작할 수 있게 해주는 일이었다.'라는 촌평을 남겼다.

김삿갓을 되살려낸 어느 문학도

김삿갓이 언제 어디를 어떻게 돌아다녔는지 구체적으로 파악하고 있는 사람은 이 지구상에 없다. GPS로 동선이 실시간 추적되는 시대도 아니었거니와, 그가 공무를 수행한 것도 아니라서 국가 차원의 기록물이라는 게 애당초 존재하지 않기 때문이다.

더욱이, 그는 목적지를 선정할 때 손바닥에 침을 탁 뱉은 뒤 반대쪽 검지와 중지로 짝 내리치는, 저 유명한 '침 점'에 의지했다 해도 믿을 정도로, 닥치는 대로 무작정 떠도는 타입이었다.

물론 신석우의 〈해장집〉, 황오의 〈녹차집〉, 강효석의 〈대동기문〉, 장지연의 〈대동시선〉 등에 유의미한 기록들이 일부 남아 있어 그의 행적을 추적하는데 숨통이 조금 트이는 건 그나마 다행이다. 하지만 널리 알려진 명성에 비하면 그의 행적은 부르카를 쓴 무슬림 여인의 얼굴처럼, 여전히 가려진 부분이 태반이다. 더욱이, 김삿갓은 그 흔한 문집조차 한 권도 만들어 놓지 않고 갔다.

이건 '방랑시인 김삿갓의 삶과 문학 연구소' 같은 멋진 현판 내걸고 형광 등불 밤새 밝혀놓는다 해서 해결될 성질의 것도 아니다. 그야말로 그가 지나갔을 법한 곳을 '11호 자가용'으로 죽어라 쫓아다니며 그의 흔적들을 하나하나 채집해 나가는 단순 무식한 방식만이 유일한 해결책이다.

이런 견지에서 본다면, 1920년대에 경성대학 조선어학과에 다녔던 이응수(李應洙)는 수십 년간 박제돼 있던 김삿갓에게 혼을 불어넣고 세상 밖으로 걸어 나올 수 있도록 도와준 은인이라 해도 지나침이 없다. 실제로 이응수는 김삿갓의 시를 채집하기 위해 전국 280개 군의 수천 개의 서당을 최소한 한 번 이상씩 들렀다고 한다.

당시 그가 전국을 쫓아다니면서 채집한 김삿갓의 한시는 모두 177 수(일설엔 183수)였는데, 그는 이 시들을 엮어 1939년 최초의 김삿갓 시집인 〈김립 시집〉을 출간했다. '김립(金笠)'이란 '김삿갓'의 한자식 표현(삿갓 립)인데, 이응수는 그 2년 뒤 334수를 실은 〈김립 시집〉 수정 증보판을 또 발간했다. 나와 같은 김삿갓 폐인(?)으로서는 거수경례라도 척 올려붙이고 싶은 활약상이요 공적인 것이다.

따라서, 차제에 '귀하의 공적을 이 패에 담아 드리는' 심경으로, 이응수가 정성 들여 채집했던 김삿갓의 시를 몇 수만 소개하고 넘어가고자 한다.

〈김립시집〉 이응수 역주

김삿갓의 시 세계

먼저 김삿갓의 뛰어난 응용력과 탁월한 순발력을 확인할 수 있는 시다. 그가 개성에 갔을 때, 어느 집에 하룻밤 재워주기를 청했다가 땔나무가 없다는 이유로 거절당하자, 즉석에서 써 갈겨 주고 떠난 시라 한다.

  邑號開城何閉門(읍호개성하폐문) 山名松嶽豈無薪(산명송악개무신)
  읍 이름은 성을 연다(개성)인데 어찌 문을 닫았으며, 산 이름은
  소나무 산(송악)인데 어찌 땔나무가 없다느냐.
  黃昏逐客非人事(황혼축객비인사) 禮義東方子獨秦(예의동방자득진)
  황혼에 손님 내쫓는 건 사람의 도리가 아니건만, 동방예의지국
  에서 여기만 되놈일세.
                    - 개성 사람이 나그네를 내쫓다(開城人逐客詩) -

김삿갓이 낙산 관음굴에서 자살하려는 여인을 말리며 지었다는 시, 죽시(竹詩)다. 이 시 또한 동어반복의 대표작 중 하나로서, 한자의 훈(訓)을 빌어 만들어 낸 표현이 아주 그냥 죽여준다.

예컨대, 此(이 차) + 竹(대 죽)은 '이대로', 彼(저 피) + 竹(대 죽)은 '저대로', 化(화할 화(되다)) + 去(갈 거) + 竹(대 죽)은 '되어 가는 대로', 風(바람 풍) + 打(칠 타) + 竹(대 죽)은 '바람 치는 대로', 浪(물결 랑) + 打(칠 타) + 竹(대 죽)은 '물결치는 대로'하는 식이다.

此竹彼竹化去竹(차죽피죽화거죽) 風打之竹浪打竹(풍타지죽낭타죽)

이대로 저대로 되어 가는 대로, 바람 치는 대로 물결치는 대로

飯飯粥粥生此竹(반반죽죽생타죽) 是是非非看彼竹(시시비비간피죽)

밥이면 밥 죽이면 죽 생기는 대로 살고, 옳으면 옳고 그르면 그

르고 저대로 맡기리라

賓客接待家勢竹(빈객접대가세죽) 市井賣買歲月竹(시정매매세월죽)

손님 접대는 집안 형세대로, 시장에서 사고팔기는 세월 대로

萬事不如吾心竹(만사불여오심죽) 然然然世過然竹(연연연세과연죽)

만사가 내 마음대로 안 되니, 그렇고 그런 세상 그런대로 지나세.

- 대나무시(竹詩) -

그 시대에 '돌싱 클럽'이 있었다면 명예회장과 상임고문은 물론 자문회의 의장까지 도맡았을 게 자명(?)한 그쪽 업계의 초고수 김삿갓은 전국 각지를 돌며 여러 여성과 '끈적끈적한 분위기'를 참으로 많이 연출했다. 실제로 김삿갓이 '수작질'용으로 썼다는, 읽기조차 민망한 29금급의 글도 몇 편 사이버 바다를 유영하고 있다(대부분 후일 만들어진 장난 글로 추정되지만).

하지만 누가 방랑자 아니랄까 그는 어느 여인 곁에도 결코 오래 머무르지 않았다. 그중 가장 농도 짙은 '러브스토리'가 단천 기생 가련과의 일화다.

김삿갓이 함경도 단천에서 한 선비의 호의로 서당을 차리고 3년여를 머물렀는데, 가련은 이때 만난 기생의 딸이다. 둘 사이에는 글로 옮기면 바로 '외설(猥褻)' 논란으로 번질 질펀한 이야기가 정말 많은데, 아래

시는 이런 가련과 헤어지면서 읊은 것으로, '가련' 두 글자가 무한 반복(?)하는 구성이 익살스럽고도 절묘하나.

可憐行色可憐身(가련행색가련신) 可憐門前訪可憐(가련문전방가련)

가련한 행색의 가련한 몸이, 가련의 문 앞에 가련을 찾아왔네.

可憐此意傳可憐(가련차의전가련) 可憐能知可憐心(가련능지가련심)

가련한 이내 뜻을 가련에게 전하면, 가련이 이 가련한 마음 알아주겠지.

- 기생 가련에게(可憐妓詩) -

可憐門前別可憐(가련문전별가련) 可憐行客尤可憐(가련행객우가련)

가련의 문 앞에서 가련과 이별하려니, 가련한 나그네의 행색이 더욱 가련하구나.

可憐莫惜可憐去(가련막석가련거) 可憐不忘歸可憐(가련불망귀가련)

가련아, 가련한 이 몸 떠나감을 슬퍼하지 말라, 가련을 잊지 않고 가련에게 다시 오리니.

- 이별(離別) -

한편, 김삿갓의 행적 중에는 오늘날 유머집에나 실리면 제격일 '재미 & 재치' 만점의 일화도 몇 꼭지 전해지는데, 아래는 그중 가장 널리 알려진 이야기다.

김삿갓이 어느 노인의 회갑 잔치에서 조촐한 술상을 받아놓고는 축

시를 한 수 짓겠노라고 했다. 좌중은 "대박!" 하면서 물개박수로 이를 반겼고, 김삿갓은 한 잔 술로 목을 축인 다음 첫 구절을 휘갈겼다.

彼坐老人不似人 "저기 앉은 노인은 사람 같지 않구나."

하객들이 깜짝 놀라 웅성거리기 시작했다. 좌중을 휘둘러 보고 난 김삿갓이 한 잔 술로 목을 축이고는 다시 붓을 잡았다.

疑是天上降神仙 "하늘에서 신선이 내려와 계신가 의심스럽다."

이번엔 와~ 하는 환호성과 박수 소리가 장내를 뒤덮었다. 칠언절구 시는 원래 4행으로 짓는 게 관행인지라, 김삿갓은 또 한 잔 쭈욱 비운 다음 세 번째 행을 휘갈겼다.

其中七子皆爲盜 "그중 일곱 아들은 모두 다 도적놈들이니"

하객들이 "뭣이라고? 저, 저자가 미쳤나?", "아니, 저런 저, 그냥, 확…" 하면서 일제히 김삿갓을 노려봤다. 이에 태연자약하게 술을 또 쭈욱 들이켜고 난 김삿갓이 천천히 붓을 잡더니 마지막 행을 휘갈겼다.

偸得王桃獻壽宴 "천도복숭아를 훔쳐다가 수연에 드리더라."

김삿갓이 이렇게 휘갈기고 붓을 탁 놓자, 하객들이 일제히 환호했고, 그에게는 산해진미로 가득한 술상이 새로 차려졌다.

김삿갓의 주특기 중 하나가 한자를 제멋대로 유린하는 것이었다. 그 때문에 양반들에게는 'ㅁㅊ놈' 소리를 예사로 듣지만, 못 배운 백성에겐 곱절로 뜨거운 사랑을 받았다. 실제로 김삿갓의 시 중에 상당한 분량이 한자를 제멋대로 주물러 육두문자나 욕지거리로 들리게 하는 육담풍월(肉談風月)이다. 육두문자, 욕지거리 등은 시의 분위기를 '막장'으로 몰고 가되, 이면에 감춰진 전언은 '톡 쏘는 사이다 맛'이기 때문이다.

따라서 김삿갓의 시편들을 소개하면서 걸쭉한 육담풍월을 누락한다는 건 '앙꼬 없는 찐빵'을 권하는 격인지라, 여기 딱 한 편만 엄선해 소개하기로 한다. 함경도 어느 집에서 주인이 제사상을 푸짐히 차려놓고도 술 한 잔 권하지 않자, 축문을 지어주겠다며 일필휘지로 써놓고 떠난 시다(각 행의 뒷부분 세 글자씩에 유념하며 읽으시길).

年年臘月十五夜(연년납월'십오야') 君家祭祀乃早知(군가제사'내조지')
해마다 돌아오는 섣달 보름날은, 그대 집의 제삿날인 줄 진작
알았네.

祭尊登物用刀疾(제존동물'용도질') 獻官執事皆告謁(헌관집사'개고알')
제사에 올린 음식은 칼 솜씨가 빠르니, 헌관과 집사 모두 정성
을 다하였도다.

앞에서 '김삿갓은 정통 한시의 영역 밖에 있던 일상의 잡동사니들까지도 닥치는 대로 시의 소재로 삼았다'라고 했다. 아래 시도 그런 범주에 드는 작품인데, 한 '여편네'의 게으르기 짝이 없는 다양한 행태가 극사실적으로 묘사된, 남들이 모방하기조차 여의찮을 수작(?)이라 여기 옮겨본다.

無病無憂洗浴稀(무병무우세욕희) 十年猶着嫁時衣(십년유착가시의)

병도 없고 근심도 없지만 목욕도 빨래도 않는 여자, 10여 년간 입은 옷은 시집올 때 입은 옷

乳連裸兒謀午睡(유연보아모오수) 手拾裙蝨愛籤暉(수습군슬애첨휘)

아기 젖 먹인다는 핑계로 낮잠만 일삼고, 속옷의 이 잡느라 치마도 걷어붙인다.

動身便碎廚中器(동신변쇄주중기) 搔首愁看壁上機(소수수간벽상기)

부엌일 할 때마다 그릇이 깨지고, 머리를 긁적이며 베틀 쳐다보고 걱정만 하다가

忽聞隣家神賽慰(홀문인가신새위) 柴門半掩走如飛(시문반엄주여비)

이웃집에 굿하는 소리만 들려오면, 사립문 반쯤 닫고 나는 듯이 달려간다.

김삿갓이 서당으로 간 까닭은?

'바람 치는 대로 물결치는 대로' 나라 안 곳곳을 멋대로 떠돌며 동가

식서가숙(東家食西家宿)에 때론 풍찬노숙[8]까지 불사했을 김삿갓의 동선을 실눈 뜨고 잔잔히 쫓다 보면 매우 일관된 패턴이 하나 포착된다. 큰 틀로 봤을 때 그의 동선이 주로 팔도의 서당을 순방하는 궤적으로 이어지고 있다는 점이다. 앞서 이응수도 김삿갓의 시를 채집하기 위해 전국 280개 군의 수천 서당을 들렀다고 했다.

그럼, 김삿갓은 왜 하고많은 장소 중에 굳이 서당이라는 곳을 자신의 거점(?)으로 활용할 생각을 했을까? 많은 서당 훈장이 자기 '밥그릇' 빼앗을지 모르는 잠재적 라이벌로 그를 잔뜩 경계하고 있었을 텐데도 말이다.

이쯤에서 사견을 섞어 '궁예짓' 좀 해보자면, 그건 김삿갓이 서당 훈장들에게 갖고 있었던 동지적 유대감 때문이 아니었을까 한다. 사실 김삿갓은 얕은 지식으로 식자연(識者然) 하는 훈장들을 조롱하는 시도 여러 수 남겼을 정도로 그들에 대해 그리 우호적이지 않았다. 하지만, 비록 그렇다손 치더라도 한편으론 같은 '글쟁이'라는 유대감이, 그래서 더 많은 이해와 호의가 있는 곳일 거라는 기대감이 보다 크게 작용했을 수 있다는 것이다. 실제로 그 자신도 도산서원 아랫마을과 어릴 때 잠시 묵었던 김성수의 아들 집, 그리고 함경도 단천 등지에서 훈장 노릇을 했던 것으로 전해지고 있으니까.

아닌 게 아니라, 이런 '글쟁이' 김삿갓의 진면목을 가장 먼저 알아본 곳도 전국의 서당들이었다. 그의 빼어난 '글발'이 입소문을 타면서 전국의 서당에는 때아닌 '김삿갓 신드롬'이 열병처럼 번지기 시작했다. '서당

---

8 풍찬노숙(風餐露宿) : 바람과 이슬을 맞으며 한 데에서 먹고 잔다는 뜻

아이들은 김삿갓의 이야기를 서로 많이, 아주 자랑스럽게 나눴으며, 심지어 그의 시를 옮겨 써놓고 모범으로 삼곤 했다.' (KBS 역사스페셜)

오늘날 그의 시들이 400여 수나마 전해져 내려오는 것도 따지고 보면 이들 서당의 공이 절대적이다. 이들 서당에서 구전되는 그의 시들을 자발적으로 잘 기록, 정리해 놓았기 때문이다.

아버지와 아들의 끈질긴 숨바꼭질

김삿갓이 이 서당들을 일정표 만들어 놓고 순례하듯 차례대로 돌아다녔다는 건 당연히 아니다. 어디로 튈지 종잡을 수 없는 그야말로 '럭비공'과 같은 행보를 반복했을 따름이다. 그러다 보니 이 예측 불가의 '럭비공'을 잡기 위해 개고생을 도맡아 하는 선의(?)의 피해자도 생겨났다. 그의 작은아들 익균이다. 아버지가 '명예 장학사'처럼 전국의 서당을 순례하는 동안 작은아들 익균은 '아빠 찾아 삼만 리'를 시리즈로 찍는 곤욕을 치러 내야 했다.

사실 익균은 이 과정에서 딱 세 번 아버지와 만난 적이 있었다. 하지만, 강원도 평강에서의 첫 번째 만남에서는 김삿갓이 아들에게 심부름시킨 뒤 바람과 함께 사라졌다. 전라도 여산에서 이뤄진 두 번째 만남에서는 김삿갓이 '큰일'을 보겠다고 수수밭으로 들어간 뒤 삿갓까지 벗어놓고 줄행랑을 쳤다. 그리고 천신만고 끝에 안동에서 이뤄진 세 번째 만남. 아들은 울고불고 생난리 치며 이번엔 어림없다고 결의(?)까지 다졌지만, 김삿갓은 아들이 잠든 사이에 유유히 사라지고 말았다.

이뿐만이 아니다. 어머니 함평 이씨가 꽤 오래전 '김문(金門)'에서의 소임을 다하지 못했다며 '스스로를 내치고' 충남 홍성의 친정에 돌아와 있었는데, 그는 외가 근방을 지날 때도 인근 산에 올라가 나무하러 온 아이들에게 어머니 안부나 물어본 뒤 그냥 돌아갔다.

그는 또 친구 정현덕의 주선으로 임금의 사면을 받고 벼슬 받을 기회를 얻었지만, 이 역시 외면했다(이응수 저, 김삿갓 풍자시 전집).

"주상께 특사를 주선해 놓았으니, 이제는 벼슬을 좀 하셔야지요?"

"내게는 조금도 대수롭지 않으니 구차한 주선은 필요 없소이다."

"그래도 언제까지나 이렇게 돌아다닐 수야 있나요?"

"나를 집안에 가둬 둘 작정이신가? 이 조선 천지가 다 내 집인 것을…"

김삿갓, 전설이 되다

발길 닿는 곳마다 '인증 샷' 남기듯 자작시를 흩뿌리며 주유천하 하던 김삿갓이, 만년에 병든 몸을 이끌고 상당 기간(약 6년) 머문 지역은 화순적벽이라는 절경을 품고 있는 전라도 동복(同福) 땅, 오늘의 화순군 동복면 구암마을이었다. 서른다섯의 나이에 무등산 장불재를 넘어 처음 발을 디뎠던 이 마을에, 지천명을 넘겨 병든 몸 이끌고 세 번째로 방문해서 아주 눌러앉게 된 것이다. 그는 이곳에 대대로 살아온 창원 정씨 종갓집 행랑채에 묵으면서 몸이 회복되면 나갔다가 일주일 만에 돌아오고, 또 나갔다가 닷새 만에 돌아오고 하는 식의 생활을 반복했다. 이제 쇠약할 대로 쇠약해진 그의 모습에는 빠르게 황혼빛이 깃들기 시작했다.

방랑에 지치었나 사랑에 지치었나 / 괴나리봇짐 지고 가는 곳
이 어디냐 / 팔도강산 타향살이 몇몇 해던가 / 석양 지는 산마루
에 잠을 자는 김삿갓

- 〈방랑시인 김삿갓〉 가사 3절 -

그리고… 57세가 되던 1863년(철종 14) 3월 29일, 김삿갓은 구암마을에서 온통 회한으로 뒤틀린 파란의 방랑 생활에 마침표를 찍으며 이승에서의 삶을 조용히 마무리했다.

그의 시신은 마을 뒷산에 초분으로 매장됐다가 3년 뒤 천 리 길을 달려온 익균에 의해 강원도 영월군 김삿갓면 와석리의 싸리골로 옮겨졌다. 방랑의 길을 떠난 지 무려 35년 만에, 제2의 고향 영월 땅에서 비로소 영면에 들어간 것이다.

생각해 보면 김삿갓의 삶이 관통하던 19세기 중엽, 오리지널 '헬 조선'의 정점을 향해 폭풍 질주하며 온 나라 백성에게 '막장 테크'를 강제 체험케 하던 반도의 꼬락서니는, 방죽 끝에 서서 오줌 줄기를 뿜어대는 취객의 자태만큼이나 위태위태했다. 죽은 지 3년 된 시아버지와 배냇물도 마르지 않은 아이가 군적(軍籍)에 이름을 올릴 정도로 행정은 개판이 돼갔고, 백성의 삶은 갈수록 곤궁해졌다. 김삿갓은 이처럼 반도 곳곳에서 펼쳐지는 '대환장 파티' 속에서 유일하게 백성과 희로애락

을 함께 한 선구자요, 희망의 메신저였다.

삿갓으로 하늘을 가리고 바람처럼 구름처럼 이 땅의 산수와 서사 간을 넘나들며 술 한 잔에 버림받은 하층 민중의 애환을 풍자와 해학과 기지로 시원하게 풀어내고 홀연히 사라져 가길 어언 삼십여 성상(星霜), 악몽과 같은 정치 상황에 신음하는 민중의 대변자로서 준열히 시대를 꾸짖고 떠나간 김삿갓은, 시간과 공간의 올가미로도 옭아맬 수 없는 초탈의 시선(詩仙)으로 거듭나면서, 이제는 우리 모두의 전설이 됐다.

"나는 내 방식대로
글을 쓸 것이요!"

문체반정에
홀로 맞선
문제적 글쟁이,
이옥

"아~니, '레' 자는 어디다 팔아먹고…."

…자~, 눈을 감고~, 숨을 들이쉬었다 내쉬면서~, 온몸의 긴장이 빠져나간다고 상상하세요~. 준비되셨나요? 지금부터 셋을 세면, 여러분은~, 과거의 어느 날로 돌아갑니다. 하나~, 두울~, 셋! 레드 썬!!

1976년 초여름의 어느 주말 저녁, 홍도리 쌀집 앞마당에 임시로 세팅된 17인치 '대형' 흑백텔레비전에서는 화려한 버라이어티쇼가 막 펼쳐지려 하고 있다. 만장하신 홍도리 주민들 앞에서 오늘 무대를 북북 찢어놓을 가수는, 맛깔 나는 민요풍의 노래를 유독 많이 불러 '민요의 여왕'이라는 애칭으로 불리는 김세레나.

사실 이 촌구석 주민들이 이미자 쇼도 아니고 상대적으로 덜 알려진 김세레나 쇼에 이렇게 단체로 눈길을 몰아주고 있는 건, 뭐 특별한 사연이 있어서가 아니다. 일찌감치 저녁밥 지어먹고 쌀집 앞마당으로 몰려와 퍼질러 앉는 게 몇 해째 이어지는 그네들 일상인데, 그 시각에 방송국은 편성표에 따라 김세레나 쇼를 그냥 송출할 뿐이고, 주민들은 그게 화면에 나오니까 그냥 보고 있을 뿐인 것이다.

아무튼, 이윽고 쇼가 시작되자 쥬얼리처럼 쏟아져 내리는 현란한 사이키 불빛 아래서 미녀 무용수들의 군무가 한바탕 요란하게 펼쳐지다가 페이드아웃으로 빠르게 사라진다. 그리곤 잠시 어두워졌던 화면이 다시 페이드인 되더니, 이번엔 화려한 한복 차림의 스페셜 게스트가 계단을 사뿐히 즈려밟고 내려오며 간드러진 목소리로 열창을 시작한다.

"가압, 또리이와 가압, 쑤니이는~."

이건 물구나무를 서서 봐도, 남심(男心)을 저격하는 육감적인 제스처와 요염한 콧소리로 전국의 ♂(수컷)들, 그중에서도 특히 군인들의 절대적인 사랑을 받는 ─ 그래서인지 월남전 위문공연도 네 차례나 다녀온 ─ 김세레나가 분명하다.

한데, 바로 그때 17인치 '대형' 화면에서는 작은 사달이 났다. 화면 왼쪽 아래에 뜬금없이 '김세나'라는 이름 석 자가 떠억 하니 누버지고 있었던 것. 이에 잔나비 새끼들처럼 앞선에 늘어앉았던 더벅머리들의 입이 걸레 빤 물이라도 마셨는지 갑자기 더러워지기 시작한다(점잖지 못한 표현은 삐~ 처리했음).

"킥킥킥, 아오, 아주 지룰들을 하세요, 삐익~. 저놈들 '레' 자는 얼다 팔아먹고 김세나냐, 김세나. 완전 개판 오 분 전이네, 삐익~".

"오 분 전은 무신, 딱 정각이다만, 제기랄. 저놈들 단체로 더위 먹었나, 여름은 아직 시작도 안 했는데, 삐익~. 이건 명백한 방송사고다, 방송사고! 삐익~."

하지만 더벅머리들의 이런 호언장담이 무색하게도 바로 이를 뒤집는 반전 상황이, 뒤쪽에 앉았던 홍도리 이장님의 입에 의해 급 조성 되고 만다. 이장님께서 말하길, 그녀가 김세레나에서 '레' 자를 똑 떼어내고

'김세나'로 활동 중인 건 '정부 시책에 적극 부응하기 위해(이 대목에 유독 힘을 준다)' 자발적으로 선택한 '대결단'이었나는 섯이니까.

"엥? 정부 시책에 적극 부응하여…, 자발적으로…? 이 뭔~??"

1970년대의 국어 순화 운동

"모든 분야에서 쓰는 외국어를 우리말로 다듬는 시안을 마련하라."

1976년 4월 대통령(박정희)이 문교부에 이런 지시를 내리면서 범정부 차원의 '국어 순화 운동'이라는 게 시작됐다. 이때 '시범 케이스'로 밀어붙인 사업 중 하나가 대중에게 잘 알려진 가수들의 외국어 이름을 규제하는 것. 대통령이 직접 독려하고 나선 터라 힘이 잔뜩 실린 이 규제의 칼바람에 눌려 가수들은 허겁지겁 자기 예명이나 팀명을 우리말로 바꾸기 시작했다.

'김세레나'가 '김세나'로 바뀐 건 바로 이때였는데, 그즈음 부랴부랴 우리말로 이름을 바꾼 가수는 그녀 말고도 많았다. 가장 '성공 사례'로 꼽히는 투에이스 → 금과 은을 필두로, 패티 김 → 김혜자, 바니걸스 → 토끼소녀, 위키리 → 이한필, 키보이스 → 열쇠소년, 라나에로스포 → 개구리와 두꺼비, 바블껌 → 풍선껌, 템페스트 → 돌풍, 블루벨즈 → 청종, 쉐그린 → 막내들, 뜨아에므아 → 너와나 등등.

워낙 급작스레 닥친 사태(?)여서 그랬는지, 이때 바뀐 예명은 대체로 △본명을 끌어오거나 △외국어를 우리말로 대충 직역한 경우가 태반이었다. 또 졸속으로 직역하다 보니 우스꽝스럽고 '싼 티' 나는 예명들이 속출하는 부작용(?)도 생겨났다.

개인적으로 가장 '눈물 나는' 사례는 '어니언스 → 양파들'이었다. 아닌 게 아니라, "말~없이 건네주고 달아난~ 차가운 손~" 하는 감성적인 가사와 감미로운 멜로디로 틴 에이저들의 '바이블 송' 구실까지 해내던 발라드 곡 '편지'를 어느 날 '어니언스'가 아닌 '양파들'이 부른다고 하니, 확 깨는 느낌이었다. 아니 할 말로 듀엣 중에 한쪽은 그나마 '양파' 비슷하게 생기기나 했지, 나머지 한쪽은 훤칠한 키에 허우대 멀쩡한 것이 언뜻 봐도 멜로영화의 주인공 스타일이었는데도 말이다(이제 와 고백건대, 그땐 어려서 '어니언'이 '양파'인지도 솔직히 몰랐었다).

어쨌든, 이렇게 범정부 차원에서 적극 추진한 국어 순화(정화) 운동을 동시대 '먹물'들은 현대판 '문체반정'이라고 궁시렁대며 강력한 '이불킥'을 날렸다. 그렇다면 '문체반정'은 또 뭘까?

문체반정은 조선 22대 임금 정조가 '순정치 못한 소설체와 소품문을 쓰지 말고 순정한 성리학적 고문체(古文體)로 돌아가자'라고 밀어붙인 문풍 개혁 정책을 말한다. 좀 더 구체적으로 설명하면, 명나라 말과 청나라 초기에 중국에서 건너와 한창 인기몰이 중이던 '잡문체'의 글(정조는 숫제 '병든 글'이라는 표현도 썼다), 즉 소설체(패관문학, 일명 설화문학)와 소품문(수필체)을 읽지도 쓰지도 말고, 고전과 〈주자선통(朱子選通)〉·〈주서백선(朱書百選)〉 같은 '반듯하고 정형화된 문어체의 글'을 읽고 쓰라는 명령이 문체반정이다.

굳이 비유하자면 조선왕조 버전 '바른 말 고운 말 쓰기 캠페인'이라고 할 수 있겠는데, 안타깝게도 오늘날 여러 학자에게 정조의 아집과 독선이 빚어낸 명백한 언론탄압이자 조선 후기 문학 발전을 가로막은

폭거라는 비판과 함께 '개혁의 아이콘'이 자행한 대표적 실책이라고 '맹비난 받는' 징책이기도 하다.

사실 그즈음 정조가 심히 못마땅해 했던 인물은 당대의 '스테디셀러 작가'인 박지원이었다. 특히 일반 백성들 사이에서 선풍적 인기를 끌고 있던 그의 작품 〈열하일기〉⁹는 정조가 대놓고 못마땅해 하던 '불온서적'이었다. 실제로 〈열하일기〉가 세상에 유행한 이후 조정 신료들의 문체가 엉망으로 변했다는 질타도 그는 여러 차례 했다.

그런데 갈수록 수미산이라고, 언제부턴가 자신이 키운 규장각 각신 중 모범생 군에 속하던 남공철·심상규·김조순의 문체마저 박지원 스타일로 변해 있는 것이었다. 정조는 이들에게 즉각 '반성문'을 써서 제출하라고 명했는데, 남공철의 경우는 그마저도 패관체를 인용함으로써 정조의 '뚜껑'을 열리게 하고 말았다. 1792년(정조 16) 10월 24일 정조는 남공철의 지제교라는 직함까지 떼어버리고 성난 목소리로 이렇게 질타했다.

"명색이 각신(초계문신)이고 문청공의 아들이라는 자가 가훈을 어기고 임금의 명령도 저버리고 그렇게 금령을 어기다니 이 어찌 몹시 놀랍지 않겠는가!"

사실 문체반정은, 봉황의 깊은 뜻이 어디에 있건, 정조가 무능한 군주였다면 시도조차 하기 어려운 정책이었다. 아니 할 말로 '모범생'인 정조나 되니 '말 발'이 먹히는 거지, 불도저 같은 추진력으로 '전 궁궐

---

9 열하일기 : 1780년 8촌 형 박명원이 건륭황제의 70세 생일 축하 사절로 중국에 갈 때 박지원이 개인 수행원 자격으로 따라가면서 6개월간의 대장정 과정을 글로 옮긴 여행기이다.

의 무도장화를 밀어붙이던 연산군 같은 '막장' 임금이 추진했다면 호박에 이빨도 안 들어갈 소리라고 일언지하에 배척당했을 - 물론 그래봤자 사화(士禍)만 하나 더 추가됐겠지만 - 정책이었다는 말씀이다.

문제적 유생, 이옥

'타임머신'에 재탑승해서 1976년의 '국어 순화 운동' 때로 다시 돌아가면, '우리말 예명 갖기 운동' 시기 팬들의 호기심을 대놓고 자극했던 연예인은 앞서 소개한 김세레나였다. 이미 '김세레나'에서 '레' 자를 떼고 '김세나'로 활동 중이던 그녀에게 MBC가 '세나' 같은 긴가민가한 개명으론 2% 부족하다며 다시 바꿀 것을 종용하고 나섰기 때문이다. 당시 한 일간지에 가십으로 실린 기사 내용을 그대로 '펌' 하면 이렇다.

> 『연예인들의 국어 명 전용 작업을 펼쳐온 MBC가 가수 김세나
> 양에게 순수 우리말로 이름을 바꿔 출연하도록 종용했다. 따라서
> 김세나 양은 이름을 본명인 김희숙 또는 다른 우리말로 개명치
> 않는 한 MBC에는 출연 못 하게 된다.』

결론부터 말하면, 자칫 '김희숙 양'으로 전락할 위기에 내몰렸던 '김세나 양'은 끝까지 버틴 끝에 극적으로(?) '세나'라는 예명을 사수하는데 성공했다. 그 과정에 어떤 '비하인드 스토리'가 도사리고 있는지는 알 길 없지만, 좌우지간 이는 정권으로부터 이름을 지켜낸 거의 유일

무이한 '쾌거' 또는 '의거'라고 호사가들은 신나게 떠들었다.

이와 경우는 좀 다르지만, 문체반정 때도 일개 성균관 유생 신분으로 임금의 정책에 끝까지 어깃장을 놓아, '간이 배 밖에 나온 게 틀림없어'라는 뒷담화를 무수히 들은 인물이 있었다. 천하의 정조대왕 어명을 하찮게 여긴 참으로 맹랑한 경우라서, 문체반정을 논할 때면 거의 '고정 게스트'처럼 소환되는 이 문제적 인물은 이옥이라는 한 재야 문인이다.

이옥! 그는 어떤 인물이며, 어떤 연유로 이 단원의 주인공 자리까지 꿰찰 수 있었던 건지 - 좀 멀리 돌아온 감은 있지만 - 지금부터 본격적으로 그의 발자취를 쫓아가 보도록 하자.

이옥의 신상을 털어 보니

이옥은 1760년(영조 37)에 경기도 남양(지금의 화성시 남양읍) 매화산 아래에서 태어났다. 자는 기상(其相)이며, 호는 문무자(文無子)를 필두로 좋다는 단어들은 다 끌어들여 매사(梅史)·매암(梅庵)·경금자(絅錦子)·화석자(花石子)·청화외사(青華外史)·매화외사(梅花外史)·도화유수관주인(桃花流水館主人) 등 거의 '한 다스'나 된다.

아버지는 1754년에 진사시에 급제한 바 있는 이상오(李常五)이며, 어머니는 남양 홍씨로 전 이성 현감 홍이석의 딸이다. 슬하에는 1남 4녀를 뒀는데 외아들의 이름은 우태다. 또 실학자 유득공(1748~1807)은 그의 이종사촌 형(이모의 아들)이 된다.

이옥은 1790년(정조 14) 30세의 나이에 생원시를 통과하고 성균관에서 대과를 준비 중이었는데, 그의 이름 두 자가 〈조선왕조실록〉에 처음 실린 것은 그로부터 2년 뒤인 1792년 10월 19일이었다. 이날 정조는 대사성 김방행에게 이옥이라는 '일개 유생'의 응제[10] 문체를 거론하면서 불쾌한 기색을 감추지 않았다.

"성균관 시험의 시험지 중에 만일 조금이라도 패관잡기에 관련되는 답이 있으면 비록 전편이 주옥같을지라도 하고(下考 : 꼴등)로 처리하고, 이어 그 사람의 이름을 확인하여 과거를 보지 못하도록 하여 조금도 용서가 없어야 할 것이다…(중략)…엊그제 유생 이옥의 응제 글귀들은 순전히 소설체를 사용하고 있었으니, 선비들의 습성에 매우 놀랐다."

이는 사실상 문체반정의 시작을 알리는 '공소리'로, 이날 정조는 이옥의 과거 응시 자격을 한동안 중지 - 전문용어로 정거(停擧) - 시키는 한편, 낡은 문체를 완전히 뜯어고치기 위해 일일 과제로 사륙문(四六文 : 한문 문체의 하나) 50수를 지어 제출하라고 명했다.

사태가 이 지경으로 흐르자 당황한 이옥은, 심기일전하여 몸과 마음을 온전히 '정조 스타일'로 세팅한 다음 정조가 좋아하는 문체, 즉 순수하고 바른 글(純正之文)을 자기 것으로 만들기 위해 더욱 정진…

---

10 응제(應製) : 임금의 명령에 따라 글을 짓는 것

은커녕, 이후로도 자신만의 스타일을 고수하면서 더욱 더 갈고 닦고 조이고 기름 쳐나갈 따름이었다.

이 시절 이옥이 쓴 작품 중엔 '이언[11](俚諺)'이라는 연작시(連作詩)가 있다. 모두 66수로 구성된 이 시는 여성의 삶을 일인칭 여성 화자(話者)의 시점으로 묘사하고 있는데, 그런 까닭에 이 시에는 생생한 표정을 지닌 다양한 여성들이 등장한다. 신혼의 단꿈에 젖은 새색시, 기생집 출입하는 남편을 닦달하는 젊은 아내, 노골적으로 남성을 유혹하는 기생, 인생의 허무감에 함빡 빠진 늙은 마누라 등….

이옥은 '이언'을 아조(雅調), 염조(艶調), 탕조(宕調), 비조(悱調)의 네 부분으로 나눴고, 아조는 도덕적 일상적 감정을, 염조는 사랑의 감정을, 비조는 원망의 감정을, 탕조는 일탈의 감정을 노래했다.

18세기 조선의 남성 문필가가 지은 시라고는 도저히 믿어지지 않을 정도로 실제 여성의 어투와 싱크로율 100%인 시구들이 그저 놀랍거니와, 마치 이옥식 자유분방함의 종결판을 보는 것 같기도 하기에 '이언' 연작 66수 중 아조(17수), 염조(18수), 탕조(15수), 비조(15수)의 대표적인 1수씩만 '맛보기'로 소개한다.

一結靑絲髮(일결청사발) 相期到蔥根(상기도총근)
한 번 쪽진 푸른 머리, 파 뿌리 되도록 변치 말자 기약했어요.

無羞猶自羞(무수유자수) 三月不公言(삼월불공언)
부끄러워하지 않으려 해도 자꾸 부끄러워, 서방님과는 석 달이

11 이언 : 상말 또는 속된 말

나 말도 하지 못했어요.

- 아조(雅調) -

歡言自酒家(환언자주가) 儂言自娼家(농언자창가)

당신은 술집에서 왔다지만, 나는 당신이 기생집에서 온 걸 알아요.

如何汗衫上(여하한삼상) 臙脂染作花(연지염작화)

어째서 속적삼 위에, 연지가 꽃처럼 묻어있나요?

- 염조(艶調) -

歡莫當儂髻(환막당농계) 衣沾冬栢油(의점동백유)

당신, 내 머리에 기대지 마세요, 옷에 동백기름 묻어요.

歡莫近儂脣(환막근농순) 紅脂軟欲流(홍지연욕류)

당신, 내 입술을 가까이하지 마세요, 붉은 연지 부드럽게 흐르려고 해요.

- 탕조(宕調) -

嫁時倩紅裙(가시천홍군) 留欲作壽衣(유욕작수의)

시집올 때 입었던 예쁜 다홍치마, 두었다가 수의를 만들려 했는데

爲郎鬪箋債(위낭투전채) 今朝淚賣歸(금조누매귀)

낭군님 투전 빚을 갚아야 해서, 오늘 아침에 울면서 팔고 왔다네.

- 비조(俳調) -

탄압 vs '똥고집'의 대 충돌

평소 대소신료들을 향해 '경들에겐 더 배울 게 없다'라는 쓴 소리를 거침없이 날릴 정도로 박학다식해 규장각 '시간강사' 노릇도 종종 했던 '창경궁 공붓벌레' 정조는, 3년 뒤(1795년 8월) 또 성균관에 나타나서 유생에게 글을 지어 올리도록 명했다. 그런데 이번에도 '거슬리는' 잡문체의 글 하나가 속절없이 시선을 잡아끌었다. 제출자 이름을 쓱 일별하니 역시나 눈에 익은 그 이름 '이옥'이었다.

이에 '일개 유생' 녀석에게 뒤통수 까였다고 생각한 정조는 이 '버릇없는' 유생 녀석에게 또다시 정거를 명했다가, 잠시 뒤 이를 충군(充軍)으로 감해 줬다. 얼마 뒤 대과가 있을 예정인데, 충군 되면 '뺑뺑이'를 돌고 와서 과거에 응시할 수는 있을 테니까.

▷ 충군(充軍) : 조선시대에, 죄를 범한 자를 벌로 군역에 복무케 하던 제도. 신분의 고하와 죄의 경중에 따라 차등이 있었는데, 대개 천역(賤役)인 수군(水軍)이나 국경을 수비하는 군졸에 충당하였다.

이옥이 '뺑뺑이'를 돌게 될 장소는 충청도 정산현(定山縣, 현 청양군 정산면)이었다. '괴나리봇짐'을 챙겨 멘 채 터덜터덜 충청도 정산현까지 내려간 이옥은, 짧으나마 고된 '뺑뺑이'를 끝까지 돌고 며칠 뒤 터덜터덜 서울로 되돌아왔다. 그러고는 때마침 열리는 과거시험에 응시했다.

이전에도 문체가 시빗거리였을 뿐 실력만큼은 '공중' 받아놓다시피 했던 터라, 이옥은 그동안 갈고 다듬어 한결 매끄러워진 '잡문체' 글로 거침없이 답안지를 채워 툭 던지고 나왔다. 하지만 이옥의 답안지를 펼쳐 든 '채점관' 정조의 인상은 또다시 심하게 일그러졌다.

"상재생[12] 이옥이 지은 표문은 순전히 소품의 체제를 본받고 있다."

한마디로, 여전히 '개판'과 '엉망' 사이를 하염없이 배회하고 있다는 지적이었으며, 정조의 화도 당연히 상투 끝까지 뻗쳐 이옥에게는 재차 충군 명령 - 전문용어로 '이충(移充) 편적(編籍) 명령' -이 떨어졌다. 이 번에 소집될 장소는 서울에서 천 리나 떨어진 경상도 삼가현(현 합천군 삼가면). '통곡의 벽' 정조 앞에서 그의 꿈이 또다시 좌절된 것이다.

다시 경상도 삼가현으로 터덜터덜 내려간 이옥은 사흘을 내리 '뺑뺑이'를 돈 다음, 다시 서울로 되돌아왔다. 그러고는 이듬해(1796년) 2월에 열린 별시의 초시에 응시, 이번엔 아예 수석합격(榜首: 방수)이라는 최고의 결과를 만들어 내고 말았다.

사실 이 정도면 그냥 '수재 인증'이라 간주하고 "패스!"를 외쳐주는 게 맞다고 본다. 하지만 문제는 이옥을 '의지의 조선인'이라 한다면 정조는 '의지의 조선왕'이라는 데에 있었다. 이번에도 정조는 문체가 엉망이라는 이유로 이옥의 성적을 아예 꼴찌(榜末: 방말)로 만들어 버렸다.

이옥의 문체, 대체 어땠기에?

당시 정조가 문제 삼은 이옥의 답안지가 어떤 지경이었는지는 알길

---

12 상재생(上齋生) : 생원·진사시에 합격한 유생

없다. 모르긴 몰라도, 그건 정조에 의해 발기발기 찢겨서 쓰레기통에 처박히지 않았을까 추측만 해볼 따름이나. 정조가 소설체 글거리고 여러 차례 언급한 걸로 미루어, 그것이 퍽 자유분방한 문체라는 사실은 어렵잖게 유추할 수 있을 것이다.

그렇다면 그토록 '말 많고 탈 많은' 이옥 특유의 소품체란 어떤 문체의 글을 말하는 걸까?

일찍이 정조는 소품체 글을 두고, '내용이 빈약하고 + 조급하고 + 경박하고 + 비속하고 + 음란하고 + 자질구레한 것을 세세하게 늘어놓는 글'이라고 신랄히 비판한 바 있다. 그렇다면 이옥의 글들은 여기에 해당할까? 예시문을 하나 놓고 구체적으로 살펴보도록 하자.

『시험 삼아 높은 언덕에 올라 저 서울 장안의 봄빛을 바라보노라면 무성하고, 아름답고, 훌륭하며, 곱기도 하다. 흰 것이 있고, 붉은 것이 있고, 자주색이 있고, 희고도 붉은 것이 있고, 노란 것이 있으며, 푸른 것도 있다.

나는 알겠노라. 푸른 것은 그것이 버드나무인 줄 알겠고, 노란 것은 그것이 산수유꽃·구라화인 줄 알겠고, 흰 것은 그것이 매화꽃·배꽃·자두꽃·능금꽃·벗꽃·귀롱화·복사꽃 중 벽도화인 줄 알겠다. 붉은 것은 그것이 진달래꽃·철쭉꽃·홍 백합꽃·홍도화인 줄 알겠고, 희고도 붉거나 붉고도 흰 것은 그것이 살구꽃·앵두꽃·복사꽃·사과꽃인 줄 알겠으며, 자줏빛은 그것이 오직 정향화인 줄 알겠다.』

비록 짤막한 예시문이나, 여기서도 이옥은 일단 꽃이라는 '자질구레한' 식물을 소재로 삼았고, 꽃 이름을 하나하나 아주 '세세하게' 나열했다. 그러다 보니 읽는 이에 따라 '내용이 빈약하다'라는 느낌을 가질 수도 있다. 한마디로 정조의 눈 밖에 나기 딱 좋은 예시문이라는 얘기다. 아닌 게 아니라, 이옥의 작품에는 이렇듯 '자질구레한 것을 제재(소재)로 선택해 세세하게 늘어놓은 글'들이 유독 많다(세세함의 종결판 같은 글을 뒤에 한 편 더 소개하겠다).

하지만 이런 식의 표현은 이옥 산문의 특성일 뿐이다. '온갖 잡것' 정도로 퉁 치는 게 아니라, 개별적인 것들에 각각 존재의 의미를 부여하는 이옥 스타일의 글쓰기, 이게 과연 과거 응시를 제한당하고 강제 징집까지 당해야 할 만큼 심각한 문제를 안고 있다는 건가? 정녕 그런 건가? 그러는 정조는?

맞다. '친 정조파'들에겐 다소 '불편한 진실'일 수 있겠지만, 사실 따지고 보면 정조는 이보다 더 심하면 심했지 절대 덜하지 않았다. 2009년 2월, 정조가 노론의 영수이자 정치적 앙숙으로 알려져 있던 심환지에게 1796년부터 1800년까지 4년간 보낸 비밀편지 297통('정조 어찰첩'이라는 이름을 붙여 2016년 보물 1923호로 지정)이 전격 공개됐다. 이 편지에서 정조는 중신들에 대한 '뒷담화'를 찰진 욕설까지 섞어 가며 거침없이 뱉어내고 있다. 연산군 정도였다면 '내로남불의 끝판왕'이라고 맹비난 받았겠지만, 무려 정조라서 적당히 묻힌 이 문제의 편지글 중 일부를 소개하면 대략 이런 식이다.

- 서영보를 지칭하며 : 순 호로 새끼(胡種子)
- 김매순을 지칭하며 : 입에서 젖비린내나고 사람 같지도 않은 놈이

경박하고 어지러워서 주둥아리를 함부로 놀리는구나!

- 황인기 & 김이수를 지칭하며 : 이놈들이 어떤 놈들이기에 주둥아
  리를 함부로 놀리는 거야!
- 서매수를 지칭하며 : 늙고 힘없는 인간
- 김의순을 지칭하며 : 사람 꼴을 갖추지 못하고 졸렬한 놈
- 이노춘을 지칭하며 : 약하고 물러터진 놈
- 심환지를 지칭하며 : 갈수록 입조심을 안 하는, 생각 없는 늙은이
  같으니…

"이거 너무한 거 아니냐고...."

과거에서 꼴등 처리된 뒤 심사가 꼬여 거친 콧바람만 풀풀 날리며
구들장이나 이고 누워있는 이옥에게 그해(1796년) 3월, 느닷없이 부고
장이 날아들었다. 아버지의 사망을 알리는 부고였다. 재수 없는 놈은
챈 발에 곱챈다더니, 왜 자신에게 좋지 않은 일이 이렇게 시리즈로 일
어나나 싶었지만, 뭐 어쩌랴…. 이옥은 부랴부랴 고향으로 내려갔고,
거기서 아버지 장사를 지낸 뒤, 3년간 시묘살이도 착실히 해냈다.

그런데 시묘살이가 거의 끝나갈 무렵, 이번엔 왕년에 '삥삥이'를 돌고
왔던 삼가현으로부터 뜬금없이 징집영장이 날아들었다. 정해진 기일
내에 삼가현 내의 지정된 소집 장소로 와달라는 내용이었다.

처음엔 이 무슨 자다가 남의 다리 긁는 소리인가 싶었지만, 관계 기
관에 알아본즉, 일부 과실-충군된 자가 비록 꼴찌로라도 과거 초시에

합격하면 이를 당국에 알리고 충군 해제를 청원해야 함에도 간과한 과실-이 자신에게 있고, 여기에 공무원들의 복지안동[13](伏地眼動)까지 적당히 버무려져서 이름이 군적에 계속 남아 있었던 것이다.

시묘살이를 끝낸 1799년(정조 23) 이옥은 소환 독촉이 심해지자, 형부, 병부, 예부 등을 쫓아다니며 청원해 봤지만, 끝내 허락을 받지 못했다. 하는 수 없이 그는 다시 터덜터덜 삼가현으로 향했고, 무슨 대단한 출장이라도 온 양 주막집 귀퉁이에 하숙방까지 하나 얻었다. 그리곤 여기서 자그마치 118일(1799.10.30.~1800.2.18.) 동안 숙식을 해결하며 소집훈련에 임해야 했다. 당연히 속은 양은 냄비에 장국 끓듯 부글부글 끓는 나날이었을 터.

'전화위복'이 된 재입소 명령

하지만, 일체유심조(一切唯心造), 즉 '세상사 모두가 마음먹기에 달렸다'라는-원효대사 '해골 물 사건'으로 유명한-〈화엄경〉 속의 이 말이 겪어보니 허언은 아닌 게, 이옥 스스로 긍정적으로 생각을 고쳐먹자 세상이 한결 아름다워 보이고 창작 의욕까지 새삼 솟구치는 것이었다.

실제로 이옥은 이때부터 보고 들은 체험을 다양한 장르의 글로 엮기 시작했고, 이듬해(1800년) 5월 하순께 〈봉성문여〉라는 영남지방 견문기가 성균관 유생 동기인 '절친' 김려(金鑢, 1766~1821)에 의해 묶음으

---

13 복지안동 : 땅에 납작 엎드려 눈알만 굴린다.

로 나오기도 했다.

김려의 담정총서
(이 책의 권 14에 봉성문여 수록)

〈봉성문여〉에는 역사·유적·야담 등 다양한 장르의 글이 64편 실려 있는데, 그중에서도 '시장풍경(市記)'이라는 글은 주막집(현 삼가면 하금리) 골방에서 '너무도 무료해 종이창의 구멍을 통해 밖을 내다보다가' 우연히 장이 선 장면을 목도하고, '자질구레한 것을 무지 세세하게 늘어놓은' 이옥 수필의 백미다.

오늘날 역사학자들로부터 '18세기 말 조선의 시골 장터 풍경을 가장 사실적으로 묘사하고 가장 적나라하게 표현한 희필(戱筆)이자 희작(戱作)'이라는 찬사까지 듣는 이 수필은, 이옥 자신의 과실 + 공무원들의 무사안일로 탄생한 작품이니, 당시 복지안동에 적극 동참했던 병무 공무원 제위께 심심한 사의를 표하면서 그 내용을 전제한다.

『내가 머무는 주막은 시장에서 가깝다. 매 2일과 7일에 장이 서면 시장에서 왁자지껄하는 소리가 들린다. 시장 북쪽은 내가 머무는 주막의 남쪽 벽 아래다. 벽에는 원래 창이 없었지만 내가 햇볕이 들도록 구멍을 뚫고 종이로 창을 만들었다. 창밖 열 걸음도 채 안 되는 곳에 낮은 둑이 있는데, 시장에 갈 때면 그리로 드나들곤 했다. 창에는 또 겨우 한쪽 눈으로 내다볼 수 있는 정도의 구멍이 있다.

12월 27일, 장이 섰다. 나는 너무도 무료해서 창구멍을 통해 밖을 내다보았다. 하늘에서는 금방이라도 눈이 내릴 것만 같았다. 구름이 자욱하게 끼어 잘 보이지도 않았다. 시간은 어림잡아 정오를 넘기고 있다.

소와 송아지를 몰고 오는 자, 두 마리 소를 끌고 오는 자, 닭을 안고 오는 자, 문어를 들고 오는 자, 돼지 네 다리를 묶어 짊어지고 오는 자, 청어를 묶어서 오는 자, 청어를 엮어 늘어뜨리고 오는 자, 북어를 안고 오는 자, 대구를 가져오는 자, 북어를 안고 대구와 문어를 가지고 오는 자, 담배 풀을 끼고 오는 자, 미역을 끌고 오는 자, 땔나무와 섶을 짊어지고 오는 자, 누룩을 짊어지거나 이고 오는 자, 쌀자루를 메고 오는 자, 곶감을 안고 오는 자, 종이 한 두루마리를 끼고 오는 자, 접은 종이를 들고 오는 자, 대나무 광주리에 무를 담아 오는 자, 짚신을 늘어뜨려 들고 오는 자, 새끼로 꼰 신발을 가지고 오는 자, 큰 베를 끌고 오는 자, 목면포를 묶어서 휘두르며 오는 자, 자기 그릇을 안고 오는 자, 분과 시루를 짊어지고 오는 자, 돗자리를 겨드랑이에 끼고 오는 자, 나무로 돼지고기를 꿰어

가지고 오는 자, 오른손에 엿과 떡을 움켜쥐고 먹는 아이를 업고 오는 자, 병 주둥이를 묶어서 허리에 차고 오는 자, 짚으로 물건을 묶어 오는 자, 버드나무 광주리를 짊어지고 오는 자, 소쿠리를 이고 오는 자, 표주박에 두부를 담아 오는 자, 사발에 술과 국을 담아 조심스레 오는 자, 머리에 임을 이고 등에는 짐을 지고 오는 여자, 어깨에 무언가를 메고는 아이를 머리 위에 앉혀 오는 남자, 머리에 무언가 이고 왼쪽에 물건을 끼고 오는 자, 치마에 물건을 넣고 옷섶을 잡고 오는 여자, 서로 만나 허리를 굽혀 절하는 자, 서로 이야기를 나누는 자, 서로 화를 내며 발끈하는 자, 손을 당기며 서로 장난치는 남녀, 갔다가 다시 오는 자, 왔다가 다시 가고 갔다가 또다시 바삐 오는 자, 넓은 소매에 자락이 긴 옷을 입은 자, 저고리와 치마를 입은 자, 좁은 소매에 자락이 긴 옷을 입은 자, 좁은 소매에 짧고 자락이 없는 옷을 입은 자, 방갓에 상복을 입은 자, 가사를 입고 고깔을 쓴 중, 패랭이를 쓴 자들이 보였다.

여자는 모두 흰색 치마를 입었는데 간혹 푸른색 치마를 입은 사람도 있었다. 아이들은 옷차림을 잘 갖추었다. 남자들은 모자를 썼는데 자줏빛 모자를 쓴 사람이 열에 여덟아홉이고, 목도리를 두른 사람도 열에 두셋이었다. 아이들은 패도를 차고 있었다. 서른 살 넘는 여자는 검은 모자를 썼는데, 흰 모자를 쓴 여자는 상중에 있는 사람이었다. 늙은이는 지팡이를 짚었고, 아이들은 어른을 붙잡고 있었다. 술에 취한 사람들이 많아 가다가 쓰러지기도 하고, 급하게 달려가기도 했다.

아직 다 보지도 못했는데, 나무 한 짐을 진 사람이 창밖의 담장 맞은편에 앉아 쉰다. 그제야 나도 책상에 엇비슷이 기대고 누웠다. 세모라서 시장은 더욱 활기에 넘친다.』

'시대의 불운아' 이옥

이제는 말할 수 있다…는 아니고, 그냥 이제야 말하는 거지만, 엄밀히 따지면 이옥은 '정통파' 기인으로 보기 좀 모호한 인물인 게 사실이다. 아무래도 그를 '성격이나 말, 행동 따위가 보통 사람과 다른 별난 사람'이라고 정의하긴 좀 그렇기 때문이다.

이젠 모두 아시겠지만, 그는 자유로운 글쓰기를 위해 카리스마 넘치는 임금의 명을 거의 따르지 않는가 하면 평생 자신만의 독특한 소품문 창작활동에 집중함으로써 기성 양반 문학의 권위에 끊임없이 도전한, 아주 심지 곧고 고집 센 문인이었다.

물론 자신의 팔자까지 꼬이게 만든 그 당돌하고 무모하기까지 한 쇠고집이 '보통 사람과 다른 별난 사람'의 특성을 제대로 보여준 것 아닌가 한다면 그렇게 봐줄 여지도 분명히 있을 것이다. 천하의 정조가 내린 어명을 내리 세 번이나 무시하는 두둑한 배짱의 소유자였으니까.

하지만 그에겐 이보다도 더 명징(明徵)해서 누구나 고개를 주억거리게 만드는 그만의 진면목이 따로 있었다. 적어도 '소품체'라는 장르에 있어서는 누구보다 '재주가 신통하고 비범한 사람'이었다는 것.

생각해 보면 정조는 박제가·유득공·이덕무·서이수 같은 패관소품체 덕후들을 서자 출신이라는 핸디캡까지 무시하고 규장각 검서관으로 기용한 전례가 있음에도, 유독 문학적 '무늬'가 비슷한 이옥에게만큼은 지나치게 가혹했다. 어떻게 보면 이거야말로 정조식의 '한 놈만 패기' 전략이 아닌가 싶을 정도로, 이옥을 향하는 정조의 눈길은 시종일관 싸늘하고 까칠했다.

사실, 따지고 보면 정조와 이옥 사이에는 서로를 엮어줄 자못 흥미로운 '매개체'도 있었다. 두 사람 다 같이 남령초, 즉 담배의 덕후이자 조선을 대표하는 상 골초들이었다는 점이 그것이다. 실제로 "남령초가 아니면 답답한 속을 풀지 못하고 꽉 막힌 심정을 뚫어주지 못한다." 라며 담배를 숫제 상질의 상비 의약품 대접을 하고 "남령초를 백성들에게 베풀어 줌으로써 그 혜택을 함께 하고자 한다." 할 정도인 정조였기에, 그가 남령초의 요모조모를 파헤치고 이를 집대성한 책 〈연경(煙經; 담배의 경전)〉의 저자 이옥과 '한편'을 먹는다면 능히 '환상의 복식조'가 될 수 있을 것으로도 보였다.

하지만 이후로도 그들이 합을 맞췄다는 소식은 끝내 들려오지 않았고, 1800년(재위 24) 6월 말에 정조가 46세라는 한창 나이로 급사했다는 비보만 들려왔다. 이에 전의(?)를 상실해서일까, 그 얼마 전 삼가현에서 돌아왔던 이옥도 모든 걸 내려놓은 채 고향인 남양 땅으로 돌아갔고, 1816년(순조 17) 55세를 일기로 조용히 눈을 감았다.

지금도 이런 이옥을 생각하면 실로 안타까운 점이 하나 있다. 만약이옥이 정조와 동시대 인물이 아니었더라면, 아니 동시대 인물이었더라도 정치적 '희생양'을 필요로 하는 그런 시대 상황-다시 말해 서학(천주학), 양명학과 같은 이단(?) 사상이라든가, 고증학, 자연과학과 같은 괴이한(?) 학문이 패관소품체에 실려 마구 밀려든다고 의심받던 시대 상황-만 아니었더라면, 그는 필시 관리로서도 나름 성공시대를 구가할 수 있지 않았을까 하는 안타까움이다.

한마디로 통속적인 일상과 풍속, 민간 예술 따위를 있는 그대로 그려내고 그 의미와 가치를 문학적으로 승화시켰기에 천재 문인으로 손색없었으되, 끊임없이 불화하고도 끝내 화해하지 못한 정조 임금과의 '케미(Chemistry)'는 운명적으로 맞지 않았기에 더욱 고달픈 인생이었다고나 할까.

문체반정의 유일한 피해자라 일컬어지는 이옥, 그에게 '시대의 불운아'라는 꼬리표가 따라다니는 소이는 바로 여기에 있다 할 것이다.

본관은 전주이고 대대로 무관 집안이었다는 '설'이 있으나 확실치는 않으며, 서른 살 이전까지의 성장기는 거의 알려진 게 없다. 대표작으로는 고전소설 〈심생전(沈生傳)〉·〈유광억전(柳光億傳)〉, 최초의 고전 희곡 〈동상기(東廂記)〉, 시화집 〈예림잡패(藝林雜佩)〉 등과 함께, 김려의 〈담정총서(潭庭叢書)〉 속에 〈문무자문초(文無子文鈔)〉·〈매화외사(梅花外史)〉·〈화석자문초(花石子文鈔)〉·〈「중흥유기(重興遊記)〉·〈도화유수관소고(桃花流水館小稿)〉·〈경금소부(絅錦小賦)〉·〈석호별고(石湖別稿)〉·〈매사첨언(梅史添言)〉·〈봉성문여(鳳城文餘)〉·〈묵토향초본(墨吐香草本)〉·〈경금부초(絅錦賦草)〉 등의 글이 실려 있으며, 조선시대에 지어진 거의 유일한 담배 관련 저술 〈연경(烟經 : 담배의 경전)〉은 사료적 가치도 높다는 평가다.

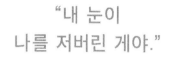

"내 눈이
나를 저버린 게야."

애꾸눈의
광인(狂人) 화가,
최북

동서양의 닮은꼴들

몇 해 전인가, '한반도와 그 부속 도서' 안의 사지(四肢) 멀쩡한 장정이라면 필시 강제 구독했을 국방부 산하기관 발행의 '그' 매체에, 한참이나 버퍼링하게 만드는 칼럼이 하나 실렸다. '교향곡의 아버지'로 불리는 오스트리아 클래식 작곡가 하이든(1732~1799)과 '뽕짝의 아버지'로 불리는 우리 트로트 작곡가 박시춘(1914~1996)이 닮은꼴이라는 것이다.

처음엔 이거 '국뽕'을 너무 과하게 들이켠 비교질이 아닌가 싶어 심히 오글거렸지만, 찬찬히 일독한 뒤엔 국방부 산하라는 매체의 특성을 고려하면 나름대로 이해가 가는 '엮음'이라고 고개를 주억거리게 됐다. 칼럼은 두 '아버지'의 닮은 점으로, 작곡 공부를 독학으로 했다는 점과 함께 그들의 투철한 애국심을 꼽았는데, 나폴레옹의 오스트리아 침공 때 만든 하이든의 〈전쟁 미사(일명 큰북 미사)〉나 유엔군의 서울 수복 직후에 만든 박시춘의 〈전우야 잘 자라〉는 후자의 대표적 산물이라는 것이다.

한데 눈을 미술 분야로 돌리면 이처럼 급조 혐의(?)가 짙은 조합이 아니라 동서양의 닮은꼴을 거론할 때마다 우리 연예계의 서수남 & 하청일, 남철 & 남성남, 장소팔 & 고춘자처럼 늘 듀엣으로 소환되는 대표적인 화가 조합과 맞닥뜨리게 된다. 네덜란드의 반 고흐와 조선의 최북(崔北)이 그들이다.

잘 아시겠지만, 빈센트 빌럼 반 고흐가 풀 네임인 고흐(1853~1890)는 귀에 붕대를 감은 '인상 험한 아재' 그림으로 유명한 서양화가다. 대표작으로 〈해바라기〉, 〈별이 빛나는 밤에〉, 〈꽃 핀 아몬드 나무〉 등 여러 작품이 거론되지만, 정작 학생들은 '이게 대표작!'이라며 각자의 대뇌 속에 반강제적으로 감금해 놓고 있는 '붕대 투혼'의 그 그림 〈자화상〉이다.

1888년의 어느 날 정신병을 앓고 있던 고흐가 함께 지내던 고갱과 '맞짱'을 뜨다가 발작을 일으켜 자해한 뒤 그린 그림이라는데, 이 작품이 뜨자 그 사건까지 덩달아 뜨면서 고흐는 일약 '괴짜'와 '싸이코'의 경계를 유영하는 '광기(狂氣)'의 작가로 많은 이들의 뇌리에 각인됐다.

그렇다면, 우리의 최북은 전생에 무슨 업보(?)를 그리도 착실히 쌓았기에 이런 이역만리의 '싸이코' 고흐와 한 묶음으로 엮이는 팔자가 됐으며, '조선의 반 고흐'라는 수식어까지 이름 앞에 누벼 넣는 신세가 됐을까?

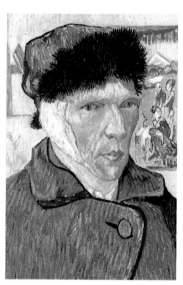

반 고흐의 〈자화상〉

최북은 어떤 화가?

"최…부욱…?" 이 단원을 처음 접하는 분들에게서 가장 흔히 접할 수 있는 반응은 대략 이런 식이지 않을까 싶다. 어느 정도 수긍은 간다. 그런 분들에게 최북이라는 자는 교과서에서 접한 기억도 없고 그렇다 보니 자연 대표작이라 할만한 그림 또한 선뜻 떠오르지 않는, 그야말로 '갑툭튀'한 격일 테니까.

하지만 그는 엄연히 조선의 대표 화가 중 1인이었거니와, 동료나 후배들의 평가 또한 '엄지척' 일색일 정도로 그 바닥에서 알아주는 '인싸'였다. 조선 후기의 여항문인[14] 겸 서화가 조희룡(1789~1866)은 '김득신과 최북, 이인문이 단원(김홍도)과 더불어 세상에 이름을 나란히 했다.'고 했으며, 운학자 황윤석(1729~1791)은 '심사정이 제일이고 정선이 두 번째며, 최북과 강세황이 그다음 등급의 화가라는 것이 세상의 평가다.'라고 했다. 또한 정조대의 문신 정범조(1723~1801)는 김홍도가 등장하기 이전의 가장 뛰어난 화가로 최북을 꼽기도 했다. 한마디로 '대체 불가의 원탑' 급이라고 하긴 어려우나, 'S클래스'의 범주에 넣기엔 하등 부족함이 없는 화가였다는 얘기다.

그렇다면 이런 최북의 화풍은 어땠을까?

그의 화풍은 차분하고 얌전한 필선을 강조하는 남종문인화(南宗文人畵) 쪽에 가까웠다. 남종화란 사물을 눈에 보이는 그대로 화폭에 담

---

14 여항문인 : 여항(閻巷)은 꾸불꾸불한 골목이란 뜻으로 서울의 중인 계층의 생활공간을 의미하며, 여항문인이란 일반적으로 '양반이 아닌 문인들'을 가리킨다.

는 게 아니라 그걸 보고 떠오르는 느낌을 그리는 것이고, 문인화란 그림 위에 서예를 곁들이는 형식을 말한다. 이 두 형식을 합친 게 남종문인화다.

그는 또 그림을 쉽게 그리는 화가로도 정평이 나 있었다. 최북과 교유했던 안산의 향토 문인 이현환은 저서 〈섬와잡저(蟾窩雜著)〉의 '최북화설(崔北畵說)' 편에서, '사람들이 병풍과 족자를 들고 와서 그림을 청하자 기뻐하며 바람처럼 소매를 휘둘러 잠깐 사이에 완성했는데, 대응이 물 흐르듯 자연스러웠다'라면서 그의 유별난 순발력에 '따봉!'을 연발했다. 최북은 산수화를 잘 그려서 '최 산수', 메추라기를 잘 그려서 '최 메추라기'라는 재미있는 별명도 갖고 있었다. 또한 '진기명기' 식 잔재주도 뛰어나서, 붓 대신 손가락에 먹을 찍어 게와 갈대를 그리기도 했고, 심지어 손톱을 그림 도구로 사용하기도 했다.

손끝으로 그린 게 〈최북 작〉

그렇다면 이처럼 독창성에 천재성까지 겸비한 '멀쩡한' 그림쟁이가 어째서 기인과 이인들만 득시글대는 이 책의 한 챕터를 덥석 차지하고 퍼질러 앉게 됐을까?

최북의 신상 털기

최북은 서울에서 태어났으며, 본관은 무주다(그래서인지 무주에는 '최북미술관'이 있다). 태어난 해는 1712년(숙종 38)으로 알려졌지만, 정확한 건 아니다. 실제로 유복열이 엮은 〈한국회화대관〉에는 1714년생으로, 〈한국민족문화대백과〉에는 1920년생으로 소개돼 있다.

최북의 아버지 최상여는 호조에서 회계업무를 담당하는 산관(算官) 출신이었다. 산관은 세금을 징수하거나 성을 쌓을 때 혹은 농지를 개량할 때 자신들의 수리 능력을 발휘하는 미관말직의 중인(中人) 신분이었다.

최북은 이름이나 호를 가지고 장난도 꽤 많이 쳤다. 최북의 아명은 최식(埴)이다. 북(北)은 후일 개명한 이름이다. '埴(식)' 자에서 '直(직)' 자를 도려내면 '北(북)' 자의 형태가 나오므로 초명을 바탕으로 개명했을 개연성이 높다. 최북은 이렇게 이름을 바꾸면서 어릴 때 성기(聖器), 유용(有用)으로 불리던 자(字)까지 '칠칠(七七)'로 바꿨다. 여기서 '七七'은 북(北)을 둘로 쪼갠 파자(破字)인데, '칠칠치 못하다'라고 할 때의 그 '칠칠'이 맞다. 언뜻 보면 자학 개그에 가까운 작명이지만, 그는 이런 '칠칠치 못한' 자가 꽤 맘에 들었던지, 많은 작품에 '七七'이라는 인장을 남겼다.

최북은 재미난 호(號)도 두어 개 갖고 있었으니, 대표적인 게 호생관
(毫生館)과 거기재(居其齋)다. '붓질(毫)해서 먹고사니(生)' 호생관이요,
'머무는 거기(居其)가 곧 내 집(齋)'이니 거기재라는 의미다.

하지만 호생관의 경우는 원래 명나라 예술이론가이자 화가인 동기
창(1555~1636)이 부처 그림에 능했던 정운붕(1547~1628)의 작품에 낙관
으로 파준 호인데, 그 의미 - 붓이 보살을 만드는 조물주 역할까지 한
다는 의미 -가 워낙 좋아 최북이 차용해서 쓰게 된 것이다.

최북이 즐겨 사용하던 호 중에는 삼기재(三奇齋)라는 것도 있다. '시,
그림, 글씨 세 가지에 기이한 재주가 있는 사람'이라는 뜻이다. 스스로
지었다면 손발깨나 오그라들었을 법한 호이지만, 이 삼기재야말로 최
북이라는 캐릭터의 특성을 제대로 살린 호라는 게 후대 미술인들의
대체적인 평가다. 실제로 그는 그림뿐만 아니라 초서와 행서, 그리고
한시에도 두루 능했다.

白鹿城邊落日斜(백록성변락일사) 數株黃葉是吾家(수주황엽시오가)
백록성 근처 해는 비껴 있고, 누렇게 물든 숲속에는 내 집이 있네.
今年八月清霜早(금년팔월청상조) 籬菊生心已作花(이국생심이작화)
올 팔월엔 서리가 빠르니, 울타리의 국화는 아마도 빨리 피겠네.

최북이 언제 어디서 누구에게 그림을 배웠는지는 알려진 바가 없다. 소싯적부터 중국에서 흘러나온 - 수로 남송문인화 계통의 - 화보를 죽어라 베껴 그리다가 붓 눈을 떴고, 어느새 자기만의 독특한 화풍을 터득하면서 그 이름 석, 아니 두 자가 인구에 회자되기 시작했을 것으로 추정할 뿐이다.

그는 또 그림 좀 그린다 하는 자들이 못 들어가서 안달하던 도화서도 외면한 채 쿨하게 '프리랜서'의 길을 걸었으며, 영조와 정조 시대를 관통하는 생애 내내 그림을 팔아 밥과 술을 사 먹는 '전업 작가'로 살았다.

이런 그의 모습을 당대 이름난 시인 신광수(1712~1775)는 〈석북집〉의 '설강도가(雪江圖歌)'에서 이렇게 묘사하고 있다.

崔北賣畫長安中(최북매화장안중) 生涯草屋四壁空(생애초옥사벽공)

장안에서 그림 파는 최북을 보소, 살림살이란 오막살이에 네 벽은 텅 비어 있네.

琉璃眼鏡木筆筒(유리안경목필통) 閉門終日畫山水(폐문종일화산수)

유리 안경 접어 쓰고 나무 필통 끌어내어, 방문을 걸어 닫고 앉아 종일토록 산수화를 그려대네.

朝賣一幅得朝飯(조매일폭득조반) 暮買一幅得暮飯(모매일폭득모반)

아침에 한 폭 팔아 아침밥을 얻고, 저녁에 한 폭 팔아 저녁밥을 얻네.

최북의 성정(性情) 엿보기

최북은 외모부터가 꽤 '괴짜'다웠다. 키는 작았으며(短小), 가슴까지 내려온 덥수룩한 수염에, 한쪽 눈은 애꾸였다. 그래서 안경도 한쪽 눈에만 걸쳤다(안경테는 대장간에서 얻어온 말발굽이었다 한다). 얼핏 떠올려 봐도 꽤 볼품 없는 몰골이 그려진다. 보기에 따라선 고약하기까지 한 인상이다. 애꾸라서 더욱 그럴 수 있겠는데, 그가 한쪽 눈을 잃은 사연은 조희룡이 인물 전기집 〈호산외사〉의 '최북전'에 잘 담아 놓았다.

최북 초상화
: 19세기 인물화가 이한철이 그렸다고 알려졌으나, 최북이 직접 그렸다는 설도 있다.

『한 귀인이 최북에게 그림을 요구한 적이 있었다. 거절하자 최북을 위협하려 했다. 최북이 화가 나서 이렇게 말했다.

"남이 나를 저버린 게 아니라 내 눈이 나를 저버리는구나!"

곧 자신의 한쪽 눈을 찔러 멀게 하였다. 늙어서도 한쪽에만 안경을 낀 까닭이다.』

최북이 '조선의 고흐'로 불리는 계기가 된 일화인데, 무엇보다 섬뜩하기 짝이 없다. 눈은 화가에게 생명과 같을진대, 예술가의 자존심을 지켜내기 위해 굴종보다 차라리 한쪽 눈을 버리는 고통의 퍼포먼스를 택했으니 말이다.

조희룡은 이 글에서 '최북의 풍모가 매섭구나. 왕공, 귀인의 노리갯 감이 되지 않으면 그만이지, 어째서 자신을 괴롭힘이 이와 같아야 한 단 말인가.'라면서 최북의 과격한 선택을 안타까워했다.

이 일화에서도 알 수 있듯이, 최북은 성미가 가랑잎에 불붙듯 했고, 행동거지 또한 거칠고 괴팍스러웠다. 다음은 조선 후기의 학자 이규상(1727~1799)이 〈일몽고〉라는 인물지에 남긴 인물평이다.

『최북은 성품이 칼날 같고 불꽃 같아서 조금이라도 제 뜻에 어 긋나면 바로 욕을 보였다. 망령과 독기라고 모두 손가락질하였다.』

최북은 또 술이라면 양잿물도 큰 놈으로 마실 정도로 두주불사형의 말술꾼이었다. 조선 후기에 삼정승을 두루 지낸 남공철(1760~1840)은 방귀 진짜 크게 뀌는 집안의 자손(고조할아버지 대제학 남용익 → 증조할 아버지 대사헌 남정중 → 할아버지 동지돈령부사 남한기 → 아버지 대제학 남유 용)이었지만, 의외로 이런 최북과 '케미'가 좋았다. 그는 자신의 문집 〈금릉집〉에 '최칠칠전'이라는 글을 남겼는데, 이 글에 따르면 최북은 하루에 보통 5~6되의 술을 마셨다. 그는 술만 보면 책이고 먹이고 벼 루고 닥치는 대로 팔아 버렸으며, 종국엔 그림까지 팔아 술값에 충당 했다. 그가 들르는 지방엔 그림을 구하려는 자들이 줄을 이었는데 이 들에게 그림을 몇 점 팔고 나면 궁둥짝에서 비파소리 나도록 대폿집으로 내닫곤 했다. 한 번은 거의 '개'가 된 채 남공철의 집을 찾아가 온 갖 '발광'을 다 한 적이 있는데, 사람 좋은 남공철은 이런 최북이 안쓰럽다며 그에게 다음과 같은 안부 편지를 보내기도 했다.

『아침나절 남대문 거리에서 돌아왔는데, 그대가 우리 집에 헛걸음했다는 말을 듣고 무척 섭섭했소. 종들이 모두 말하기를 '최생이 만취한 채 와서 책상 위의 책들을 마구 뽑아 앞에 잔뜩 늘어놓고는 미친 듯이 소리를 지르며 술을 다 토해 내다가 남들 부축을 받고 나갔다'라고 하더군요. 길거리에 쓰러져 뒹굴지나 않았는지 모르겠소….(후략)』

남공철의 '최칠칠전'에는 동시대 사람들의 최북에 대한 '뒷담화'도 함께 담겨 있는데, 최북에 대한 평판을 시쳇말로 옮기면 '그림 잘 그리는 돌+아이' 정도로 그리 좋은 편은 아니다.

『세상에서는 칠칠이를 술꾼이라고도 하고, 환쟁이라고도 하며, 심지어는 미친놈으로 헐뜯는 사람도 있다.』

자존심의 화신, 최칠칠

최북은 또 '꼿꼿하기는 똥도 서서 누겠다' 할 정도로 자존심과 자기애가 강한 인물이었다. 그림값을 매길 때도 돈보다 예술가의 자존심을 먼저 생각했다.

조희룡의 '최북전'에 따르면, 그는 그림이 자기 마음에 드는데도 값을 적게 쳐주면 욕을 하며 그림을 북북 찢어버렸고, 그림이 자기 마음에 들지 않는데도 값을 잘 쳐주면 주문자의 뒤통수에다 대고

"저 바보 같은 놈, 그림값도 모르네."

하면서 낄낄 비웃었다.

한번은 주문받은 산수화에 산만 그리고 물을 그리지 않은 채 건넸다가 주문자가 따져 물으니, 눈을 하얗게 빗뜨고는

"어허~ 종이 밖이 다 물이잖소!"

하고 냅다 쏘아붙인 적도 있었다. 곧 죽어도 흔한 '주문 제작' 따위에 자신의 예술혼을 팔 수 없다는 자존심의 발로였다.

이렇듯 자존심과 자기애가 유별나다 보니 그는 '기개가 높고 거침이 없어 조그마한 예절에는 스스로 얽매이지 않는다'라는 평도 자주 들었다. 한마디로 상대가 누구든 주눅 들지 않고 일단 머리통부터 들이미는 '막무가내 정신' - 혹은 꼴통 정신 -으로 특화돼 있었다는 얘긴데, 그러다 보니 자연 깨알 같은 일화도 그림만큼이나 많이 남겼다.

일찍이 어떤 집에 들렀다가 잘나가는 고관을 만났다. 먼저 와서 좌정하고 있던 그 고관은, 뒤늦게 들어와 자기를 쓴 외 보듯 일별하고 맞은편에 털퍼덕 앉는 '멍청해 보이는 녀석'이 꽤 발칙하다 싶어, 그를 턱으로 가리키며 주인에게 물었다.

"저기 앉아 있는 저 사람은 성명이 무엇인가?"

이에 '멍청해 보이던' 최북이 턱을 치켜들고 고관을 째려보면서 대뜸

맞받아쳤다.

"내가 먼저 묻겠소. 그러는 당신의 성명은 뭣이오?"

그의 '과한 자존감'이 거의 '탈선'의 지경에 이르렀다고 우려(?)되는 대표적 일화로 또 이런 것도 있다.

최북이 친한 벗들과 금강산을 유람했을 때다. 이날 모처럼의 유람이라서 기분이 '한껏 고조된 최북은 풍경에 취하고 술에 취해서 울고웃고 하다가, 구룡연에 다다르자 돌연 이렇게 부르짖었다.

"천하의 명사 최북은 천하의 명산에서 죽어야 한다!"

문제는 그다음. 이렇게 부르짖고 난 최북이 느닷없이 다이빙선수 같은 포즈를 취하더니 '앞으로 뛰기' 자세로 구룡연에 철퍼덕 뛰어들었다. 다행히 일행의 도움으로 향냄새 맡는 신세는 면했지만, 함께 온 이들은 가슴을 쓸어내려야 했다.

그의 과도한 자존감을 읽게 해주는 일화 중에는, 조금만 손보면 '고전 유머극장'류의 대본으로도 유용하게 쓸 버전까지 구비돼 있다.

최북이 어느 날 한 귀인(貴人)의 부름을 받고, 팔자걸음으로 한껏 '폼'을 잡으며 그의 집에 당도했다. 문지기는 최북을 보자 '칠칠 씨가 왔다'고 하기 뭣해서 안에다

"최 직장(直長)이 왔습니다요."

하고 적당한 감투를 하나 붙이는 '드립'을 쳤다. 직장은 종7품의 그리

높지 않은 관직이었다.

보통 사람 같으면 관직이 그리 맘에 안 들더라도 뭐 그러려니 하고 그냥 넘어갔을 것이다. 하지만 '까칠한' 최북은 그러질 않았다. 아니, 그럴 수 없었다. 그는

"어째서 최 정승이라 하지 않고 직장이라 하느냐?"

고 대뜸 시비를 걸었다. 이에 문지기가

"언제 정승이 되었습니까?"

하고 되물었다. 최북은

"그럼 내가 언제 직장이 된 적은 있느냐? 이왕에 관직을 빌려서 부르려면 정승이라고 할 일이지 고작 직장이야? 이런, 썩을 놈!"

하고는 홱 돌아서서 왔던 길을 되돌아가 버렸다.

한편, 최북의 이런 '괴랄'스러운 성정 때문에 망신살 제대로 뻗친 명문가 인사도 있었으니, 그 주인공은 영조 시대의 '금수저' 서평군(西平君 : 선조의 고손자)이요다.

하루는 최북이 서평군과 금 백 냥짜리 내기 바둑을 두고 있었다. 그런데 판세가 불리해지자 서평군이 자꾸 한 수만 물려달라고 졸라댔다. 이에 화가 치민 최북은 울컥한 김에 바둑판을 냅다 엎어버렸다. 그러고는 서평군을 향해 큰소리로 일장 훈시까지 싸지른 뒤 문을 뻥 걷어차고 나가버렸다.

"바둑은 원래 재미로 두는 것이요. 뭔 놈의 바둑을 이렇게 계속 물리기만 합니까? 그렇게 두다가는 한 해가 다 가도 한 판을 못 끝내겠

소이다. 된장!"

일본에 다녀오다

어떤 동네에서 재주나 능력은 개뿔도 없는 놈팡이가 허구한 날 술상을 엎어낼 경우, 주민들은 그를 즉각 '주폭(酒暴)'이나 '양아치'로 규정하고 특별관리(?)에 들어간다. 하지만 같은 과라도 그림이나 음악, 글씨 등에 남다른 재능을 갖고 있다면 사정은 많이 달라진다. 나무 뚝배기가 쇠양푼 되랴만, 어쨌든 그의 장기(?)인 술상 엎기는 온갖 미사여구를 다 갖다 붙이는 공정을 거치면서 어엿한 '예술적 광기'로 훈훈하게 윤색되기 일쑤다.

생각해 보면, 최북이야말로 후자의 혜택을 남부럽지 않게 누린 인물이었다. 하는 짓거리는 딱 동네 주폭들과 형님 아우님 할 레벨이었지만, 뛰어난 재능 덕분에 이런 행위들이 근사하게 포장될 수 있었으니까.

또한 그렇게 잘 포장된 소문은 점점 확대 재생산, 유통되다가 급기야 조정까지 흘러 들어갔고, 결국 그는 공무원 신분이 아님에도 통신사 수행 화원의 자격으로 일본에 다녀오는 '특혜'까지 누리게 됐다. 그때 그의 나이는 30대 중반이었는데, 주로 안산 땅에서 실학의 거두이자 〈성호사설〉의 저자인 이익(1681~1763), 김홍도가 젖니 갈 나이부터 그림을 가르쳤다는 강세황(1713~1791), 안산의 향토 문인 이현환 등과 열심히 술잔 부딪히던 와중에 찾아온 뜻밖의 기회였던 터라, 이익은

송별시(送崔七七之日本 三首, 송최칠칠지일본 삼수)까지 한 수 지어 그의 장도를 축하해 줬다.

　　…해 뜨는 일본 땅 참된 형상을 / 그림으로 그려 와 장차 나와
　함께 보세나…

　최북이 포함된 통신사행은 1747년 11월 28일 서울을 떠났다가 8개월 뒤인 이듬해 윤7월 13일에 돌아오는 긴 여정이었다. 그의 호 중에서 '거기재'는 일본에서 주로 사용했던 호다. 일본에 체류하는 동안 최북은 열도를 온통 '한류 신드롬'에 퐁당 빠뜨렸다. "스고이(すごい : 대단

공산무인도 〈최북 작〉

하다)!" 소리가 곳곳에서 터져 나왔고, 거물 소장가인 오오카슌보쿠, 기무라켄카도 등까지 다투어 그의 그림을 구입했을 만치, 일본에서 '칠칠사마'의 인기는 그야말로 '스고이'했다.

이처럼 일본에서 그림으로 선풍적인 인기를 끈 덕분에 귀국 후에도 그의 그림을 사러 많은 일본인이 평양까지 다녀갔다고 한다.

▷ 신광하의 헌정시 '최북의 노래'에는 최북이 만주, 하얼빈 등도 다녀왔다는 내용이 있으나, 정확히 언제인지는 알 수 없다.

술엔 장사 없다는데...

최북은 불혹을 넘기면서 붓질이 더욱 좋아졌다는 평을 들었다. 사방에서 찾아와 그림을 청하는 바람에 집 앞은 번호표 받아 든 사람들로 문전성시를 이뤘고, 심지어는 왕공과 귀인들이 그림 선생(畵師)으로 다투어 그를 부르기도 했다.

하지만 어느 시점부턴가, 그는 몰려드는 청탁에 염증을 느끼는 기색이 완연해졌다. 흰 비단을 가지고 오는 자가 있으면 받아서 팽개쳐 두기 일쑤고, 그것들이 궤짝과 상자에 가득 쌓인 채 해를 넘겨도 붓을 들지 않는 때가 많았다.

이 시기 그의 발목을 옴팡지게 잡은 건 '역시나' 술이었다. 말하자면, 한창땐 「술=그림」이었던 등호가 불혹을 훌쩍 넘기면서부터는 「술》》》그림」의 부등호로 완전히 바뀌었달까. 실제로 최북은 이즈음 주막 '쌍

과붓집'과 단골 기방(妓房)을 교차 순례하는 일과를 매우 규칙적이고도 성실하게 해냈다. 그러다가 돈이 떨어지면 다시 그림을 내다 팔고 그 돈으로 술을 사 마셨다. 그나마도 서울과 평양 일대에서는 점점 외면당하는 처지였기에, 그는 멀리 부산 동래까지 원정을 뛰며 일본 상인들과의 직거래 루트를 뚫으려 애쓰기도 했다.

한 푼이 아쉬운 때였던지라 서명이나 낙관 따위는 무시한 채 완성도 낮은 그림을 마구 그려 팔았다. 그러다가 호주머니가 좀 두둑해지면 다시금 술의 호수에 풍당 빠져 신나게 자맥질을 해댔다.

▷ 일각에선, 그가 1764년의 일본 통신사행을 '터닝포인트'로 삼으려다 좌절되자, 자포자기하는 심정으로 막살았다는 얘기도 한다.

그의 일상은 점점 더 '현망진창(현실 생활이 엉망진창)'이 돼가고 있었다. 머리는 모시 광주리처럼 새하얘져 갔고, 가뜩이나 가관이던 육신은 점점 더 비루먹은 당나귀 꼴로 변해 갔다. 뒤에서 오는 범은 속여도 앞에서 오는 팔자는 못 속인다고, 그 변해 가는 속도가 매우 빨랐다.

온갖 기행으로 점철된 최북의 인생 여정은, 이제 급행열차처럼 그 종착역을 향해 쾌속으로 내닫는 모양새였다.

슬프다, 최북이여!

어느 시인의 시구처럼 '너무 오래 서 있거나 걸어왔던' 탓일까… 급기야 최북은 쓰러지고 말았다. 극악의 호주머니 사정 때문에 열흘을 내리 굶으며 지내다가 그림 팔아 어렵게 마련한 돈으로 또다시 진탕 퍼마시고 곤죽이 돼 폭삭 쓰러진 뒤, 그는 영영 일어나지 못했다.

하지만 그가 정확히 언제 쓰러졌는지는 알 수 없다. 최북이 49세 되던 해에 쓰러졌다는 조희룡과 오세창(1864~1953) 등의 증언만 있을 뿐이다. 우스갯소리 같지만, 이들은 그게 다 칠칠(七七)이라는 자 때문(7 × 7 = 49)이라는 쑥덕거림도 있노라고 덧붙여 놓았다. 현재로선 이 기록을 믿지 않을 도리가 없다(그때 나이가 이미 일흔을 넘겼다는 주장도 있지만).

그의 사망 장소와 관련해서는 그나마 증인이 좀 남아 있다. 하지만 이들 간에도 증언은 엇갈린다. 남공철은 예의 '최칠칠전'에서 최북이 서울의 어느 객사(客舍 : 여관)에서 죽었다고 전한다. 반면 최북과 교분이 두텁던 또 한 사람 신광하는 헌정시 〈최북의 노래(崔北歌)〉에서 그가 성 모퉁이의 눈밭에 쓰러져 동사(凍死)했다고 전한다.

이처럼 생몰 연도와 사망 동기, 사망 장소 등이 통째로 불확실함에도, 최북을 입설에 올리는 사람들은 후자, 즉 '눈밭의 동사' 설을 직접 사인으로 더 믿으려는 눈치다. 김삿갓 때도 그랬지만, 이번 역시 그게 한 전설적인 '괴짜'의 삶을 멋게 한 구도로 '맞춤형'이라고 생각해서인 듯하다.

하여, 이 단원을 갈무리하면서 '눈밭의 동사'를 언급한 문제의 한시, 〈최북의 노래(崔北歌)〉를 '엔딩 크레딧'으로 삼고자 한다.

일생을 타고난 싸움닭 기질의 괴팍한 '아웃사이더'로 산 탓에 세간의 평가는 '무지개 매너(무지+개매너)'의 원조 급이랄 정도로 실로 좋지 못했으되, 상상만으로 천하의 절경을 척척 만들어 내는 기발한 재능을 '최고 레벨'로 장착한 남종화의 대표적 계승자 이미지에, 예술가적 자존심을 위해 자해까지 서슴지 않는 저항 화가의 이미지까지 보태어져서, 화가로서의 '클래스'만큼은 동시대 뉘에도 꿀리지 않았던 호생관 & 거기재 & 삼기재 '큰형님'의 영전에, 좋아하던 탁배기 한 잔 찰랑찰랑 넘치게 따라 올리는 심정으로.

君不見崔北雪中死(군불견최북설중사)

그대는 보지 못했는가? 최북이 눈 속에 얼어 죽은 것을.

貂裘白馬誰家子(초구백마수가자) 汝曹飛揚不憐死(여조비양불련사)

갖옷(가죽옷) 입고 백마 탄 너희들 대체 뉘 집 자손인가? 너희들 제멋대로 하고 그의 죽음 슬퍼할 줄 모르니,

北也卑微眞可哀(북야비미진가애)

최북의 한미한 처지 참으로 애달픈 일이라.

北也爲人甚精悍(북야위인심정한) 自稱畫師毫生館(자칭화사호생관)

최북의 사람됨 날래고 굳세니 스스로 말하길 붓으로 먹고사는 화사라 했지.

軀幹短小眇一目(구간단소묘일목) 酒過三酌無忌憚(주과삼작무기탄)

체구는 작달막하고 눈은 외눈이었지만 술이 석 잔만 들어가면 두려울 것도 거칠 것도 없었더라.

北窮肅愼經黑朔(북궁숙신경흑삭) 東入日本過赤岸(동입일본과적안)

북으론 숙신(만주)에 다달아 흑삭(하얼빈)까지 경유했고 동으론

바다 건너 일본까지 갔었다네.

　　貴家屛障山水圖(귀가병장산수도) *安堅李澄一掃無*(안견이징일소무)

　　대갓집 병풍의 산수 그림은 안견이나 이징을 무색게 만들었고,

　　索酒狂歌始放筆(삭주광가시방필) *高堂白日生江湖*(고당백일생강호)

　　술을 찾아 미친 듯 부르짖다가 붓을 들 요량이면 대낮의 대청마
루에 강호의 풍경이 생겼다네.

　　賣畵一幅十日饑(매화일폭십일기) *大醉夜歸臥城隅*(대취야귀와성우)

　　열흘 굶주리던 끝에 그림 한 폭 팔고 대취해 돌아오는 길에 성
모퉁이에 누웠다네.

　　借問北邙塵土萬人骨(차문북망진토만인골) *何如北也埋却三丈雪*(하
여북야매각삼장설)

　　북망산 흙 속에 묻힌 만골에게 묻노니 어찌하여 최북은 세 길,
눈 속에 묻혔단 말인가?

　　嗚呼北也(명호북야) *身雖凍死名不滅*(신수동사명불멸)

　　오호라, 최북이여! 비록 몸은 얼어 죽었어도 이름은 길이 지워
지지 않으리.

　　대표작으로 〈표훈사도(表訓寺圖)〉·〈풍설야귀도(風雪野歸圖)〉·〈공산무인
도(空山無人圖)〉·〈미법산수도(米法山水圖)〉·〈송음관폭도(松陰觀瀑圖)〉·〈계류
도(溪流圖)〉·〈산수도(山水圖)〉·〈매하쌍웅도(梅下雙雄圖)〉·〈단구승유도(丹丘
勝遊圖)〉·〈처사가도(處士家圖)〉·〈일출도(日出圖)〉·〈기우귀가도(騎牛歸家圖)〉
등 다수가 있다.

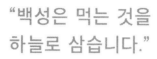

"백성은 먹는 것을
하늘로 삼습니다."

밥솥을 쓰고 다닌
실용주의 경제사상가,
토정 이지함

어떤 탄압

연식이 짧은 축에선 "웬 이대호 도루하는 소리?"하며 뜨악한 표정을 지을지 모르나, 오십 줄을 훌쩍 넘긴 '중고 세대'라면 젊은 시절 '여행의 자유' 같은 기본권을 제약 당해본 '기분 잡치는' 추억을 더러 공유하고 계실 게다. 무슨 고루한 정치판 비사(祕史) 따위를 다시 들먹이려는 게 아니다. 슬프게도, 당시 이런 독재적 발상으로 우리의 기본권을 앞장서서 유린한 당사자는 주로 우리네 완고한 춘부장들이었으니까.

나 역시 미성년자 딱지를 막 떼어낸 스무 살의 풋풋한 여름에 야심차게 남쪽 해수욕장 무전여행 계획을 세워놨다가, 엄부(嚴父)의 예기치 못한 탄압(?)에 봉착해 급 당황했던 기억을 대뇌 한편에 고이 저장해 놓고 있다. 내가 이 기억을 'Ctrl+X(잘라내기)' 하지 않고 여태 고이 저장해 놓은 가장 큰 이유는, 엄부가 탄압의 근거로 내세운 논리라는 게 지금 돌이켜 봐도 황당하기 짝이 없었기 때문이다.

『물귀신이 문을 엿보니 물가에 가지 마라(8월).』

기가 막히고 코가 막히게도, 그날 겉표지가 너덜대는 한 조악한 책자에서 엄부가 찾아 펼쳐 보인 문장은 바로 이것이었다. 말하자면 이 밑도 끝도 없는 문장 하나가 내 장도에 급브레이크를 걸고 나서게 만든 결정적인 이유였다는 얘기다.

다행히 물리력까지 동원된 폭압적 탄압은 아니라서 느지막이 장도에 오르긴 했지만, 잡칠 대로 잡친 기분만 배낭 속에 한 꾸러미 쑤셔 박고 떠난 여행이었던지라, 다시 꺼내본 빛바랜 여행 사진 속의 내 표정들 또한 죄다 '썩어' 있었다.

〈토정비결(土亭祕訣)〉. 당시 엄부에게 이런 돌발 언사를 하도록 사주(?)했- 다고 믿어 의심치 않았-던 문제의 조악한 책자 제목이다. 후일 알고 보니 성경과 더불어 '세기의 스테디셀러' 대접을 받는 운세 분야의 간판 도참서였는데, 엄부가 맹신에 가까운 신뢰를 보냈던 이 책자와 나와의 첫 만남은 이처럼 '짜증 나게' 이루어졌다.

첫 만남이 이렇게 꼬이다 보니 자연 토정비결이라는 도참서는 내게 우호적인 이미지로 남아 있을 턱이 없었다. 고작해야 순박한 시골 어른들 등쳐먹는 사기 수준의 '점책 쪼가리' - 아닌 말로 모든 인간의 앞

날을 수백 년 전에 미리 예견해 놓았다는 게 가당키나 한가 말이다 - 정도라는 인식이 뇌리를 온통 지배할 따름이었다. 게다가 이 책의 저자로 알려진 토정(土亭) 이지함(李之菡, 1517~1578) 역시 당연히 '사이비 도인'이라는 '극혐' 이미지 파일로 인코딩된 채 내 대뇌 깊숙한 곳에 별도 저장됐다.

나는 언젠가 기회가 있으면, 이 사이비 도인의 전담 파파라치로 전업(?)해서라도 그의 사악한 '민낯'을 만천하에 까발리리라 결의를 다지며 기회를 엿보기 시작했다. 그리고 내 나이가 당시 아버지의 그것과 얼추 비슷해졌을 무렵, 드디어 - 전업까지는 아니고 무슨 '알바'하듯 설렁설렁 - 이 영감탱이의 '파파라치' 노릇을 몸소 실천해 볼 기회를 얻게 됐다.

그렇다면 그렇게 뛴 '알바'의 결과는 어땠을까? 과연 이지함은 기대(?) 대로 혹세무민하는 '구라쟁이' 사이비 도인이 맞았을까? 아니, 그보다 더 근본적이고 원초적인 궁금증 하나. 문제의 도참서 〈토정비결〉은 실제로 그가 지은 게 맞긴 할까?

헉! 이지함 가문... 장난 아닌데?

마음만 먹으면 단박에 이 영감탱이의 사악한 거짓의 탈을 홀라당 벗겨낼 수 있으리라는 나의 믿음과 기대는, 그러나 초장부터 꽤 '꺼림칙'한 조짐으로 나타나기 시작했다. 그의 가족사를 들여다보니 이건 '사이비 도인의 집구석'이 아니라 한산 이씨라는 알아주는 '명문가 집안'

이었던 것이다.

실제로 그의 6대조 할아버지는 포은(圃隱) 정몽주, 야은(冶隱) 길재와 더불어 '3은(三隱)'으로 불리던 고려 말의 대학자 겸 정치가 목은(牧隱) 이색이었다. 또한 우리가 국사 시간에 달달 외워야 했던 사육신의 한 사람 이개(李塏, 집현전 부제학)는 그의 종중조할아버지(증조할아버지 형제)였다. 말하자면 남들이 하나 두기도 힘든 '스타 할배'를 듀엣으로 둔, 뼈대 있는 가문의 후손이었다는 얘기다.

그렇다고 그의 가문에서 관직을 가졌던 조상이 이들 두 '스타 할배' 뿐이었는가 하면 그것도 아니었다. 그의 집안은, '사이비 도인'들이 줄줄이 나올 거라는 애초 확신과 달리, 파도 파도 공무원들만 쏟아져 나오는 전형적인 관료 집안이었다(문과 급제자만 무려 195명이었다). 특히 이지함의 4대조인 이우(李堣) 3형제는 문과에 '3콤보'로 급제하는 깜짝쇼를 펼쳐 한산 이씨 집안의 우월한 DNA를 세상에 과시하며 큰 화제를 불러일으키기도 했었다.

그뿐만 아니다. 왕대밭에서 왕대 난다고, 족보를 아래로 조금 더 스크롤 하다 보면 또 하나 눈길을 잡아끄는 '걸물'이 포착된다. 바로 선조 때 영의정을 지낸 북인의 영수(오늘날의 당대표 격) 이산해다. 이산해는 지함의 둘째 형인 지번(1508~1575)의 아들이다. 이산해의 직계는 경전(아들, 형조판서 역임) → 후·구(손자)로 이어지는데, 이들 또한 예외 없이 문과에 급제한 간단치 않은 이력의 소유자들이다.

▷ 어린 시절 이항복과 함께 '오성과 한음'으로 명성을 크게 얻고, 만년에 영의정 까지 역임한 이덕형은 이산해의 사위다.

이지함이 - 사실 순 타의에 의해서이긴 하지만 - 이렇듯 '미친 스펙'의 명문가 구성원으로 전격 합류(?)한 건, 1517년(중종 12) 외가인 충청남도 보령군 청라면 장산리에서였다(현재는 청라저수지로 수몰). 우봉 현령 및 수원 통판을 지낸 아버지 이치(李穉, 1477~1530)와 어머니 광주 김씨(우의정 김극성의 여동생)의 4남 1녀 중 막내로 태어났으니, 말하자면 최소한 은수저는 물고 나온 셈이다.

이지함의 위로는 지영·지번·지무 세 형이 있었고, 아버지는 그의 나이 14세 때, 어머니는 16세 때 각각 세상을 떠나, 그는 둘째 형 지번에게서 글을 배우기 시작했다.

'모르는 것 빼고 다 아는' 잡학박사 처사님

유감스럽지만, 이지함이 쓴 거짓의 탈을 벗겨내고야 말겠다는 나의 야심 찬 목표는 이쯤에서 접어야 할 것 같다. 심정적으로야 호기라도 한번 부려보고 싶지만, 여기까지 살핀 내용만으로도 나의 저격이 '오발탄'이 될 것은 자명해진 듯해서다.

실제로 상당 기간 '내사'해 본 바에 따르면, 이지함에게 더욱 잘 어울리는 호칭은 '도인'보다 '처사(處士)' 쪽이었다. '벼슬을 하지 않고 초야에 묻혀 사는 선비'를 일컫는 처사는, 뭔가 시니컬하면서 깨어 있는 느낌을 풍겨선지 조선의 재야학자들이 꽤 선호하는 호칭이었다. 동인과 북인의 정신적 지주였던 남명 조식(1501~1572)만 해도 '라이벌'이던 퇴계

이황이 세상을 떠나면서 "내 명정엔 처사라고만 쓰라."라는 유언을 남겼다 하자, "할 벼슬을 다 하고 처사라니 웃기지 마라! 진정한 처사는 나야!" 하고 대뜸 핏대를 세웠을 정도로 처사라는 호칭을 선호했다.

이지함은 실제로 '초야에 묻혀 사는' 주제(?)치고는 다방면에 걸쳐 아는 게 너무나도 많은 '잡학박사' 급 처사였다. 그는 성리학은 물론 역학·의학·천문·지리 등에도 능했으며, 사람의 목소리와 얼굴을 보고 운명을 알아맞히는 신통한 재주까지 지니고 있었다. 그뿐만 아니다. 그는 심지어 사대부 대부분이 미천하게 여기던 상업 분야에 대한 지식 또한 해박했다. 그 때문에 사후 수백 년이 지난 오늘날엔 '조선의 애덤 스미스'라는, 글로벌 시대에 걸맞게 업그레이드된 별명까지 새로 얻었다.

이지함이 본격적으로 '열공 모드'에 빠져든 건 여막살이를 끝내고 형 지번을 따라 상경하면서부터다. 똥개 따라가면 측간으로 간다지만, 공부하는 형을 따라왔기에 그는 죽어라 공부에 매달렸다. 이지함은 또 '당대의 석학' 화담 서경덕의 문하에 들어가 그의 수제자가 됐고, 여기서 후일 요긴하게 써먹는 '개성상인' 식 상술도 장착했다.

▷ 역사와 데면데면한 분들은 서경덕이 황진이와 '썸씽'이나 일으키고 다닌 난봉꾼쯤으로 생각하기 쉬우나, 그건 전혀 그렇지 않다. 서경덕은 20대 중반에 이미 '전국구 학자'로 명성을 떨쳤으며, 자연과 사회를 리(理) 중심으로 해석할 것을 강요받는 이른바 주리론(主理論)의 시대에 기(氣)를 범주로 세계를 설명한 이론체계, 즉 기일원론(氣一原論)을 정립한 대철학자였다. 이 이론은 후일 이이에 의해 이기일원론으로 집대성됐다.

둘째 형을 많이 따랐던 이지함은 한때 충북 단양에 내려가 지낸 적
도 있었다. 명종 때 '백의재상'이라 불릴 만치 청렴한 공직자(장례원사
평)였던 지번은 최고 실세 윤원형의 횡포가 도를 넘자 단양 구담으로
내려가 은거 중이었다.

유학과 천문, 지리 등에 능통했던 지번은 푸른 소(靑牛)를 '세단' 삼아
강변 드라이브를 즐기는가 하면, 구담 양쪽 절벽에 칡덩굴로 밧줄을
만들어 가로질러 놓고 거기에 '날아가는 학 모형(飛鶴)'을 매달아 오르
내리는 '조선식 케이블카'를 설치하는 등 톡톡 튀는 4차원적 캐릭터로
구선(구담 신선)이라는 별명까지 얻은 '원조 괴짜'였다. 그는 지함의 성
장기에도 지대한 영향을 끼쳤는데, 지함 특유의 풍류 정신과 실용주
의 사상 역시 이런 둘째 형의 감화가 크게 작용했던 때문이다.

이지함은 구담에 머무르는 동안 다섯 살 먹은 조카 산해를 가르치
는 '재택 가정교사' 노릇도 했다. 산해가 태어났을 때 "이 아이가 기특
하니 잘 보호하십시오. 우리 문호가 이로부터 다시 흥할 것입니다."라
고 큰소리쳤던 터라, 뱉은 말에 책임진다는 각오로 '가정교사 알바'에
더욱 성심껏 임했다.

> 『5세에 비로소 토정공에게 수학(受學)하자 토정공은 태극도(太極
> 圖)를 가르쳤는데, 한 마디에 문득 천지음양(天地陰陽)의 이치를 알
> 아서 그림을 가리키면서 설명하였다.』
>
> — 이덕형의 〈이산해 묘지명〉에서 발췌 —

기유옥사로 꼬이는 스텝

이지함은 정종의 후손인 모산수[15] 이정랑의 딸에게 장가를 들었다. 그즈음엔 비록 서리 맞은 구렁이 신세로 전락한 처가였지만, 족보상으론 엄연히 '왕족의 사위가 된 것이다. 이지함은 결혼 후 한동안 처가살이를 했다. 그때까지 남아있던 남귀여가혼[16] 관습에 따른 것이었다.

혼례를 올린 다음 날엔 외출했다가 구걸하는 아이들이 추위에 떠는 모습을 보고 자신이 걸쳤던 새 도포를 삼등분으로 잘라 세 아이에게 나눠 입혀주고 돌아오는 훈훈한 미담의 주인공이 되기도 했다.

그러나 그는 얼마 뒤 특유의 동물적인 '촉'으로, 머지않아 처가에 엄청난 화(禍)가 닥칠 것임을 예견했다. 그리하여 형 지번에게

"내가 처가를 관찰했더니 강한 기운이 없습니다. 내가 여기서 피하지 않으면 장차 화가 나에게 미칠 것입니다."

라고 말하고는, 식솔들을 데리고 고향인 충남 보령 땅으로 돌아갔다.

다음 해에 이지함이 예언한 대로 처가 쪽에서 큰 화가 일어났다. 여기서 처가 쪽의 화란, 1549년(명종 4) 4월에 터진 '이홍남 고변 사건'을 말한다. 그런데 '충주+청주'의 첫 글자를 딴 '충청도'라는 도명이 '청홍도(청주+홍성, 충주는 유신현으로 강등)'로 바뀔 정도로 충주 일대에 메가톤급 충격파를 안긴 - 그래서 '충주 전체가 온통 비게 된(능지처참당한 선비만 무려 33명이나 됐다)' - 이 역모 사건에 불행히도 그의 장인 이정랑

---

15 모산수(毛山守) : '모산' 땅에 연고가 있고 '수'의 직급을 받은 종친

16 남귀여가혼(男歸女家婚) : 남성이 혼인한 뒤 처가에 거주하는 것

이 연루돼 있었다. 이정랑은 조사 과정에서 역모 사건의 수괴로 '강제 추대'돼 장형을 받다가 숨을 거뒀고, 왕실 족보인 〈선원록〉에서도 이름이 삭제되는 굴욕까지 당했다.

▷ 이홍남 고변 사건(일명 이홍윤 모반사건) : '대윤' 윤임과 사돈간으로 조선 명종 때 양재역 벽서사건에 연루돼 죽은 충주 출신 이약빙에게는 홍남·홍윤 두 형제가 있었다. 그런데 두 형제는 전답과 노비 상속 문제로 사이가 매우 안 좋았다. 이런 상황에서 형 홍남이 동생 홍윤을 반역 모의로 고발하면서 충주지역 선비가 무더기로 능지처참을 당하거나 귀양을 가게 된다. 그런데 어이없게도 형 홍남이 증거로 제출한 역모 사건 명단이라는 게, 실은 홍윤과 친분 있는 시인 묵객 등 '계원(契員)'들의 명단이었다고 한다.

정처 없는 유랑 길에 나서다

이 사건은 이지함에게 적지 않은 좌절감을 안겼다. 졸지에 '역적의 사위'로 팔자가 뒤집히면서 작살 맞은 퉁가리 신세가 되고 말았으니, 자연 실의에 빠져 힘든 나날을 보내지 않을 수 없게 된 것이다.

사실 이 사건이 일어나기 전까지만 해도 그는 관직에의 꿈을 완전히 접진 않았었다. 결혼 이후에도 '뭇 성인의 경서와 백가의 글을 독파하느라 거의 매일 날 밤을 새웠다 할 정도'로 '열공' 모드를 끈기 있게 이어갔으며, 광릉에서 공부할 때는 그의 뜨거운 학구열에 놀란 주변 사람들(장인이라는 설도 있음)이 몸 상할까 걱정돼 등유 공급을 막았지만, 손수 관솔을 따다가 불을 켜놓은 채 캑캑대며 끝까지 책을 팠다는 일화도 전해진다.

실제로 이지함은 과거에 몇 차례 응시한 이력도 있었다. 하지만 그 때마다 백지를 내거나 아예 답안지를 내지 않는 방식으로 그 과거를 보이콧하곤 했는데, 사람들이 이유를 묻자, 그는 시니컬한 표정으로 이렇게 대답했다.

"사람마다 각기 좋아하는 게 있는데, 나는 스스로 이를 즐길 뿐이 네."

이지함은 이후 한 가지 충격적인 사건을 접하고 벼슬에의 희망을 완전히 접어버린다. 그의 이런 결정에 결정적 '한 방'으로 작용한 사건은 절친 안명세(1518~1548)의 억울한 죽음이었다.

1548년(명종 3), 당시 사관이던 안명세가 을사사화의 전말을 담은 시정기를 만들었다가 동료 사관 한지원의 밀고로 처형됐는데, 이 사건을 목도하고 '난장판'과도 같은 '그쪽 동네'에 오만 정이 다 떨어져 기어이 붓을 꺾고 말았다. 그때 그의 나이는 서른두 살이었다.

벼슬을 포기한 이지함은 한동안 빈둥빈둥 세월만 까먹고 놀다가, 어느 날 슬그머니 마을에서 자취를 감추더니 이후 천하를 제 맘 내키는 대로 떠돌기 시작했다.

> "이지함은 안명세의 처형을 보고 해도(海島)를 돌아다니면서 거 짓 미치광이로 세상에서 도피하였습니다(조헌)."
>
> - 〈선조수정실록〉 19년 10월 1일 기사 발췌 -

이지함에겐 본처 소생의 산두·산휘·산룡 세 아들과 50세 넘어 첩이 낳은 서자 산겸이 있었는데, 장남 산두와 셋째 산룡은 일찍 숙고, 임진왜란 때 조헌의 수하에서 용맹을 떨쳤던 서자 산겸은 후일 역모 혐의로 죽임을 당했다. 이처럼 불행한 가족사도 그의 유랑 행을 가속한 요인으로 일정 부분 작용했으리라.

이산해의 〈숙부 묘갈명〉에 따르면, 집을 떠난 이지함은 나라 안을 멀다고 가보지 않은 곳이 없었으며 험하다고 건너보지 않은 곳이 없었다. 간혹 여러 차례 추위와 더위가 지나도록 정처 없이 떠돌아다니기도 했다. 배 타기를 특히 좋아했던 터라, 그는 큰 바다를 평지처럼 밟고 다녔다. 심지어는 작은 쪽배의 네 귀에 커다란 바가지를 달고 세 번씩이나 제주도에 들어갔지만, 태풍이 불거나 파도가 거센 날을 용케 피해 사람들이 모두 신기하게 여겼다. 여행 중에 현지 기생들이 갖은 필살기로 유혹하려 했으나 한 번도 걸려들지 않았다는 얘기는, 이 대목에서 빠지지 않는 고명이다.

철모 쓰고 유랑하는 '괴짜' 나으리

이 시기, 이지함은 하고 다니는 행색 또한 괴이하기 짝이 없었다. 그가 동시대인들에게까지 '기인'으로 지목된 이유도, 가히 넘사벽이라 할 그만의 독특한 행색 때문이었다.

실제로 팔자에 없던 '국토 순례 대장정' 시절, 이지함의 행색은 '싸이코'와 '돌아이'의 경계를 넘나든다고 할 지경으로 우스꽝스러웠다. 조선시대 선비의 의관 하면 흰 도포 빼입고 챙 넓은 갓을 쓴 정제된 모습이 떠오르지만, 이지함의 행색은 그것과 달라도 너무 달랐다. 남의 시선 따위는 무시하고 '실용성'에 방점을 찍은 자신만의 패션 스타일을 고수했기 때문이다.

그 중 대표적인 게 이름하여 '솥단지 이고 다니기'이다. 집 나가길 밥 먹듯 하던 시절, 이지함의 만성 두통거리는 취사도구 챙기기였다. 그 중에서도 솥단지를 들고 다니는 건 여간 성가신 일이 아니었다. 이런 고민을 떨쳐내기 위해 고안해 낸 게 '솥단지처럼 생긴 철모'를 쓰고 다니는 것이었다. 말하자면, 평소엔 철모처럼 쓰고 다니다가 끼니때면 냇가에 걸어놓고 밥을 지어 먹은 다음 다시 쓰는 '아이디어 신상'을 고안해 냈다는 얘기다.

머리에 썼으니 예의상 철모라고 불러주는 거지, 누가 봐도 그건 솥단지를 뒤집어쓴 꼴이었기에, 세상 사람들은 그런 이지함을 보며 대놓고 키득댔다. 당시 이지함은 신발 속에 거름이라도 담고 다녔는지, 키가 남들보다 머리 하나는 더 있어 뵈는 장신이었다. 게다가 둥근 얼굴과 거무튀튀한 피부에 웅장한 목소리까지 겸비해서 '거구의 호걸 타입 선비'로 통했다. 한마디로 이런 튀는 행색이 더더욱 도드라져 보일 수밖에 없는 피지컬이었다는 얘기다.

솥단지 '코디'가 이렇듯 장거리 출장(?) 때 이용한 스타일이었다면, 가까운 곳에 마실 다닐 때의 패션은 또 달랐다. 그가 얼마나 독창적인 패션 감각을 선보였는지는 정부 기관지인 〈조선왕조실록〉에 관련 내용이 실렸다는 사실만으로도 충분히 실감할 수 있을 것이다.

『초립을 쓰고 나막신을 신은 채 구부정한 모습으로 성시(城市)에
다니면 사람들이 서로 손가락질하며 웃었으나 그는 아무렇지 않
게 여겼다.』

- 〈선조수정실록〉 1578년 7월 1일 '이지함의 졸기' -

그는 담소를 나눌 때 수수께끼나 '농담 따먹기' 같은 것을 즐기는 등
점잖지 못한 모습을 보일 때도 많았으며(〈선조수정실록〉 6년 5월 1일), 실
사구시를 몸소 구현하고야 말겠다는 듯 실사판 '체험! 삶의 현장'도 몇
편 찍어댔다. 대표적인 게, 곤장 맞기 체험을 하겠다면서 돌연 양반집
내정(마님의 거처)에 뛰어든다던가, 원님 행차 길을 가로막고 선다던가
하는, 멀쩡한 양반 체면으론 도무지 실행이 가능할 것 같지 않은 희대
의 '꼴통 짓'들이었다.

그런데, 찬찬히 살펴보면 이지함에게는 이런 기인 기질뿐만 아니라,
'기이한 재주'로 많은 이들을 놀라게 하는 이인 기질도 충만했다.

실제로 그는 체질부터 이상하게 타고나서 춥고 더운 건 물론이고 배
고픈 것도 능히 견딜 수 있었다. 겨울에 벌거숭이로 매서운 바람 속에
서도 앉아 견딜 수 있었으며, 열흘 동안 곡기를 끊고도 병이 나지 않
았다(이이의 〈경연일기〉 3, 선조 11년 7월).

또, 항상 대나무 지팡이를 휴대하고 다니다가 잠을 자고 싶을 때 길
가에서 지팡이를 짚고 선 채 잤으며, 오고 가는 소나 말이 받을지라도
동서로 살짝살짝 옮겨 다니며 꿋꿋이 자다가 5, 6일 후에야 깨어났다
(노명흠의 〈동패락송〉). 이지함은 심지어 축지법도 썼으니, 서울에서 360
리나 떨어진 충남 청양의 친구 이생(李生) 집에 발품만 팔아서 해가 떨

어지기도 전에 도착했다(1934년 월간 야담).

'토정'에 사니 '토정'이로다

조선 팔도를 무른 메주 밟듯 골골샅샅 누비고 다니던 이지함이 만년에 주 근거지로 삼은 곳은 서울의 마포나루였다. 그가 굳이 마포나루를 근거지로 삼은 이유는 그곳에 전국의 쌀과 곡물, 해산물 따위가 총집결하기 때문이었다.

한데, 마포에 지은 거주지의 구조라던가 인테리어가 딱 '이지함다워' 단박에 세인의 눈길을 사로잡았다. 지대가 낮고 물이 차는 척박한 땅에 진흙을 개어 높이가 백 척(약 30m)이나 되는 언덕을 만든 다음 그 아래에 굴을 파서 생활공간으로 삼고 평평한 위쪽에는 정자를 세운 독특한 양식이었다.

이때부터 사람들은 그가 '흙 위에 정자를 짓고 산다' 해서 '토정(土亭)'이라 불렀고, 이건 그대로 그의 호가 됐다(다른 호로 수선(水仙)이라는 것도 있다. 자는 형중(馨仲)]. 〈선조수정실록〉에 따르면, 이렇게 주변 조경을 마친 뒤 큰물이 사납게 할퀴고 지나가는 대홍수도 겪었지만, 이 흙 언덕은 훼손 없이 그대로 남아 있었다고 한다.

16세기 중후반에 지은 것으로 추정되는 '토정'은 마포의 명물로 자리 잡으면서 17세기 후반까지도 그 자리를 지켰던 듯하다. 이지함이 사망

하고도 80년이나 더 지난 1658년(효종 9)의 어느 날 남인의 거물 허목이 뱃길로 한강을 지나다가 잠시 '토정'에 들러 '토정'을 회고하면서 이런 인물평까지 남겼다고 하니까.

"토정은 높은 행실과 기이한 재주를 가지고 세상을 조롱하며 스스로 즐긴 인물이다."

선구적 경제사상가이자 복지실천가

이지함의 엽기 행각들이 연일 주막집 대박 안주로 급부상하면서 '기인'으로서의 이름값 또한 가파르게 치솟았지만, 그중에서도 가장 기인답다고 생각되는 건 양반 신분으로 천한 상업에 종사했다는 점이다. 이 부분은 우리가 이지함을 이해하는 데에 가히 '핵심 포인트'라고 생각되기에, 약간의 부연 설명을 덧붙인다.

다 아시다시피, 이지함이 활약하던 16세기 조선은 사(士)〉 농(農)〉 공(工)〉 상(商)의 신분제가 매우 엄격히 적용되는 계급사회였다. 그 때문에 한산 이씨라는 명문가 출신의 뼛속까지 양반인 자가 상업에 종사한다는 건 그냥 '미친 짓'으로 치부되는 분위기였다. 그럼에도 그는 이런 기득권을 훌훌 벗어던지고 그 '미친 짓'에 '미친놈'처럼 '미친 듯' 몸을 던졌다. 그리고 그렇게 해서 벌어들인 돈은 죄다 가난한 백성들에게 나눠주곤 했다.

『손수 상인이 되어서 백성을 가르치고 맨손으로 생업에 힘써 몇 년 동안에 수만 석에 이르는 곡식을 쌓았다. 그러나 모두 가난한 백성에게 나누어준 다음 소매를 펄럭이며 떠나갔다. 바다 가운데 무인도에 들어가 박을 심었는데, 그 열매가 수만 개나 되었다. 그 것을 잘라 바가지를 만들어 곡식을 사들였는데 거의 천 석에 이르 렀다.』

- 유몽인의 〈어우야담〉 -

▷ 이산해의 〈숙부 묘갈명〉에 따르면, 이지함은 5년 정도 그 행적이 그믐밤처럼 깜깜한 적도 있었는데, 바로 이 기간 서해 여러 섬을 순례하며 장사를 했던 것 으로 보인다. 실제로 이지함의 셋째 아들 산룡은 '바다에서 얻었다'라는 기록 도 있다.

하지만 이지함은 단순한 장사치가 아니었다. 장사는 독자적 이론 정 립을 위한 현장(실무) 체험의 일환일 뿐, 그는 당대의 흔한 '입만 산 놈' 들과 달리 빈민 구제 사업을 몸소 실천하는 사회복지 실천가의 삶을 함께 살았다. 앞에서 소개했듯이 '몇 년 동안 수만 석의 곡식을 쌓았 다가도 그 곡식들을 모두 가난한 백성에게 나눠 준 뒤 소맷자락 펄럭 이며 떠나가기'를 예사로 했기 때문이다.

▷ 그래서 한때 박지원이 지은 〈허생전〉의 실제 모델이라는 주장이 제기되기도 했다.

그는 또 누구보다 시대를 앞서간 실용적이고 혁신적인 경제사상가였다. 실제로 이지함은 가난에 찌든 조선의 난맥상을 제대로 진단하고 매우 진보적인 처방전을 내놓기도 했는데, 그가 진단한 조선의 난맥상은 큰 틀에서 다음의 두 가지였다.

1. 지배층이 '농자천하지대본'이라는 사탕발림식 캐치프레이즈를 내걸고 농업만 죽어라 밀어댈 뿐 공업과 상업은 천시하는 정책을 견지해 온, 이른바 '농본억말(農本抑末) 정책'은 많은 문제점을 안고 있다.
2. 그런데 더더욱 문제인 것은, 나라가 바다에서 물고기 잡고 소금 굽는 수산업과 광업 따위를 아예 직업군에조차 포함하지 않고 무시한다는 점이다.

사실 이지함은 조선이 농업만으론 백성들에게 '이밥과 고깃국'을 먹일 수 없다는 점을 일찌감치 간파했다. 따라서 바다와 섬의 강점을 활용해 수산업이나 소금 제조, 광업(금은 채굴) 등 '말업'을 활성화함으로써 '본업'인 농업의 부족한 부분을 보완해야 한다는 처방전, 즉 '본말상보(本末相補)론'을 강조하기 시작했다.

요컨대 '이 나라 섬과 바다는 온갖 재물을 간수해 둔 창고이며, 이것은 눈에 훤히 보이는 실물이므로 이걸 자원으로 활용해야 한다. 이 자원의 창고를 열 수만 있다면 백성들에게 돌아가는 혜택은 무한할 것'이라는 게 그의 지론이었다. 젊어서부터 미친 듯 싸다니면서 이 나라 산천과 바다, 그리고 그 바다에 주근깨처럼 박혀 있는 수많은 섬에 잠재된 무한한 가능성을 두 눈으로 직접 확인했기에 가능한 논리였다.

이처럼 '말업'의 무한한 가능성에 제대로 꽂혀서인지, 실제로 이지함은 "학식이 뛰어난 숨은 인재를 본 일이 있습니까?" 하는 이항복의 질문에, 공자왈 맹자왈만 하는 '책상물림'들을 다 제치고 서해의 한 이름모를 뱃사람을 '최고 존엄' 급 인재로 꼽기도 했다.

> "그 한 사람은 항상 바다 위에 있으면서 고기잡이를 업으로 하고 있다. 처음에는 충청도 해상에서 만났는데 10여 년 뒤 전라도 바닷가에서 만났다… 그가 키를 잡고 노를 젓는 건 다른 어부들이 따를 수가 없었고, 딸이 고깃값을 시장 가격의 배로 받자, 반값을 되돌려주게 했다… 성명을 물었으나 말하지 않았다."
>
> - 〈토정유고〉의 '유사(遺事)'에서 발췌 -

뒤늦게 터진 관운

이지함은 젊은 시절에

"내가 일백 리 되는 고을을 맡아 다스리게 되면 가난한 백성을 모두 부자로 만들고 야박한 풍속을 돈독하게 바꿀 것이다. 어지러운 정치를 바로잡아 나라의 평안을 지킬 것이다."

라며, 오늘날 대선주자급이 할 만한 큰소리를 여기저기 치고 다녔었다. 물론 하늘의 아버지가 봤다면

"아들! 너는 다 계획이 있구나!"

하며 흐뭇해했겠지만, 대부분 사람은 그의 이 말을 대수롭지 않게

여겼다. 제아무리 기발한 묘수를 갖고 있다 해도 정작 그의 앞에 그걸 펼쳐 보일 '멍석'이 깔릴 기미조차 보이지 않는 데에야.

그런데 느지막이, 그것도 57세라는 남들이 슬슬 퇴직을 준비할 나이에, 마침내 그의 앞에도 '멍석'이 깔렸다. 1573년 선조가 재야의 학식과 덕망 있는 선비를 '특채'로 뽑는 유일(遺逸) 제도를 통해 탁행지사(卓行之士·행실이 아주 뛰어난 선비)를 선정했는데, 이때 조목(전 참봉)·정인홍(생원)·최영경·김천일(이상 학생) 등과 함께 천거 받아 첫 감투(6품)를 쓰게 된 것이다.

그해 7월 그에게 주어진 보직은 포천 현감이었다. 이정익(이지함의 현손)의 〈토정유고〉에 따르면, 첫날 낡은 베옷과 짚신 차림에 머리는 포립(베로 씌운 갓)을 쓰고 '빈티지 스타일'로 부임한 이지함은, 아전들이 푸짐하게 음식을 차려 내오자 물끄러미 바라보다가 고개를 절레절레 흔들었다. 이에 관리들이

"포천은 변변한 토산물이 없어 죄송합니다. 다시 차려 올리겠습니다." 하니

"백성들은 생활이 어려워 땅에서 밥을 먹는데 왜 혼자 상에다 음식을 차리느냐?"

고 핀잔을 준 다음, 오곡 섞은 잡곡밥 한 그릇과 나물국을 삿갓에 싸서 오라 해서 먹었다고 한다.

이렇게 등장부터 친서민적 파격 행보를 시전한 이지함은, 얼마 뒤 자신의 '계획'이 잘 정리된 기발한 상소문 한 장을 조정에 올렸다.

조선 최초의 〈국부론〉이라 할 이 상소(莅抱川時上疏 : 포천에 부임했을 때 올린 상소)에서 이지함은 - 앞에서 설명한 - 자신만의 경제이론을 꿈

꼼히 설파하는 한편, 당시 그 누구도 생각지 못했던 세 가지 혁신 방안도 선조에게 제안했다. 이름하여 '3대 창고 개발론'이 그것인데, 3대 창고의 첫째는 '도덕 창고', 둘째는 '인재 창고', 셋째는 재화의 창고를 의미하는 '백용 창고'다.

▷ 도덕 창고(道德之府庫) : 위로는 임금부터 아래로는 백성까지 모두 사치와 사욕을 절제하고 마음의 창고를 열어 아낌없이 나누자는 '정신 개혁론'.
▷ 인재 창고(人材之府庫) : 인재를 발굴하고 활용해 난국을 해결하자는 '인사 만사론'.
▷ 백용 창고(百用之府庫) : 육지와 바다의 다양한 자원을 아끼지 말고 적극적으로 개발하자는 이지함식 '국부론'.

이 상소에서 이지함은 또 '포천 백성들이 너무 살기 어려워 풍년이 돼도 먹을 것이 없으니, 전라도와 황해도의 무인도를 임시로 포천 현에 소속시켜 달라'고 주청하기도 한다.

『물고기 잡는 일에 대해서는 전라도 만경현에 양초주라는 섬이 있습니다. 소금은 황해도 풍천부에 초도정이라는 섬이 있습니다. 이 섬들은 공에도 사에도 소속된 적이 없습니다. 만약 이곳들을 임시로 포천에 소속시킨다면 물고기를 잡고 소금을 굽겠으며, 이 것들을 팔아 곡식을 마련한다면 수년 안에 수천 석을 얻을 수 있을 것입니다.』

- 〈토정집〉에서 발췌 -

요컨대 농사일이 끝났거나 없는 포천 백성들에게 전라도와 황해도의 부인도에 가서 소금을 굽거나 고기를 잡게 하고 그걸 팔아 식량을 사게 하자는 파격 제안이었다.

그렇다면 선조는 이지함의 이런 제안을 어떻게 처리했을까? 그렇다. 기대(?)했던 대로 당연히 '무시'하고 말았다. 좀 더 정확히 말하면, 당시 형편상 선조는 이 요구를 받아들일 수 없었다. 조정에서 대외적으론 땅과 바다 자원들을 백성과 공유한다고 했지만 그건 어디까지나 '언론 플레이' 용일 뿐, 자원개발의 실질적 혜택은 여전히 가진 자들 - 이를테면 양반 기득권층과 왕실, 독점 상인 -의 몫이었는데, 이지함의 제안은 그들의 이익과 정면으로 충돌했다.

토정 이지함 영정

자신의 제안이 조정에서 '무시' 당했다는 소식이 전해지자, 이지함은 곧바로 포천 현감 감투를 휙 집어던지고 집으로 돌아갔다. 부임한 지 달랑 1년여만의 '셀프 면직'이었다.

하지만 그렇다고 이지함의 '가난한 백성 구하기' 프로젝트가 완전히 종 친 건 아니었다. 〈토정비결〉 어딘가에 '느지막이 감투복이 터진다'는 점괘라도 있는지, 그는 포천 현감 자리에서 물러난

5년 뒤, 이번엔 충청도 아산 현감으로 발령받았다. 어느덧 환갑을 훌쩍 넘겼고, 경제사상가로서의 꿈은 '말짱 개꿈'이 되고 말았지만, 그는 포기하지 않고 이번엔 사회복지 실천가의 삶을 살기로 결심했다.

부임 직후 '아산을 떼거지 소굴로 만들 작정이냐'라며 머리띠 두르고 종주먹질 해대는 고을 아전들의 극렬한 반대 속에서도, 요즘으로 치면 노숙자 자활센터 같은 '걸인청(乞人廳)'을 관내에 만들고 '거지 갱생 사업'에 전격 뛰어든 것이다.

『이지함은 유민(流民)들이 해진 옷을 입고 걸식하는 것을 가엾게 여겨 큰 집을 지어 그들을 수용하고, 사농공상 중 하나를 업으로 삼아 살도록 했는데 직접 가르치며 이끌어 각자 의식(衣食)을 자급할 수 있게 하였다. 가장 능력이 떨어지는 이에게는 볏짚을 주어 미투리를 만들게 했는데, 그 일을 친히 감독하여 하루 10짝을 만들어 시장에 내다 팔게 했다. 남은 이익을 축적하니 몇 개월이 지나지 않아 의식이 모두 풍족해졌다.』

- 이긍익의 〈연려실기술〉 -

이렇게 가난 구제 사업에 자신의 '늙음'을 불태우며 '몰빵'하던 이지함은, 그러나 1578년(선조 11) 7월에 실로 급작스럽게 세상과 하직을 하고 만다.

『선생(이지함)이 병석에 누웠을 때 직접 장구를 치면서 산휘로 하여금 장구 소리를 듣고 길흉을 점치게 하니, 산휘가 "소리가 매우 조화로우니 병은 근심할 만한 것이 아닙니다."라고 거짓으로 고한 뒤, 재빨리 문밖으로 나가 가슴을 치고 울면서 "병은 더 이상 손쓸 수 없게 되었다."라고 하였는데, 얼마 되지 않아 선생이 별세하였다.』

- 이관명 〈병산집〉 제11권 '토정이공시장(土亭李公諡狀)' -

이처럼 야사에는 그의 급작스러운 사망과 관련해 여러 버전의 '썰'이 떠돌지만, 공식 정보 라인을 통해 밝혀진 사인은 역질(疫疾 : 전염병)에 의한 급사였고, 그때 이지함의 나이는 예순두 살이었다.

'현감 급사'라는 비보가 전해지자, 고을 백성들이 거리로 쏟아져 나와 몸에서 수분이 다 빠질 정도로 대성통곡을 했다. 비록 석 달 남짓한 짧은 재직기간이었지만, 취임 초부터 강력하게 추진한 가난 구제 사업으로 인해 고을 백성들의 존경과 사랑을 한 몸에 받았던 '인기 짱' 원님의 너무나도 급작스러운 죽음이었기 때문이다. 〈조선왕조실록〉 또한 '고을 사람들이 친척이 죽은 것처럼 슬퍼했다'라면서 아산 현지의 집단적 애도 분위기를 속보로 전했다.

토정비결에는 토정이 없다?

혹자는 소제목만 보고 '붕어빵에는 붕어가 없다'를 떠올리며 살짝 충격받은 표정을 지으실지도 모르겠다. 이 말은, 칼국수에는 칼이 없다, 빈대떡에는 빈대가 없다, 가래떡에는 가래가 없다…처럼 본질이 사라지거나 흐려졌을 때 주로 소환되는 조어이기에, 토정비결의 저자가 토정이 아니라는 의미로도 읽힐 수 있을 테니까.

그런데… 결론부터 말하면, 안타깝게도 토정비결의 저자는 토정이 아닐 가능성이 매우 높다. 말하자면 '토정이 만든 비결'이 아니라 '토정 스타일로 풀어본 비결'이 '팩트'에 더 부합할 수 있다는 얘기다. 그렇다면 '토정이 만들지도 않았는데 왜 타이틀이 토정비결?'하고 고개를 갸웃거리는 분들이 반드시 계실 것이다. 그건 한마디로 그의 '이름값'을 차용해 책의 신뢰도를 끌어올리려는 '마케팅 전략'일 것이라는 게 학계 다수의 분석이다.

아닌 게 아니라 '기본'인 성리학은 물론이고 '옵션'인 주역(역학)과 천문 지리까지 두루 통달했던 '잡학박사' 이지함은 각종 야사집에서 앞일을 미리 아는 능력을 지닌 사람, 인물을 알아보는 능력을 지닌 사람, 신술(神術)을 부리는 사람 등으로 그려지고 있는 게 사실이다. 한마디로 우리네 장삼이사들과 달리 '신기(神氣)'가 충만한 인물로 동시대 사람들 뇌리에 깊이 각인돼 있었다는 얘긴데, '맛보기'로 대표적인 사례를 몇 꼭지만 소개하면 이런 게 있다.

○ 지함은 사윗감을 골라 달라는 조카 산해의 부탁을 받고 가난하기 짝이 없는 '촌뜨기' 이덕형을 추천했다. 그러면서 산해보다 먼저 재상이 될 것이라고 덧붙였는데, 실제로 그렇게 됐다.

○ 다 죽게 된 조카를 살려달라는 형수의 애절한 부탁을 받은 지함은 형수에게 밥 세 그릇과 음식을 산 중턱에 갖다 놓고 기도하라고 했다. 조카를 잡으러 왔던 저승사자는 '이지함이 시켜서 차린

밥상이니 먹지 않을 수 없다'라면서 밥을 다 먹고, 조카와 나이 이름이 같은 건넛마을 아이를 대신 잡아갔다.

○ 지함이 부모를 장사 지낼 때 묏자리를 보니 자손 중에 재상이 두 명 나오는데 막내아들 쪽은 불길했다. 막내인 지함은 자신이 그 재난을 당할 것을 알았지만 그대로 맞이했다. 후에 형의 아들인 산해와 산보의 관직이 1품에 이르렀는데도 지함의 아들은 현달(顯達 : 입신출세)하지 못했다.

○ 지함은 역심을 품은 조양래가 찾아와서 점을 쳐달라 할 줄 미리 알고 관에 들어가 아들에게 곡을 하게 해 그를 따돌렸다.

○ 지함은 1576년의 어느 날 제자들에게 15년 후 이 땅에서 전쟁이 일어날 것이라고 예언했다. 그런데 정확히 그 16년 후(1592년)에 임진왜란이 일어났다.

요컨대 이런 범상치 않은 '썰'들은 입에서 입으로 후대까지 전해졌을 테고, 후대 사람들 사이에도 저렇듯 '신기(神氣)' 충만한 자라면 〈토정비결〉 정도는 왼손으로도 능히 써냈을 것이라는 공감대가 형성됐을 거라는 얘기다.

또, 주역에 밝았던 이지함이 상업에 종사하면서 터득한 친화력으로 주변 사람들의 점도 봐주고, 사주도 봐주고, 묏자리도 봐주고, 심지어 인생에 대한 '카운슬링'까지 해줬던 점들 또한 〈토정비결〉이 이지함의 저작이라고 믿게 만드는 요인으로 작용했을 것이다.

덧붙여, 주역의 괘는 424개지만 〈토정비결〉은 144개라는 점, 〈토정비결〉의 사주는 시(時)를 빼고 연·월·일만 사용한다는 점, 간단명료

한 글귀지만 항목마다 길흉이 적절한 비율로 배합돼 있다는 점 등을 고려할 때, 이지함처럼 기발하고 독창적인 사람이 아니면 감히 쓸 엄두조차 내지 못했을 거라는 주장도 많이 먹혔을 것이다.

그러나 이지함과 관련된 문헌이나 사료들을 탈탈 털어 봐도 〈토정비결〉이 그의 저서임을 확신케 해주는 내용은 전혀 없다. 아는 분들은 아시겠지만, 〈토정비결〉이 세상에 모습을 드러낸 건 19세기 후반이었다. 이지함이 사망한 지 무려 300년이나 지나서야 세상에 알려지기 시작했다는 얘기다. 〈토정비결〉이 이지함의 저서가 되려면 그 긴 세월의 어느 지점엔가 희미하게나마 그의 것임을 암시하는 흔적 같은 거라도 남아 있어야 한다. 하지만 눈을 씻고 찾아봐도 그런 흔적은 없다.

대표적인 예로, 그의 사망 140여 년 뒤(1720년, 숙종 46)에 직계 후손 이정익이 펴낸 〈토정유고〉에조차 〈토정비결〉에 대한 언급은 없다. 이지함이 〈토정비결〉이라는 역작을 내기 위해 온 힘을 다했다면 그 후손들이 이를 모를 리 없을 테고, 알았다면 응당 이 사실을 낙서로라도 어딘가에 긁적거려 놓았을 테지만….

이뿐만이 아니다. 그즈음 나온 이지함과 관련된 여러 문헌과 사료 - 예컨대 조선 후기 백성들의 세시풍속 등을 기록한 〈경도잡지〉·〈동국세시기〉 등 - 그 어디에도 이지함이 〈토정비결〉을 만들었다는 내용은 담겨 있지 않다. 고로, 적어도 '실증주의'의 입장에 충실히 하고자 한다면, 〈토정비결〉은 결코 이지함의 저서가 될 수 없는 것이다.

"이지함은 어떤 사람인가?"

이지함과 남다른 친교를 나눈 대표적인 인물로는 '칼 찬 처사' 조식과 조선 성리학의 '레전드 오브 레전드' 이이를 들 수 있다. 그중에서도 재야의 '괴짜 처사' 토정과 제도권의 모범공무원 이이 간의 친교는, 퍽 상반된 이미지 때문에라도 자못 흥미를 자극한다. 오늘의 고등학교로 치면 '공붓벌레 모범생 후배'와 '머리 좋은 날라리 선배'의 기묘한 조합 같은 것이랄까.

이지함은 이이(1536~1584)보다 20여 살이나 위인 데다 살아온 과정, 추구하는 학문의 길, 처한 위치 등도 꽤 달랐지만, 상호 교류는 비교적 활발한 편이었다. 이런 이이에게 어느 날 김계휘(예학의 대가 김장생의 아버지)가 '이지함은 어떤 사람이냐?'고 넌지시 물었다. 이이는 이렇게 대답했다.

"물건에 비한다면 이상한 꽃(奇花), 특이한 풀(異草), 진기한 새(珍禽), 괴상한 돌(怪石)이지요."

이지함이 공직엔 부적절한 인물임을 에둘러 표현한 말이었지만, 한마디로 축약하면 갈 데 없는 기인이요, 이인이었다는 얘기다.

그렇다. 토정 이지함은 분명 조선 중기를 대표하는 기인이요, 이인이었다. 하지만 그는 괴이쩍은 행색과 튀는 행동거지로 남의 이목이나 끄는 '관종'으로서의 기인, 예지력 뛰어난 '족집게 도사' 형 예언자로서의 이인은 절대 아니었다.

신분이 엄격히 분리되는 조선 땅에서 내놓으라 하는 명문가 출신임에도, 양반이라는 허울 좋은 외피를 훌훌 벗어 던진 채 소금 굽고, 물고기 잡고, 섬에서 박을 키워 바가지를 만들어 파는 등 그 시대의 가장 천한 일들을 아무 거리낌 없이 행했기에 기인이요, 나라의 3대 창고 - 즉, 도덕 창고, 인재 창고, 백용 창고 -를 활짝 열어 백성을 구하자는, 당시로서는 아무도 생각지 못했던 혁신적인 방안을 제시하면서 절대 왕정국가 조선의 진정한 변혁을 꿈꾼 선구적 현실 개혁주의자였기에 이인이라는 것이다.

이지함은 생전에 그 자신이 미리 터를 정해뒀다고 전해지는 충청남도 보령시 주교면 고정리의 양지바른 가족 묘지에 안장됐으며, 1713년 숙종은 그에게 이조판서를 추증했다.

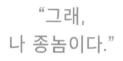

"그래,
나 종놈이다."

시 쓰는 '하인 놈',
필한 이단전

구라 친다 VS 구라 푼다

특정 연예인 탓에 바빠진 보통명사 '구라'의 사전적 의미는 '거짓말을 속되게 이르는 말'이다. 그래서 보통 '구라'는 '한다'가 아니라 '친다'라거 나 '깐다'라거나 '푼다'라고 표현한다.

여기서 '친다'와 '깐다'는 일종의 '짝꿍 사이'라고 할 수 있는데, 재미있 게도 이 짝꿍들과 '푼다' 사이에는 의외로 큰 간극이 존재한다. 즉, 전자 (친다 & 깐다)가 '거짓말을 한다'라는 본연의 의미를 충실히 담고 있다면, 후자(푼다)는 '썰을 구수하게 잘 푼다'라는 꽤 호의적인 의미를 담고 있 다는 얘기다. 후자의 대표주자로는 흔히 '대한민국 3대 구라'로 불리는 백기완(통일운동가)·황석영(소설가)·방배추(방동규, 기업인)를 꼽곤 한다.

하지만 비록 이처럼 호의적인 의미를 손톱만큼 담고 있다손 치더라 도 태생 때부터 '점잖지 못하고 천한 말(卑語)'로 낙인찍힌 채 출시된 제 품(?)인지라, 어떤 경우에건 전달되는 의미가 그다지 곱지도 아름답지 도 품위 있지도 못하다는 평을 듣는 단어가 '구라'다.

그런데, 이처럼 태생과 동시에 비속어 그룹에 강제 편입돼 멸시나 당하고 사는 단어를 과감히 자신의 예명으로 끌어다 써서 재미 톡톡히 보는 연예인이 현실 속에 존재한다는 것, 이건 사실 대단한 반전이다. '황봉알', '노숙자'와 함께 대놓고 자기 모멸적인 예명을 만들어 쓰고 있는 이 연예인은, 나머지 둘이 바람과 함께 사라진 그 '황야'에 홀로 남겨지나 했더니, 이젠 오히려 그 바닥을 씹어 먹으면서 미친 존재감을 과시해 오고 있다.

사족(蛇足) 같은 얘기지만, 이처럼 대놓고 자기 모멸적인 예명을 만들어 쓴 셋 중에서 유독 '구라'만 살아남을 수 있었던 이유 중에는 '구라=재담꾼'이라는, 일반 국민 뇌리에 박힌 꽤 우호적인 인식도 일정 부분 작용하지 않았을까 한다.

"내가 진짜 종놈이다"

그렇다면 위와 같이 자기 모멸적인 이름을 써서 본인의 성가를 드높인, 이른바 '네거티브 네이밍(Negative Naming)'의 성공 사례가 조선시대엔 없었을까?

왜 없었겠나, 당연히 있었다. 아니, 그냥 있었던 성노가 아니라 그때가 훨씬 노골적이었다. 쉽게 말하면 "응, 나 구라 잘 푸는 애!" 정도가 아니라, 대놓고 "응, 나 종놈이야!" 하며 턱을 뻣뻣이 쳐든 시인까지 실존했었으니까.

이단전(亶佃, 1755~1790). 영·정조 시대에 필명깨나 날렸던 문제의 '종놈 시인'이다. 여기서 '단전'은 '진실로 밭 가는 놈, 즉 '진짜 종놈'이라는 의미다. 그의 호는 '필재(疋齋)'인데, '필(疋)'을 파자(破字)하면 '하인(下+人)'이 된다. 또 다른 호인 '필한(疋漢)'도 마찬가지. 이단전 식 해석에 따르면 이건 '하인 놈'이 된다.

비단 이름과 호만 이 지경인 게 아니다. 그의 자는 '운기(耘岐)'인데 여기서 운(耘)은 '김맬 운'이다. 이 또한 이단전 식 해석에 따르면 '김 매는 사람'이 되는 것이다. 그야말로 이름과 호와 자를 총동원해서 "나, 밭 갈고 김매는 종놈이다. 그래서 어쩔 건데?" 하며 세상에 눈알 부라리고 대드는 형국이랄까.

물론 조선시대에도 노비 출신 시인이 전혀 없었던 건 아니다. 대표적인 인물로 정초부(鄭樵夫: 1714~1789)를 많이 꼽는데, 초부는 '땔나무 초(樵)'에 '지아비 부(夫)'이니 우리말로 풀면 '나무꾼'이 된다. 스스로 노비임을 강변하는 이름이다.

하지만, 이건 뭐 '애비는 종이었다(서정주의 시 '자화상')'도 아니고 '내가 바로 종놈'이라며 이름은 물론, 호와 자까지 모조리 그렇게 파서 이마에 붙이고 다닌 화상은 솔직히 이단전밖에 없었다. 그렇다면 그는 대체 무슨 곡절로 이런 '허튼' 짓을 아무렇지 않게 자행하게 됐던 걸까?

조선의 '노비제' 속성으로 알아보기

이단전을 이야기하기에 앞서, 이 단원의 이해도 제고를 위해 조선의 노비제도에 대해 잠시 살펴보고 넘어가도록 하자. 이 단원의 주인공 스스로가 '종놈'이라고 박박 우기는 희한한 사태가 벌어진 만큼, 이건 선택이 아니라 필수 코스다.

요즘 '헬조선' 거리는 일부 젊은이들이 그 원조 격인 '유교 탈레반의 나라' 조선을 잘근잘근 씹을 때 가장 야만적인 시스템 중 하나로 꼽는 게 노예제도다. 기회의 평등, 성차별 없는 유토피아를 만들어도 시원찮을 판국인데 하물며 야만적인 노예제도를 시행했다니 이게 어디 가당키나 한 짓거리냐고 자못 핏대까지 세운다.

하지만 동시대 지구상에 존재한 나라 중에 노예제도가 없는 나라는 없었다. 고대 로마에서는 심지어 시민 1인당 평균 20명의 노예를 거느렸다는 기록도 있다. 영화 '뿌리'를 통해서도 많이 알려졌지만, 서양 노예들의 인권상황은 그야말로 '최악 중의 최악'이었다. 소나 말이나 돼지처럼 시장에서 매매가 이루어지는 지경이었으니, '우권(牛權)', '마권(馬權)'은 차치하고 '돈권(豚權)'과 비교해도 결코 우위를 점한다고 말할 수 없는 형편이었다.

그렇다면 조선의 노예제도는 어땠을까?

결론부터 말하면 조선의 노예, 곧 노(奴 : 종 노)와 비(婢 : 계집종 비)는 서양 노예들에 비하면 차라리 '양반'이었다. 물론 이들도 매매와 상속의 대상이긴 했지만, 노예시장 자체가 존재하지 않았고 당연히 노비 장사꾼도 없었다. 노비 거래는 살 사람과 팔 사람이 직거래하는 방식으로만 이루어졌다.

조선의 노와 비는 또 수공업자나 상인 등과 동급의 대우를 받았다. 그래서 이들을 한 데 묶어서 '공상천예(工商賤隷)'라고 불렀다. 군대 계급에 빗대면, 수공업자나 상인이나 천민이나 노예(노비)나 공히 '작대기 하나'였다는 얘기다. 게다가 비록 노비에게 교육과 관직 등용에 제한이 있었다곤 하나, 제 하기에 따라서 '성공 신화'를 써내려 가는 게 아주 불가능한 것도 아니었다. 비근한 예로, 세종 때 노비 신분에서 종3품까지 올랐던 장영실(어머니가 기생) 같은 경우가 대표적이다.

이처럼 조선의 노비는 서양 노예보다 여러모로 우위에 있었지만, 더욱 확실하게 우위를 점한 부분은 혼인제도였다. 조선의 노비는 양인과도 결혼(양천교혼)이 가능했기 때문이다. 각종 기록을 보더라도 여종이 양반의 처첩이 된 사례는 넘쳐날뿐더러, 사내종이 양인 여자와 결혼한 사례 또한 적지 않았다. 말하자면 윗도리를 벗은 채 울퉁불퉁한 식스팩을 한껏 뽐내며 장작 패기에 몰입하는 - 또는 패는 척하는 - 사내종을 담 너머로 훔쳐보며 양 볼이 발개지는 동네 양인 처녀의 얼굴을 클로즈업해 주는 에로영화의 흔한 설정이 생판 '구라'는 아니라는 얘기다.

실상이 이렇다 보니 조선의 노비 숫자는 시기에 따라 크게 출렁이는 양상을 보였다. 3대 임금 태종 때(1414)는 종부위량법[17]의 시행으로 노비 숫자가 줄었다가, 그 아들인 4대 세종 때(1432) 종모위천법[18]이 시행되면서 크게 늘더니, 그 3백 년 후인 영조 때(1731) 종모위량법[19]이 새로 시행되면서 다시금 줄기 시작했다. 물론 이 모두 정치적 계산이 깔린 조치였지만, 어쨌든 이로써 '부모가 반팔자다'라는 속담은 토씨 하나 고칠 게 없음이 입증된 셈이다.

이단전의 신상을 털어 보니

이 단원의 주인공 이단전은 바로 영조 시대의 그 '종모위량법 세대'다. 고로 '엄마 찬스'만 적절히 활용했다면 확률이 무려 50%, 이론상으론 얼마든지 노비를 면할 수 있는 운명이었다. 비록 아버지는 노비였더라도 어머니가 '담 너머로 몰래 훔쳐보며 양 볼이 발개졌던' 그 양인 처녀였다면 그 역시 양인 신분으로 살아갈 수 있었을 거라는 얘기다. 하지만 안타깝게도 '노비여도 무방한' 아버지는 누군지 알 수조차 없었던 반면, '노비가 아니길 학수고대한' 어머니는 비(婢), 즉 여종이 확실했다. '이론상…' 운운할 여지조차 '순삭시킨' 것이다.

이단전의 어머니가 종살이했던 집은 유언호라는 정승집이었다. 연암 박지원의 절친으로 알려진 유언호(1730~1796)는 정조 때 우의정과

---

17 종부위량법(從父爲良法) : 아버지가 양인 + 어머니가 종 → 자식은 '양인'

18 종모위천법(從母爲賤法) : 아버지가 양인 + 어머니가 종 → 자식은 '노비'

19 종모위량법(從母爲良法) : 아버지가 종 + 어머니가 양인 → 자식은 '양인'

좌의정을 두루 지내고 사후엔 노론의 정신적 지주 김종수와 함께 정조 묘에 배향된 거물 정객이었다. 이단전이나 어머니나 '끗발 있는 집' 종이였다는 게 그나마 위안거리라면 작은 위안거리였으리라.

물론 이단전의 부모에 대한 다른 기록들도 더러는 있다. 그의 아버지가 병조 소속 아전이라는 설, 어머니는 전 신녕 현감 유언육 집의 여종이었다는 설 따위가 그것이다. 하지만, 설령 이 기록이 모두 맞다 손 치더라도 이단전의 신분에는 조금도 영향을 끼치지 못한다. 왜? 그는 '종모위량법 세대'니까.

다음으로 살펴볼 것은 - 우리가 신상 털기 다음으로 호기심을 갖게 되는 - 이단전의 외모다. 국산 영화나 드라마에서 사내종이 주인공일 땐 대개 카리스마 있는 눈빛에 탄탄한 역삼각형 몸매의 대길(추노)이 스타일 -이나 최소한 '뽕' 시리즈의 이대근 스타일 -이 판을 쳤던 터이라, 많은 분은 이단전 역시 그런 과였을 것으로 기대하실지 모른다.

하지만 그런 분들에게는 정중한 어조로 "꿈 깨시라"라고 말해주고 싶다. 왜냐? 실상은 그 정반대였으니까. 실제로 동시대에 그와 교분이 있었던 이들의 증언은, 친구가 맞나 싶을 정도로 뼈 때리는 수준의 악담 일변도다. 다음은 홍문관 교리를 지낸 친구 임천상(1754~미상)의 증언이다.

> 『이단전은 지체가 지극히 낮고 미천하며, 사람도 엉성하고 물정
> 에 어둡다.』

이뿐만이 아니다. 지인들 문집에 실린 이런저런 인물평들을 끌어모

으면 그에 대한 견적이 얼추 나오는데, 이단전의 외모는 볼품없기가 한마디로 푹 절은 '오이장아찌' 과였다. '몸은 왜소하고, 한 눈엔 백태가 끼었으며, 얼굴에 곰보 자국까지 선명해 꼴이 매우 누추한 데다, 말까지 더듬거려 알아듣지 못할' 수준이라 하니, 이건 뭐 인물평이라기보다 차라리 맹비난에 가깝다.

하지만 이단전은 이런 인물평에 별다른 유감을 표하지 않았다. 스스로 생각해도 제대로 된 '팩트'였기 때문이다. 한마디로 문학을 공부하다 보니 '주제 파악'만큼은 확실히 했다는 얘긴데, 다음의 자작시 한 수는 세간의 이런 평을 모두 인정하는 '자필 진술서' 같은 느낌마저 든다.

'조물주는 대관절 무슨 생각으로 / 해동 한 모퉁이에 나를 낳았을까?
심성은 바보와 멍청이를 겸했고 / 행색은 말라깽이에 홀쭉이.
사귀는 이는 모두 양반이지만 / 지키는 분수는 남의 집 종.
천축에 혹여라도 가게 된다면 / 무슨 인연인지 부처님께 물어보리라.'

그렇다면 ① 미천한 노비 신분에 ② 발음이 부정확한 언어장애를 갖고 있고 ③ 한쪽 눈을 잃은 시각장애도 지녔으며 ④ 체구가 작은 왜소증에다 ⑤ 마마를 앓아 얼굴이 심하게 얽은, 신도 버렸음 직한 '총체적 난국'의 찌질이가 어떻게 사대부의 전유물이던 시를 쓰게 됐고, 문단의 시선까지 단박에 사로잡는 대반전극을 연출해 낼 수 있었던 걸까?

무려 이용휴의 추천을 받다

1781년(정조 5)의 어느 봄날, 이단전은 자작시 한 묶음을 소맷자락에 꼬불치고 '재야 문단의 최고봉' 이용휴(1708~1782)를 찾아갔다. 성호 이익의 조카이자 천재 실학자 이가환의 아버지인 이용휴는 일찍이 과거 1차(생원시)에 합격했지만 출셋길을 접고 30여 년간 '전업 작가'로서 문단 활동에만 전념해 온 재야 문단의 거두였다. '실학의 아이콘' 정약용이 '영조 말년에 명망이 당대의 으뜸'이라며 '글을 갈고 닦아 새롭게 바꾸고자 하는 자들은 모두 그에게 와서 수정을 받았다'라고 '엄지척'을 반복할 정도로 문명이 하늘을 마구 찌르는 문필가였다.

이날 '보잘것없는' 육신을 남루한 천 쪼가리로 대충 가린 채 당돌하게 들이닥친 이단전으로부터 건네받은 한시 묶음을 꼼꼼히 다 읽고 난 이용휴는 말없이 벽도화(碧桃花) 가지를 하나 꺾어 내밀었다. 석가모니가 빙그레 웃으며 제자 가섭에게 연꽃을 줘 그를 인정했다는 바로 그 염화시중(拈花示衆)의 미소. 알고 보니 그건 이용휴식의 '합격증서'였다. 이단전은 이 단 한번의 도전으로 당당하게 '골든벨'을 울리며 시인으로 등단하게 됐던 것이다.

이날 이단전이 불쑥 내민 한시 묶음엔 〈하사고(霞思稿)〉라는 제목이 붙어 있었는데, 이용휴는 여기에 〈하사고에 쓰다(題霞思稿)〉라는 서평을 써주겠다고 했다. 한데 어찌된 영문인지, 명색이 서평이라면서 서두부터 책 이야기는 하지 않고 주변 사람들에게 들은 '귀신 씨 나락 까먹는 얘기'만 잔뜩 써 갈겨 놓는 것이었다.

『한 노인이 무료해서 곁에 앉은 손님에게 평소 본 기이한 구경거리나 특이한 소문을 말해달라고 했다. 한 사람이 이렇게 말했다.

"어떤 해 겨울, 날씨가 봄처럼 포근했는데 갑자기 바람이 마구 일더니 눈이 내리기 시작했습니다. 밤이 되어 눈이 그치자, 무지개가 우물물을 마시는 게 아니겠습니까. 마을 사람들이 모두 깜짝 놀라서 크게 소란을 피운 일이 있습니다."

다른 손님은 또 이런 이야기를 들려주었다.

"지난번 우연히 만난 행각승(行脚僧)이 이런 이야기를 합디다. 언젠가 깊은 산골짜기로 들어갔다가 짐승 한 마리와 맞닥뜨렸는데, 몸통은 호랑이에 털은 푸른색이고 뿔이 난데다가 날개가 돋쳐 있고 우는 소리는 어린아이와 같았다고 합니다."

이야기를 다 듣고 나서 나는 황당한 거짓말 같아서 믿을 수가 없었다.』

이처럼 얼핏 들으면 횡설수설하는 것 같은 흰소리로 뜬구름 잡기 놀음이나 하던 이용휴는, 마지막 단락에서 드디어 본색(?)을 드러내며 다음과 같이 서평을 마무리했다.

『그런데 다음 날 아침 한 소년이 찾아와 시집을 봐달라 해서 보니 이름이 이단전이라고 했다. 이름부터 벌써 남들과 달라 놀랐는데, 시집을 펼쳐보니 괴상한 빛이 번쩍거려 눈이 부실 정도였고, 무어라 형용하기 어려울 만큼 평범한 생각을 초월해 있었다. 그래서 두 손님의 말이 거짓이 아님을 알게 되었다.』

말인즉슨, 누가 들어도 '구라' 같은 이야기가 현실 세계에 있을 수도 있음을 이단전의 시를 보고 비로소 깨달았다는 얘기였다. 한마디로 이단전의 시문에서 여태껏 볼 수 없었던, 혹은 범인의 상상을 초월하는 이단전만의 특이한 시 세계를 발견했다는 극찬이었다.

이단전은 이런 이용휴가 이듬해(1782) 정월 보름날 세상을 뜨자 고마움이 절절히 묻어나는 시 한 편을 그의 영전에 바쳤으니, 제목은 '혜환(이용휴의 호) 선생을 조상함(惠寰先生輓)'이다.

飄然孤鶴翥淸霄(표연고학저청소) 園裏碧桃春寂寥(원리벽도춘적요)
외로운 학이 표연히 맑은 하늘로 날아오르니 동산의 벽도화는
봄날에도 적막하네.
縱有年年橋上月(종유년년교상월) 餘生那忍作元宵(여생나인작원소)
해마다 다리 위에 달이 떠오르련만 남은 생애 정월 보름을 어떻
게 견디나.

시어(詩語)를 줍고 다니는 하인

그렇다면 이단전은 '일개 종놈' 주제에 어떻게 그 어렵다는 한자를 익힐 수 있었을까?

이 궁금증을 해소할 답변으로는 우리 레전드 속담 '서당 개 삼 년이면 풍월을 읊는다' 만한 게 또 없다. 실제로 유 정승 댁 꼬맹이들이 귀여운 '몽돌'을 맞대고 글공부를 열심히 할 때 문밖에서 귀동냥으로 한

글자 한 글자 익힌 게 계기가 됐고, 이런 그의 열의와 재능을 기특하게 여긴 유정승의 배려로 글공부를 계속 이어갈 수 있게 됐으니까. 그야말로 '서당 개' 식 학습의 제대로 된 수혜자라고나 할까.

하지만 감히 한마디 하면, 시라는 건 이처럼 글줄이나 익힌다고 막 써지는 게 절대 아니다. 시는 철저히 고민하고 사유해야 나오는 격한 정신노동의 산물이다. 그리고 그 고민과 그 사유를 적절히 표현하기 위해선 꾸준히 문장들을 수집하고 좋은 문장 쓰는 법을 쉼 없이 훈련해야 한다.

이단전은 이 기준에 충실히 하려고 누구보다 애쓴 시인이었다. 이를 입증하는 맞춤한 증언도 있다. '최북 편'과 '이옥 편'에서도 조연으로 활약했던 전 영의정 남공철(1760-1840)이 〈금릉집〉에 담아 놓은 증언이다.

> 『그는 밤마다 기름을 사서 등불을 밝힌 채 꼿꼿이 앉은 자세로 시를 지었다. 그렇게 밤새워 시를 짓고 나면 이를 다른 종이에 정성껏 옮겨 썼다. 북학파 학자들에게 보여줄 때는 분전태사지[20]에 썼고, 북학파를 삐딱하게 보는 학자에게 보여줄 때는 보통 종이에 썼다. 또 동이 트기 무섭게 많은 문인과 명사 집 대문짝을 사정없이 두드려 비평을 듣곤 했다. 이단전은 이런 일을 십수 년간 게을리한 적이 없었다. 이에 따라 그의 명성은 점차 세상에 널리 알려지게 되었다.』

---

20 분전태사지 : 중국에서 생산하던 얇은 종이

남공철의 이 증언에서 철저히 고민하고 사유하는 이단전의 '오이장 아찌' 같은 몰골이 설핏 그려지기도 한다. 하지만 이 증언에는 그가 시인으로서 위 기준 - 그중에서도 문장 수집하기 -에 얼마나 진심이었는지를 알게 해주는 별난 습관 하나가 빠져있다. 다섯 되들이 큰 주머니를 차고 다니면서 시 작업에 보탬이 될 만한 구절을 보거나 얻게 되면 그 속에 집어넣곤 하던 별난 습관이.

아닌 게 아니라, 가뜩이나 꾀죄죄한 행색에 커다란 주머니까지 차고 다녔으니 꼬락서니는 영락없는 넝마주이였지만, 남들이 뭐라 하든 개의치 않고 이단전은 시어 주워 담는 일을 계속해 나갔다. 그리고 그렇게 담아 온 시어를 밤새워 다듬고 또 다듬었다가, 날이 새면 댓바람부터 많은 문인과 명사들 집을 찾아다니며 비평을 구했다.

앞서 소개한 이용휴와 더불어 '하늘에서 귀양 온 사람'이라고까지 불리던 동시대의 천재 시인 조수삼(趙秀三, 1762~1849)도 그 대상 중 하나였는데, 그의 시문집 〈경원총집〉에는 다음과 같은 증언이 실려 있다 (조수삼은 이단전의 사후 그의 전기 '이단전전'을 써서 세상에 알리기도 했는데, 이 글의 말미에 그의 시 한 수를 소개하겠다).

『일찍이 바람이 세게 불고 눈이 몹시 내리던 날이었는데 매우 다급하게 문을 두드리는 소리가 나서 나가 보니 이단전이었다. 단전은 소매에서 금강산 시(金剛山)를 꺼내 보이면서 이렇게 말하는 것이었다.

"구천구백구십구 명의 사람이 모두 좋다고 해도 안 되고, 오로지 선생 한 사람이 좋다고 해야만 그제야 됩니다. 그러니 선생께서 평가를 내려주시지요.”』

실제로 이단전은 그해 가을에 64일 동안 금강산을 유람하면서 50수의 시를 지었는데, 다음의 시는 그때 지은 칠언율시 중 하나다. 시제인 헐성루(歇惺樓)는 금강산 정양사에 있는 누각으로 금강산을 조망하기 좋은 곳이라고 한다.

三十蓬壺始壯遊(삼십봉호시장유) 萬千峯色此高樓(만천봉색차고루)
서른 나이에 금강산을 유람하니, 일만 이천 봉이 누각에서 다 보이네.

陰陽鍊出皆寒骨(음양련출개한골) 風雨磨來遂白頭(풍우마래수백두)
음양이 단련해 찬 개골산을 만들고, 비바람이 연마해 흰머리를 이루었네.

五夜虛明長欲曙(오야허명장욕서) 四時寥落易爲秋(사시요락역위추)
새벽에 내 마음 밝아오려는데, 계절은 바뀌어 쓸쓸한 가을이 되는구나.

秦家皇帝空多事(진가황제공다사) 錯遣童男泛海舟(착유동남범해주)
진나라 황제는 헛일도 많이 해서, 동남동녀를 바다에 배 띄워 잘못 보냈네.

- 〈헐성루(歇惺樓)에서〉 -

기발한 착상 & 비유의 귀재

『그의 시는 기상천외했다. 스스로 남을 놀라게 할 만한 것이 못
된다 싶으면 입 밖에 내지 않았다.

일찍이 두보가 이런 말을 했다.

"시어가 사람을 놀라게 하지 못하면 죽어도 쉬지 않겠노라(語不
驚人死不休)."

두보의 이 말은 먼 훗날의 이단전을 예언한 말이다.』

'최북 편' 등을 통해 명품 조연으로 거듭난(?) 19세기의 서화가 조희
룡이 엮은 인물 전기집 〈호산외사(壺山外史)〉의 '이단전전'에 나오는 인
물평이다. 혹자는 "감히 두보 형이랑 엮어? 너무 나간 거 아니야?" 하
실지 모르나, 아름다운 시어를 넝마처럼 줍고 다니는 습관 때문이었는
지 이단전의 시어도 매우 아름답다는 평을 들은 게 사실이다.

특히나 그만의 기발하고 재치 번득이는 착상은 읽는 이로 하여금
무릎을 탁 치게 했는데, 아래 시는 그에게 '기이한 재사(才士)'(조언림)라
는 찬사를 안긴 오언절구 시 '거미(蜘蛛)'다.

滿腹經綸在(만복경륜재) 謀身網罟爲(모신망고위)

불룩한 배엔 경륜을 채워 넣고, 먹이를 얻으려 그물을 쳐놓았네.

露珠能點綴(노주능점철) 風蝶使橫罹(풍접사횡리)

이슬방울 군데군데 깔아 놓은 데로, 바람 타고 날아온 나비 걸
려드는구나.

이 시는 한때 김삿갓의 시로 잘못 알려지기도 했다. 김삿갓이 본시 '닥치는 대로' 작품화하는 특이한 취향을 가졌던 탓에 빚어진 착오였다. 이왕 말이 나왔으니 얘기지만, 시풍이라는 측면에서 볼 때 김삿갓과 이단전 사이엔 분명한 차이점이 있다. 현대 대중음악 장르에 빗대면, 김삿갓의 시풍은 현란한 '랩'의 느낌이 물씬 풍기는 데 비해 이단전의 시는 감성이 풍부한 '발라드' 풍에 가깝다고나 할까.

落日無餘力(낙일무여력) 浮雲自幻容(부운자환용)

떨어지는 해엔 남은 힘이 없고, 뜬구름은 스스로 그 모습을 바꾼다.

- 이단전의 〈수성동(水聲洞)에서〉 중 -

아무튼, 기발한 착상과 탁월한 조어 감각으로 참신한 시 만들기에 정진하길 어언 10여 년, 그의 이름은 이제 동시대 시인 묵객들에게도 널리 알려지게 됐다. 적어도 종놈이 시 쓰는 걸 못마땅해하는 이는 있어도 종놈이 시 쓰는 걸 모르는 이는 없게 된 것이다.

그즈음 이단전의 시에는 '신령한 마음과 지혜로운 식견이 담겨 있었는데, 때로는 곤궁하고 불평한 가운데서 나온 말을 표출하기도 했다. 그래서 꾸짖는 것 같기도 하고 웃는 것 같기도 하며 과부가 밤에 곡을 하듯 나그네가 추운 새벽에 일어나는 듯했다.' (남공철)

내친김에, 그의 대표작이라고 할 수 있는 칠언절구의 시 〈관왕묘(關王廟)〉를 감상하고 넘어가도록 하자.

古廟幽深白日寒(고묘유심백일한) *儼然遺像漢衣冠*(엄연유상한의관)

　오래된 사당은 으슥해 대낮에도 스산한데, 늠름한 관우 상은 한 나라 의관을 걸쳤구나.

當時未了中原事(당시미료중원사) *赤兎千年不解鞍*(적토천년불해안)

　그때 중원을 평정하려던 대업 마치지 못해서인가, 적토마는 천 년 후에도 안장을 풀지 못하고 있네.

- 〈대동시선(大東詩選) 권 6〉 -

▷ 관왕묘는 중국 삼국시대 촉한의 장수였던 관우(關羽)를 신으로 모시는 사당인데, 중국에서는 명나라 초에 처음 건립됐고 조선에서는 임진왜란 직후인 1598년(선조 31) 명군에 의해 숭례문 밖에 남관왕묘가, 그 4년 뒤인 1602년 동대문 밖에 동관왕묘가 건립됐다. 지금은 동관왕묘(東廟)만 남아 있다.

북학파와의 친분…그리고 늘 함께했던 '그것'

　이단전이 시인으로 등단한 이후 면천[21]했는지 아닌지에 대해선 알 길이 없다. 굳이 한쪽을 택하라고 강요한다면, 그러긴 어려웠을 것이라는 쪽에 걸겠다. 현재까진 그가 면천했다는 어떠한 기록도 찾아내지 못했으니까.

　하지만 그가 성년이 된 이후 유 정승의 집에서 나와 남의 집 골방에

---

21 면천(免賤) : 천민 신분을 면하는 것

세 들어 살았다는 기록은 남아 있는데, 이단전은 그렇게 살던 시절에도 '참신한 글쓰기'를 위한 도전을 멈추지 않았다. 그는 중국 시문학의 '리즈' 시대를 구가한 당시(唐時) 스타일에서 과감히 탈피, 명 말기의 작가들을 스승으로 삼았는데, 대표적 작가로는 서위·원광도·종성·담원춘 등이 있다.

> …시는 당시가 가장 뛰어나지만, 진실한 감정과 경물[22]을 그려
> 낼 수 없다면 모의작이 되어 죽은 시구가 되어 버린다. 차라리 명
> 이후의 작가를 스승으로 삼아 가슴 속 울분과 기굴(당당)한 기상
> 을 쏟아내는 것이 낫다…

이 시기 그의 시작 활동에 큰 영향을 끼친 국내 문인으로는 조수삼과 남유두(南有斗, 1725~98), 그리고 북학파 문인들을 꼽을 수 있는데, 그중에서도 북학파의 이덕무(李德懋, 1741-1793)는 그의 시풍 형성에 적잖은 영향을 끼친 '사부'였다. 그가 이덕무를 '사부'로 모신 까닭은 '참신한 글쓰기'에 대한 타는 목마름 때문이었다.

▷ 조수삼은 이단전의 '사부' 계보를 남유두(초대) → 이형암(2대) → 이덕무(3대)로 봤다.

당시 북학파는 통통 튀는 착상과 자유분방한 글쓰기로 장안의 이슈

---

22 경물(景物) : 계절에 따라 달라지는 경치

메이커 노릇을 도맡아 하고 있었다. 그중에서도 정조 초기 서얼 신분으로 규장각 검서관 자리를 꿰차 일약 화제의 인물로 떠올랐던 '사검서[23]'의 1인 이덕무는 남의 시를 잘 고쳐 주는 걸로 정평이 나 '보파시장(補破詩匠)', 그러니까 우리말로 '시 수선공' 또는 '시 땜장이'라는 별명이 붙을 정도였다. 이단전은 이런 이덕무에게 시를 배운 뒤 그전까지 썼던 시들을 몽땅 아궁이 속에 처넣어 버렸다.

이단전 하면 또 하나 어물쩍 넘어갈 수 없는 게 '역시나' 술에 얽힌 일화들이다. 실제로 이단전을 논하면서 술 얘기를 뺀다면 그건 사운드카드 없는 스피커요, 피오나 없는 슈렉이나 진배없다. 이단전이 생전에 남긴 어록 중엔 이런 것이 있다.

『인생 백 년은 그리 길지 않다. 쌀과 소금, 땔감과 기름에 머리 처박고 산다는 건 슬픈 일이다. 술은 청주·탁주를 가려서는 안 되고, 시는 고고(高古)하지 않으면 신기하지 않다.』

숫제 술과 시를 등호(=)로 연결 짓는 희한한 논법인데, 아닌 게 아니라 이단전이 살아생전에 가장 좋아했던 두 가지 행위는 술 마시기와 시 짓기였다. 그렇다면 가장 좋아했던 한 가지는? 당연히 술 마시면서 시 짓기였다. 동시대에 이단전과 가까이 지냈던 영·정조 때의 학자 윤

23 사검서(四檢書) : 규장각의 핵심 요직인 검서관으로 임명됐던 박제가, 유득공, 이덕무, 서이수를 가리키는 말

기(尹愭, 1741~1826)의 시에는 이런 대목이 나온다.

> 술 한 잔에 시 한 편 기세도 높구나 / 길게 읊고 무릎 치며 호기
> 를 누르지 못하네…(후략)

술 한 잔에 시 한 편이라니, 딱 김삿갓급의 가성비다. 그렇다. 소동파에게 그랬고 김삿갓에게 그랬듯이, 이단전에게도 술은 조시구(釣詩鉤), 즉 '시정을 낚는 낚싯바늘'이었다. 게다가 그에겐 또 한 가지, 잠시나마 천한 신분을 잊게 해주는 환각제이기도 했다. 요놈만 한 사발 쭉~ 들이켜면 세상이 딱 요만하게 보이는 마술을 줄곧 맛볼 수 있었기 때문이다.

이렇게 만취한 상태에서 그가 시를 읊조릴 때는 '비와 바람, 천둥과 벼락도 그의 귀를 방해하지 못했고, 미모와 요염함, 기이함과 사악함도 그의 눈을 현혹하지 못했다(황인기의 증언).'

이단전은 술을 마음껏 사 먹기 위해 '알바'도 뛰었다. 그가 주로 뛴 '알바'는 용서(傭書), 즉 남에게 고용되어 글을 베껴주는 일이었다. 하루에 베껴주는 글은 보통 30장에서 50장 정도였는데, '알바'를 하면서도 그놈의 술은 입에 달고 살아, 어떤 때는 초서를 휘갈겨 쓴다는 게 한두 줄에 겨우 10여 자정도 쓰고, 어떤 때는 오른쪽에서 왼쪽으로, 어떤 때는 아래쪽에서 위쪽으로 들쭉날쭉 제멋대로 써재꼈다. 간혹 주문을 끌어 쓰기도 했는데, 종과 횡으로 울퉁불퉁하게 써서 위치가 제대로 잡혀 있지 않았다. 하지만 재미있는 건, 그렇게 마구 써재긴 글자들이 외려 마른 나뭇가지와 괴석들처럼 비쭉비쭉 살아 움직이는 느낌

을 주면서 묘한 매력을 발산해, 마치 한 폭의 산수화를 보는 느낌이었다는 것이다.

물론 술이 그에게 '선한 영향력'만 끼쳤다는 건 당연히 아니다. 워낙 알아주는 '고집불통'인지라 취하면 사대부를 욕보이는 '깽판'도 적잖이 쳤고, 그래서 '미친놈(狂生)', '망할 놈(尨子)' 소리도 억울하지 않을 만큼 들었다. 하루는 상복 차림으로 문인들의 술자리에 나타나 술을 퍼마시다가 "그건 예의가 아니지~."하는 주변의 '핀잔'을 듣고는 "나 같은 종놈에게 무슨 예의를 찾아? 예의란 내게 잠방이 속의 이나 서캐 같은 것일 뿐이요!" 하면서 '썩소'를 날리기도 했다.

이단전은 남공철 등이 산수에서 그림을 그리거나 시 짓는 모임을 가지면 번번이 그 뒤를 졸졸 따라다녔는데, 여기서 보여주는 '진상짓' 또한 장난이 아니었다. 조수삼의 증언에 따르면, 산수에 이른 이단전은 먼저 큰 술잔을 휘두르고 웅얼웅얼 끙끙대기까지 하며 열심히 시를 짓는다. 그러다가 술에 곤죽이 되면 벌렁 드러누워 깔아 놓은 자리에 푸짐하게 토악질을 해댄다. 그리곤 다시 드르렁드르렁 코를 골면서 퍼져 잔다. 비가 오고 눈이 오고 서리와 이슬이 내리는 때라도 전혀 개의치 않았다.

이단전과 가까이 지낸 대표적 인물로는 이덕무·윤기·황인기·임천상·남공철·조수삼·심로숭 등을 꼽을 수 있는데, 그중에서도 남공철은 비교하기 민망한 수준의 신분 차이에도 불구하고 생전에 누구보다 이단전을 살뜰히 챙겼다. 이단전 또한 그런 남공철을 자주 찾고 자주 따라다녔으며(최북과 남공철을 연결해 준 이도 이단전이었다), 그의 집에 예고 없이 불쑥 나타나 술을 청해 마시곤 했다.

十日始開戶(십일시개호) 對此還獨酌(대차환독작)

열흘 만에 처음으로 문을 열었는데, 이 몸을 대하고도 술만 마
시네.

好事莫如君(호사막여군) 偶然來不約(우연래불약)

일 꾸미기 좋아하기로 그대만 한 이 없어, 약속도 없이 우연히
들른 게지.

앞서 '이옥 편'에서도 언급했듯이, 북학파 그중에서도 박지원의 패관
소품체에 꽂혔다가 한바탕 곤욕을 치렀던 남공철은 북학파 물이 짙게
밴 이단전에게도 꽂혀 점점 그의 '팬클럽 회장'이 돼가고 있었다. 그는
〈이군시서(李君詩序)〉라는 제목의 산문에 이단전의 거침없고 괴팍하기
까지 한 성격과 행동거지 등을 비교적 상세히 적어놓았다.

『이 군이 〈사기(史記)〉를 읽을 때, 충신열사가 절개를 지키면서
의롭게 죽거나 쏟아지는 화살과 바위를 무릅쓰고 나아가는 장면
등을 보면 책 앞에서 데굴데굴 구르고 발을 동동 구르다가 어떤
때에는 목 놓아 통곡하기도 했다. 하지만 천하가 잘 다스려져 유
술(儒術)이 두터워지고 예악(禮樂)이 일어나는 장면을 읽을 때는 멍
하니 아무 생각 없이 마치 대낮에 꾸벅꾸벅 조는 사람 같았다.
나는 일찍이 기이하고 특이한 것을 기준으로 사람을 찾으면 그
사람의 제대로 된 가치를 잃게 될 것을 염려했었다. 그런데 종종

홀륭하다고 하는 사람을 만나보면 그 사람이 기이하기도 하니, 기이하다고 해서 무조건 그것을 탓할 수는 없을 것이다…(후략).』

이단전은 또 요즘으로 치면 일종의 브로커 역할까지 겸할 정도로 알아주는 마당발이었다. 글 잘 짓는 양반에게 가서 글 좀 지어달라고 부탁하는 일에는 누구보다 수완이 좋았으며, 누구누구에게 좋은 그림이 있고 누가 최근에 어떤 골동품을 입수했다더라 등 서울 양반들이 관심 있어 할 만한 정보는 죄다 이단전에게서 나왔다.

'자유로운 영혼' 이단전, 가다

이야기가 진행될 만큼 진행됐으니, 이제 슬슬 이단전의 '마지막 하루'를 좇아봐야겠다. "아니 벌써? 너무 급 마무리 아닌가?" 하실 분도 계시겠지만, 실제로 그의 삶 자체가 너무도 급작스레 마무리됐다. 어느 겨울날 억병으로 취한 채 길거리에서 사망한 것으로 알려져 있으니까.

하지만 그를 이런 식으로 대충 '사망 처리'해 버려서는 곤란하다. 어떤 수단을 강구해서라도 그의 마지막 행적을 소상히 살피고 사망 경위 또한 정확히 밝히는 게 망자에 대한 최소한의 도리인 것이다.

그래서 그런 자료가 어디 없나 찾아봤더니, 다행히 있었다. 이단전의 '절친'이자 문인인 심노숭의 〈자저실기(自著實記)〉에 그의 죽음에 관한 기록이 꽤 알차게 실려 있었다.

『을사년 겨울 내가 원정(園亭)에 머물 때, 마침 큰 눈이 내리고 방 안의 매화는 몇 송이 꽃을 피우고 있었다. 아무런 생각 없이 쓸쓸히 앉아 있는데 홀연히 단전이 오는 것이 보였다. 서둘러 술을 내어 마시게 했다. 어느덧 날도 저물어 함께 대화나 더 나누자고 가는 걸음을 막았더니 단전이 사양하며 "밤에 다른 사람과 놀기로 약속했는데 식언할 수가 없습니다."라고 했다. 할 수 없이 그러라고 했는데, 그러고 나니 몰취미하기 짝이 없었다.

다음 날 아침에 들으니, 단전이 동네 이웃에 사는 선비 임하상의 집에서 죽었다는 것이 아닌가! 그날 임하상과 또 술을 마시기로 약속했던 것인데 술이 과해서 갑자기 죽은 것이다. 그를 그냥 보내지 않았던들 죽지 않았을 것을. 지금 생각해도 대경실색함을 그칠 수가 없다.』

이단전의 사망 바로 전날까지 그와 술잔을 기울였던 심노숭의 이 생생한 회고에 따라서 이단전의 사망원인을 추정해 보면 '선행 사인'은 '과음', '직접 사인'은 '심장마비'로 보는 게 '팩트'에 가장 근접한 접근이다. 이는 사실 세간의 풍문과도 맥이 닿는 결론이다.

다만, 사망 장소만큼은 길거리가 아닌 친구의 집으로 소문과 조금 다르다. 따라서 이단전의 사망 경위를 좀 더 정확히 정리하면, '눈 내리는 어느 겨울날 심노숭의 집에서 저물녘까지 폭음한 뒤 임하상의 집으로 옮겨 2차를 하던 중 돌연 심장마비로 숨졌다'가 맞는 것이다.

- 노비로 왔다가 시인으로 떠난 사람 -

이단전의 짧지만 처절하고도 드라마틱했던 불꽃 생애를 한 문상으로 축약하면 이렇게 정리할 수 있을 것 같다. 그의 시신은 평소 알고 지내던 몇몇 지인들이 거둬 서산 자락에 묻어줬다. 하지만 안타깝게도 그가 이 세상에 남긴 시는 - 지인들 문집을 통해 알려진 것들 외에는 - 사실상 없다. 누군가 그의 작품들을 보관하고 있었겠지만 끝내 세상에 내놓지는 않았다.

대부분의 여항문인이 그랬던 것처럼 그 역시 적막한 구석에서 초목처럼 그렇게 시들어 없어져 버렸다.

그때 그의 나이 불과 서른여섯 살이었다.

▷ 조희룡의 〈호산외기〉는 당대에 그가 만난 여항인 42인의 전기인데, 조희룡은 이 책의 서문에서 '모두 적막한 구석에서 초목처럼 시들어 없어지기에 이것을 기록해 둔다.'라고 여항인들 전기를 쓴 이유를 밝혔다.

천재 시인 조수삼은 오랜 글벗 이단전을 기리기 위해 그의 무덤에 칠언절구의 자작시 한 수를 지어 바쳤으니, 난해한 캐릭터의 특장점을 핀포인트로 정확히 끄집어낸 소름 돋는 수작이어서 여기 '펌'해 본다.

書如鳥篆面猴獠(서여조전면후료) 詩是仙語吟鬼嘯(시시선어음귀소)
글씨는 전서요 얼굴은 원숭이 꼴 시는 신선의 말이요, 읊기는 귀신의 휘파람 소리라.
芙蓉亭亭出汚泥(부용정정출오니) 寒松落落橫雲嶠(한송낙낙횡운교)

부용꽃이 정정하게 진흙탕에서 피어오른 듯, 겨울 솔이 낙락하
게 구름 낀 산봉우리에 가로 자라는 듯,

力排化兒爭神奇(역배화아쟁신기) *光芒熠爍生靈竅*(광망습삭생령규)

그의 힘은 조물주를 밀치고 신기함을 다투고, 그의 광망은 번
쩍번쩍 신령한 지혜로 일어난다.

雨雪空山大醉臥(우설공산대취와) *長夜漫漫曾未料*(장야만만증미료)

눈 내리는 빈 산에 만취해 누워서는, 긴 밤 내내 조금도 일어나
지 않네.

嗚呼三歌兮歌凄凄(오호삼가혜가처처) *草間纍纍埋年少*(초간누누매
년소)

오호라 세 번째 노래 부르니 그 노래 처량하여라, 풀숲 사이 둥
그런 무덤에 젊은 시인 묻혀 있네.

– 〈추재집〉 –

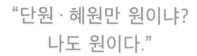

"단원·혜원만 원이냐?
나도 원이다."

술 취해
그림 그리는 신선,
오원 장승업

영화 「취화선」이야기

그해 5월, 정확히는 '시골 경로당 할매'들까지 빨간 티셔츠 맞춰 입고 '오! 필승 꼬레아'를 떼창하는 등 나라 안이 온통 집단최면에 걸려 미쳐 돌아가기 시작한 '그날(5.31.)'의 딱 스무하루 전, 전국의 극장가에는 꽤 흥미로운 영화 간판이 하나 내걸렸다. '믿고 보는 감독' 임권택의 야심작 '취화선(醉畵仙)'이 상영을 시작한 것이다.

'술에 취해 그림 그리는 신선'이라는 의미를 지닌 이 영화는 조선 후기 천재 화가 장승업(張承業)의 예술혼과 삶을 엿보고 그의 기행(奇行)을 더듬는 콘텐츠로 촘촘히 채워진 수작이었다. 프랑스의 '전(前) 요정' 소피 마르소가 '무인도에 가져가고 싶은 작품 10편 중 하나'라고 추켜세울 정도로 외국인들에게도 찬사를 받은 이 영화는, 실제로 2003년 칸영화제에서 감독상을 받는 쾌거까지 이뤘다.

하지만 올림픽 역도 금메달리스트도 들어 올릴 수 없다는 '천근만근' 무게의 눈꺼풀과 사투나 벌이다 나온 관객들이라면, 그들에겐 '시간과 땀을 흘려 찾아낸 가을 산과 봄 들, 달빛 머금은 개울과 겨울 강과 여름 개펄과 철새, 빗물 머금은 거미줄에서 세트로 완벽하게 재현한 한옥과 초가, 초가지붕의 박 넝쿨, 주막, 장독, 도자기를 굽는 가마…' 하는 자못 맛깔스러운 영화평 따위는 한낱 댕댕이 풀 뜯는 소리일 수도 있었을 것이다.

왜냐하면, 그런 분들 뇌리엔 필시 장승업으로 분한 최민식이 '병나발'이나 불고 '억지'나 부리는 장면만 스크린을 가득 채운 가정폭력 조장 - 혹은 미화 - 영화라는 부정적인 인식이 떡하니 자리 잡고 있을 테니까.

아닌 게 아니라 이 영화는 120분 러닝타임의 곳곳에 장승업이 아무 데서나 악다구니를 퍼붓고, 가구를 때려 부수고, 동거녀를 패고, 술상을 엎고, 장독을 깨고, 자살미수 소동을 벌이고, 그림 '작업' 도중 기생에게 다른 '작업' 들어가고… 하는 알코올중독자의 다채로운 저지레 질을 '풀 서비스'으로 안배해 놓고 있는 게 사실이다.

그렇다면 이건 어디까지가 '팩트'이며, 장승업은 실제로 술을 얼마나 즐겼을까?

딸기코의 취명거사(醉瞑居士)

역사에 '만약'은 없다지만, 그래도 만약에 우리 역사 속의 한 술 하는 '빨대'들로 '주당(酒黨)'이라는 쌈박한 개혁(?) 정당을 하나 만든다면, 그래서 집단지도체제로 지휘부를 꾸린다면 최고위원군에 포함될 면면들은 대략 이렇지 않겠나 '혼자' 생각해 본 적이 있다.

- 열한 살 때 벌써 '술잔의 마음은 늘 국(麴 : 누룩) 선생에 있다'는 잘 숙성(?)된 시로 모두를 놀라게 한 '음주 신동' 출신 백운 거사 이규보 최고위원,
- 하루 딱 석 잔씩만 마시라며 임금이 하사한 은잔을 두드려 펴서 곱절로 늘렸다는 '권주가(勸酒歌)'의 송강 정철 최고위원,
- 황진이의 무덤 앞에서 닭 한 마리와 술 한 병을 들고 '청초 우거진 골에 자난다 누웠난다…'를 노래한 백호 임제 최고위원,
- 한 잔 술에 서민의 애환을 풍자와 해학으로 읊어내며 천하를 주유한 풍류가객 난고 김병연 최고위원,
- 취중에 나체로 소 등에 올라타고 서울 시내를 활보하며 '19금 쇼'를 벌인, 일명 '백주 나체 승우 사건'의 수주 변영로 최고위원,
그리고, 여성계 몫으로
- 술과 시·서·음률로 당대의 문인·학자들을 줄줄이 자빠뜨린 '명기(名技)' 황진이 최고위원. 이상.

문제는 이렇게 인선안을 마련해 놓고 나면 반드시 "술로 뽑은 지휘부

에 내 이름이 왜 빠졌어? 이거 뭔 수작이야?"하며 벌겋게 설치다가 종국엔 원탁에 드러눕기도 불사할 것 같은 선조가 몇 분 계신다는 건데, 오원 장승업은 그 맨 앞줄에 서서 '깽판'을 진두지휘할 대표 인사 중 하나가 아닐까 한다. 장승업 정도면 위 면면들에 충분히 비벼볼 만한 자이며 누구보다 술에 진심이라는 걸 아는 사람은 다 알기 때문이다.

기록에 따르면 그의 주량은 두어 말을 마셔야 '이제 입 좀 가신 정도'의 레벨이었고, 나름 자기만의 주도(酒道)라는 것도 있어, 일단 입에 댔다 하면 꼭지가 완전히 돌 때까지 마시는 걸 원칙으로 했다. 그 때문에 그는 일 년 열두 달을 늘상 취해 지냈으며, 술이 깰 만하면 남의 집 추녀 밑 같은 데서도 소맷자락에 숨겼던 술병을 꺼내 한두 모금씩 들이켜면서 '쾌조의 컨디션'을 유지하기 위해 애썼다.

그래서 그의 코는 항시 주당의 엠블럼 같은 '딸기코'였으며, '술에 흠뻑 취해 살아가는 선비'라는 뜻의 취명거사(醉暝居士)라는 별호까지 견장처럼 달고 다녔다. 장승업의 코가 딸기코라는 '천기'를 '누설'한 자는 화가 겸 수필가인 근원 김용준(1904~1967)이다. 김용준은 1948년에 펴낸 수필집 〈근원수필〉에서 장승업의 외모를 이렇게 묘사하고 있다.

> 『그는 얼굴 모습이 약간 기름한 데다가 조선 사람에게서는 좀처럼 볼 수 없는 노오란 동공을 가진 것과 주독 때문인지 코끝이 좀 불그스름하고 우뚝한 코밑에는 까무잡잡한 수염이 우스꽝스럽게 붙은 것이 특색이었다….』

그놈의 엠블럼이 이미 다 말해주고 있듯 술만 무한리필 되면 장승업에게 있어 장소와 사람 따위는 죄다 '그깟 놈의 것'이었다. 술이 알딸딸하게 오르고 흥이 나서 그림을 그리게 될 때는 아무 데서나, 심지어 장판 바닥에라도 쓱쓱 채색을 푼 다음 서슴지 않고 붓질을 시작하곤 했다. '오는 술이 많으면 가는 그림도 많다'를 모토로 살았던 터라, 이렇게 그가 그려준 그림은 줄잡아 수천 점에 달했다. 실제로 동시대를 살았던 서예가 겸 독립운동가 오세창(1864~1953)은 역대 서화가 평전 〈근역서화징(槿域書畵徵)〉에서 '누구든 술상을 푸짐하게 차려놓고 그림을 그려 달라고 하면 당장 옷을 벗고 책상다리하고 앉아 그릇, 꺾인 꽃과 나뭇가지 그림을 많이 그려주었다'라고 증언한다.

이처럼 자신의 거의 모든 그림을 취중에 그렸던 까닭에 장승업의 작품에는 다양한 낙관들이 찍히게 됐다. 기존 낙관을 분실하거나 소지하고 있지 않아 새 낙관을 만드는 일이 빈번했던 탓이다. 또한 제 이름 석 자를 제대로 쓰지 못했기에, 그의 작품 중 꽤 많은 작품은 관서[24]를 제자인 정학교와 안중식 등이 대신 써줬던 것으로 알려졌다.

장승업은 또 '지랄맞은' 붓질로도 자못 유명했다. 영화 〈취화선〉을 보면 취흥이 도도해진 장승업이 옷고름을 풀어 헤치고 '미친놈'처럼 마구 날뛰며 붓춤(?)을 추는 장면이 나오는데, 이게 연기자(최민식)의 애드리브가 아니라 어느 정도 고증에 입각한 설정이었다는 얘기다.

그는 또 그림쟁이이면서도 결코 그림에 끌려다니는 법이 없었다. 내키면 붓을 들었다가 내키지 않으면 시원하게 집어던졌다. 그래서 붓질

---

24 관서(款署) : 그림을 그리고 거기에 작가의 이름과 함께 그린 장소나 제작일시, 누구를 위하여 그렸는가를 기록한 것

하다가 미완성인 채 집어치우는 경우도 다반사였고, 어느 한구석이 잘 못됐다 해서 다시 붓질을 가하는 법도 없었다. 말을 그리다가 깜빡해서 다리 하나를 빼먹어도 그러려니 했고, 꽃을 그리다가 무슨 일로 도중에 자리를 뜨게 되면 꽃과 줄기만 그린 채 잎을 그리는 건 그 후 영영 잊어 버렸다.

장승업의 이력서 훔쳐보기

장승업에 대한 문헌 기록은 그의 지명도에 비해 '짜중 날' 정도로 빈약하다. 자가 경유(景猷)라는 것과 1843년(헌종 9)에 태어났다는 것 정도만 공유되고 있을 뿐 아버지가 누군지, 출생지가 어딘지(경기도 광주나 황해도라는 '설'이 있지만 그건 어디까지나 '설'일 뿐이다), 온통 베일에 가려져 있다. 그러다 보니 근세사를 살다 간 인물임에도 '설화'를 누구보다 많이 보유하고 있는 인물이 됐다.

그의 생애와 인성을 반쪽이나마 엿볼 수 있는 기록으로 거의 국정교과서급 대접을 받는 책이 장지연의 〈일사유사(逸士遺事)〉다. 이 책의 '장승업 전'에 그의 생애가 비교적 소상히 기술돼 있기 때문이다. 실제로 그의 일대기(이력)를 소개하는 대부분의 서적은 이 책을 인용한 것들이라 해도 과언이 아니다.

이 책에 따르면 장승업의 집안은 대대로 무반(武班)이었다. 그의 이름이 '이을 승(承) + 업 업(業)'인 것으로 보아 양친 또한 아들이 무인 집안의 적통을 이어가길 바랐던 듯하다. 하지만 양친 모두 그가 어릴 적에 세상을 떠났고, 이후 그가 '어디서 무엇을 하고 어떻게 살았는지'는 그믐밤이다. 김용준은 〈근원수필〉에서 그가 한약국에서 심부름했다고 소개하지만, 시대가 시대인 만큼 '태어난 김에 살자' 모드로 매우 험난한 소년기를 보냈을 것이라 추정하는 것이 차라리 합리적이다.

그가 그나마 누울 자리라고 누추한 방 한 칸을 마련한 건 스무 살 무렵, 수표교(水標橋 : 청계천) 부근에 살던 역관(譯官 : 통역사) 출신 이응헌의 집에 잔심부름꾼으로 '특채'되면서였다. 그런데, 하고 많은 집 중에 하필 이응헌의 집으로 들어온 이 선택이 그의 팔자를 통째로 바꿔놓는 '신의 한 수'가 됐다. 당시 동지중추부사(종2품 당상관)로 있던 이응헌은 집안에 대륙 명인들의 서화를 많이 소장하고 있었다. 그래서 그림 공부하는 사람들이 모여 함께 관람하는 일이 잦았는데, 장승업도 이들 사이에 머리를 디밀고 그림들을 주의 깊게 살펴보곤 했다.

그러던 어느 날, 어찌 된 영문인지 '문득 깨달음이 일어나니 신(神)이 모이고 뜻이 통했다.' 평생 붓대 쥐는 법도 모르던 장승업이 홀연히 붓을 잡고서 손이 가는 대로 마구 휘두르고 뿌려대니 매화가 되고, 난초가 되고, 바위가 되고, 대나무가 되고, 산수가 되고, 영모가 되고, 나뭇가지가 되고, 살림 그릇이 되고…하면서 숨어 있던 잠재력이 터진 것이다.

장승업이 '공사를 쳤는지'는 알 수 없지만, 어쨌든 이렇게 그린 작품들은 어느 날 하필(?) 이응헌의 눈에 띄게 됐고, 찬찬히 작품을 들여다 보던 이응헌은 자신의 무릎을 '탁' 치면서 "이건 신이 돕는 것이다!" 하고 주절대더니, 쏜살같이 뛰쳐나가 종이, 붓, 먹 등 그림 도구를 한 아름 사들고 왔다. 그러고는 장승업의 양 어깨를 부여잡은 채 자못 결연한 표정으로 "이제부터 넌 오직! 그림에만 전념하라."고 신신당부를 했다.

장승업은 이후 그 흔한 과외교사 하나 두지 않고 순전히 독학으로 그림 공부에만 전념했다. 그러면서 틈틈이 전 한성판윤 변원규와 오경연(정치가이자 서화가인 오경석의 동생)의 집을 드나들며 당시 중국에서 유행하던 화풍을 공부하기도 했다.

장승업의 천재성은 이때부터 발휘되기 시작했다. 눈썰미가 워낙 뛰어나 한번 본 그림을 뇌리에 새겼다가 그대로 재현해 내는 '인간 복사기'의 면모를 유감없이 발휘하는가 하면, 이걸 자신의 것으로 재생산해 내는 기발한 응용력까지 과시하기 시작했다.

〈호취도〉

그의 이런 재주는 한두 분야에서가 아니라 거의 모든 분야에서 독보적인 붓질 테크닉으로 나타났다. 산수화와 인물화는 필수, 화조영모화[25]와 기명절지화[26]는 선택, 하는 식으로 못 그리는 분야가 없었다. 자연스레 장승업의 이름 앞엔 "천재 화가"라는 수식어가 누벼졌고, 마

---

25 화조영모화 : 꽃과 풀과 나무 등을 배경으로 새와 동물을 그린 그림
26 기명절지화 : 도자기·청동기 등에 화초·과일·어물 등을 그려 넣는 일종의 정물화

혼 살 전후로 일약 '전국구 스타'가 되니 팔도에서 그의 그림을 구하려
는 이들과 말·가마 같은 부잣집 '세단'들이 집 앞을 새까맣게 메웠다.

> 『장승업의 그림은 신품(神品)이라고 추앙받고 있어 웬만한 유력
> 자가 아니면 소장할 수 없다. 나는 금사 박항래에게서 이 그림을
> 얻어 간신히 소장해 병풍으로 꾸몄다….』
>
> — 황현의 〈매천야록〉 중에서 —

어느덧 자신감과 자부심을 가득 채운 장승업은 자신의 그림에 '신운
이 생동한다'고 '자화자찬' 한번 거하게 한 다음, 탄력받은 김에 호까지
새로 팠다. 당시 최고의 화가로 추앙받던 단원 김홍도와 혜원 신윤복
에게 "너희만 원이냐? 나(吾)도 원(園)이닷!" 하고 쏘아붙이듯이 지어낸
호, 그게 바로 - '나 오(吾)'에 '정원 원(園)' 하여 - 오원(吾園)인 것이다.
예의 〈일사유사〉에 따르면, 장승업은 '전국구 스타'로 자리매김하던
마흔 살 전후에 이름도 모르고 성도 모르는 신원미상의 한 여성과 신
방을 꾸린 적이 있었다. 하지만 천성이 자유로운 영혼인지라 첫날밤
만 대충 치루는 둥 마는 둥 하고는 냅다 야반도주해 그에겐 후사가
없다.

술이 뒤바꾼 '팔자'

오원 장승업을 이야기할 때 '몰입도'를 최대치로 끌어올리다가 일시

에 뒷목 잡고 쓰러지게 만드는, 실로 안타깝고도 허망한 스토리가 지금부터 풀어내려는 이른바 '궁궐 대 탈주 소동'이다. 대한민국 거의 모든 야사집에 전천후로 등판하는 데다, 임권택 감독 또한 이 스토리를 들은 뒤 장승업에 대한 관심이 크게 'UP' 됐다고 술회했을 정도로 유명한 얘기다.

전·복·위·화(轉福爲禍), 즉 '기회'를 '위기'로 바꿔버리는 장승업의 특성이 기가 막히게 발현된, 그리하여 얽매임을 싫어하는 예술가적 '꼬장'인지 술에 찌든 한 알코올중독자의 흔한 '근성'인지조차 다 헷갈리게 만드는, 장승업 표 '나 다시 돌아갈래~' 사건. 이 희대의 '웃픈' 사건은 어느 날 고종이 그를 궁궐로 불러들이면서 시작된다.

고종이 어느 날 장승업을 친히 궁궐로 불러들인 이유는, 그에게 병풍(어병) 십수 첩을 그리게 할 심산에서였다. 그를 천거한 자는 고종의 처조카(명성황후의 조카)로 시화 좀 되던 당대의 실세 민영환이었는데, 이렇게 졸지에 '어공(어쩌다 공무원)'이 되니 장승업에겐 감찰(정6품)이라는 짭짤한 관직과 그림을 그릴 조용한 방 한 칸이 제공됐다.

다만 술은 하루에 두어 차례 두세 잔씩만 제공하라는 특명이 떨어졌는데, 장승업에겐 기실 이보다 더 기분 잡치는 소식이 있을 수 없었다.

"이런~. 드넓은 주천(酒泉)에서 신나게 자맥질하며 놀던 주당계의 조오련을 잔술이나 받아 홀짝거리는 찌질이로 만들어 놓겠다는 거? 그럼, 그림 작업은 어쩌라구?"

혼자 이렇게 중얼거리고 난 장승업은 대뜸 뒷덜미부터 부여잡았다. 생각해 보면 장승업 입장에서야 딴은 그럴 만도 했다. 그에게 있어 술은 기생의 분 냄새와 더불어 창작 영감을 일깨우는 뮤즈[27] 같은 것이거늘, 이걸 고양이 문상 온 생쥐 눈물만큼씩 내어주니 무엇보다 그림 작업이 될 턱이 없었다.

감히 상감마마의 엄명인지라 처음 얼마간은 군침만 꼴딱꼴딱 삼키며 이 엄중한 상황을 그럭저럭 버텨내는 장승업이었다. 하지만 열흘이 넘어 그나마 남아 있던 알코올기(氣)마저 고갈될 조짐을 보이자, 그는 슬슬 미치고 환장하기 시작했다.

뭉크의 '절규'에 등장하는 해골 사내 같은 몰골로 끙끙대며 며칠을 보낸 뒤, "사흘 굶은 개 눈에 몽둥이가 보일쏘냐…" 이렇게 결연히 외치고 난 장승업은 어느 날 그림물감과 도구를 구하러 간다고 '구라'를 치고 후다닥 궁궐을 빠져나왔다. 그러고는 냅다 내달려 단골인 '번지 없는 주막'으로 뛰어들었다. 그가 평소 수표동에 있는 장준량의 가게에 직접 그림물감 등을 사러 다녔기에 감시병(금졸)들을 쉽게 속일 수 있었다. 하지만 뛰어봤자 오뉴월 메뚜기라고, 사흘을 내리 술독에 빠져 신나게 자맥질하던 그는 고종의 특명을 받고 쫓아온 의무 포졸들에게 붙잡혀 궁궐로 되돌아오고 말았다. 그에 대한 경비는 이제 '갑호'로 한층 삼엄(?)해졌다.

그러나 한번 정나미가 떨어지니 이제 궁궐은 그에게 말 그대로 '창살 없는 감옥'이었다. 장승업은 여러 날을 다시 꽁무니 뺄 궁리에 골몰하다가, 이번엔 곤히 잠든 감시병의 갓과 의복을 몰래 훔쳐 입고 감시병 코스프레를 하며 '보무도 당당히' 튀었다.

---

27 뮤즈(Muse) : 예술적 영감을 불러일으키는 존재

하지만 메뚜기는 뛰어봤자 풀밭 안이라고, 이번에도 '번지 없는 주막'에 퍼질러 앉아 해롱대던 장승업은 또다시 의무 포졸들에게 뒷덜미가 잡힌 채 궁궐로 끌려오고 말았다. 그런데… 이번엔 궁궐의 공기가 이전과 많이 다른 느낌이었다. 아니나 다를까, 허구한 날 내뺄 궁리나 하는 '꼴통 짓'에 '뚜껑' 한번 제대로 열린 고종이 포도청에다 장승업을 즉각 가둬 버리라고 명한 사실을 이내 알게 됐다.

이제 꼼짝없이 호적에 빨간 줄이 그어져 살아갈 수밖에 없다고 절망하는 순간, 장승업에게 홀연히 귀인이 나타났다. 예의 민영환이었다. 그가 고종에게 장승업을 자기 집에 데려가 그림도 마무리하고 인간도 좀 만들어 보겠노라고 간청해 윤허를 얻어낸 것이다.

가까스로 전과자를 면한 장승업은 냉큼 민영환을 따라나섰다. 민영환은 장승업의 의관을 모두 벗겨 무장 해제시킨 다음 후원 별당 안의 처소에 가두고, 하인에게 '물 샐 틈 없는 경비'를 지시했다. 워낙 촘촘한 감시망에다 민영환에 대한 고마움도 있었기에, 장승업은 처음 얼마 동안 노오란 동공을 다소곳이 내리깔고 그림 작업에만 몰두하는 눈치였다. 궁궐에서와는 달리 그놈의 '마시는 뮤즈'도 넉넉하게 제공됐다.

한데 민영환이 궁궐 일로 자주 집을 비우고 머슴의 감시 또한 느슨해지자, 그 특유의 '근성'이 또 슬그머니 대가리를 쳐들었다. 느닷없이 남의 상가(喪家)에 가서 신나게 염불을 외는가 하면 귀신과 대작 중이라며 혼자 곤죽이 되도록 퍼마시다가 미친 듯이 노래를 불러 젖히는 등 레퍼토리도 다양하게 '진상 짓'을 시리즈로 펼쳐 보이기 시작한 것이다.

어느 날, 결국 장승업은 문지기가 낮잠에 빠진 틈을 타 이웃 방에 걸려 있던 상복과 방립으로 상주 복장을 하고 다시 민영환의 집을 빠져나왔다. 텁텁한 주정이 전신에 퍼져 나갈 때의 찌릿함, 주막집 특유의 왁자한 분위기, 그리고 눈웃음 살살 치는 주모의 보름달 같은 낯짝과 남산만 한 궁둥짝 등등이 눈앞에 어른거려 견딜 수가 없었던 것이다.

한편, 대궐에서 돌아와 이 소식을 듣고 핏대가 상투 끝까지 치민 민영환은 당장 장승업을 잡아들이라고 일갈했고, 끌려온 장승업을 이번엔 아주 깊숙한 곳에 가둬버렸다. 하지만 그곳에서 며칠 잠자코 붓질하는 척하던 장승업은, 배운 도둑질 못 버린다고, 감시가 소홀해진 틈을 타서 또다시 '대탈주'를 감행하고 말았다.

결국 고종이 명했던 병풍 작업은 미완성인 채 중단됐고, 굴러온 복을 멀찌감치 내질러버린 장승업은 민영환의 집에서도 쫓겨나 또다시 '백수'의 대열 속에서 오와 열을 맞추며 열심히 팔을 흔드는 신세가 되고 말았다.

장승업, 증발하다

1894년(고종 31) 7월부터 김홍집을 중심으로 하는 친일 온건개화파에 의해 개혁운동, 이름하여 갑오개혁(일명 갑오경장)이 시작됐다. 급작스레 밀어닥친 이 개혁운동의 쓰나미는 조선 미술계에도 상당한 상처를 입혔다.

대표적인 것 중 하나가 왕실 도화서 출입문에 대한 대못질이었다.

당대 미술 천재들의 집합소였던 왕실 도화서가 폐쇄되면서 조선 미술
계에는 큰 변혁의 바람이 불어닥쳤다. 졸지에 '백수'의 대열에 합류하게
된 많은 화원이 생계를 위해 청계천 광통교라는 서화 유통 공간에서
자신들의 그림을 직접 그려 팔기 시작했다.

어느덧 지천명에 이른 장승업 또한 광통교 부근에 '육교 화방'이라는
개인 화실을 열고 이 대열에 합류했다. 앞서 소개한 수제자 안중식
(1861~1919)과 조석진(1853~1920)도 여기서 함께 지내며 미술 수업을 받
았다.

▷ 두 제자는 이후 서화협회를 만들어 이상범, 변관식, 김은호, 허백련 같은 거장
  들을 길러내며 근대 한국화의 문을 새롭게 열어젖힌 대가의 반열에 올랐다.

그런데, 개인 화실을 연 지 3년째 되던 1897년(고종 34)의 어느 날, 모
두를 경악게 하는 사달이 났다. 당년 54세의 장승업이 돌연 어디론가
'증발'해 버렸던 것이다. 그렇다. 그건 '증발'이었다. 마치 액체 상태의
수증기가 기체로 변해 눈앞에서 사라지듯이.

생각해 보면, 영화 '취화선'도 장승업이 불길 이글거리는 도자기 가
마 속으로 빨려 들어가는 연출기법을 통해 그가 '증발'했음을 암시했
다. 실제로 그날 이후 장승업을 봤다는 사람은 없었다.

불과 100여 년 전까지 이 땅에 발붙이고 살았던 근대의 인물이면서
도 신화 같은 이야기를 누구보다 많이 보유했던 장승업은, 마지막 순
간마저 그만의 신비로움을 찬란하게 발산하며 마치 신화처럼 그렇게
세인의 눈앞에서 홀연히 사라져 버렸다.

이런 까닭에, 〈근원수필〉의 김용준은 '오원일사' 편에다 '장승업은 필연코 신선이 되었을 것'이라는 일본인 기자(海浦篤彌)의 말을 옮긴 다음, 그 자신도 '전생의 숙원인 것처럼 배운 적 없는 그림에 천성으로 종사하다가 세상을 버림이 또한 신선이 잠깐 머물다 가듯 하였다'라며 이에 극공감을 표했다. 그리곤 경외감 가득한 감성으로, 마치 매직쇼 하듯 한순간 이승에서 감쪽같이 사라져 버린 장승업의 생애를 기리며 이렇게 글을 맺었다.

『…너무나 기발한 그의 생애가 마치 신화 속의 인물이나 되는 것처럼 우리에게 신비적인 선모심을 자아내게 한다. 아마도 오원은 신선이 되었나 보다.』

대표작으로는 〈방황학산초추강도(仿黃鶴山樵秋江圖)〉·〈삼인문년도(三人問年圖)〉·〈산수도(山水圖)〉·〈귀거래도(歸去來圖)〉·〈홍백매십곡병(紅白梅十曲屛)〉·〈호취도(豪鷲圖)〉·〈고사세동도(高士洗桐圖)〉·〈군마도(群馬圖)〉·〈풍림산수도(楓林山水圖)〉·〈세산수도(細山水圖)〉 등 다수가 있다.

장승업 작 〈10폭 병풍〉

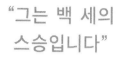

"그는 백 세의
스승입니다"

꿈속에서 살다 간
고독한 천재,
매월당 김시습

「대한민국 vs 조선」의 국가대표 신동들

그는 ▲ 생후 80일 만에 걷기 시작했다. ▲ 생후 100일 만에 치아가 19개나 나고 "엄마"라는 말을 했다. ▲ 생후 6개월이 지나자 간단한 문장을 말하기 시작했다. ▲ 만 2세가 되자 일기를 쓰기 시작했다. ▲ 만 3세에 한양중학교에 입학했다. ▲ 만 4세에 일본 후지TV에 출연, 동경대 교수가 낸 미적분 문제를 풀었다. ▲ 만 6세에 한양대학교 물리학과에 입학했다(청강생 자격). ▲ 만 7세에 미국 콜로라도 주립대학교에서 수학했다.

"우린 늙어가는 게 아니라 익어가는 거라고!" 하면서 맹렬히 정신 승리를 구가 중인 연령층엔 흑백영화 화질 같은 기억으로나 남아 있을, 1960년대 중반 '우리의 영구적 방파제'인 일본열도까지 들썩거리게 했

던 어느 '국가대표 신동'의 프로필 중 일부다. 이 신동이 만 4세 때 일본에서 검사한 지능지수(IQ)는 무려 210이었고, 1980년 판 기네스북에 '세계 최고 지능지수 보유자'로 등재되기까지 했다(검사방식 문제로 후일 삭제).

이 정도면 '레전드급 모태 천재의 강림'이라고 호들갑 좀 떨어도 결코 지나치다고 할 수 없겠는데, 하지만 안타깝게도 이 신동의 '미친 존재 감'은 딱 거기까지였다. 성인이 된 이후 그는 숨통 죄는 신동의 굴레를 홀홀 벗어던지고 우리네 보통 사람 군(群)에 편입돼서 - 시간강사, 공기업 직원, 대학교수 등의 스펙을 착실히 쌓으며 - 이젠 '이웃집 아재'로서의 삶을 알콩달콩 살아가고 있다 하니까.

이 단원의 주인공 역시 따지고 보면 '대한민국 신동'과 데칼코마니 같은 유년 시절을 보냈다고 할 수 있다. 국호만 대한민국에서 조선으로 바꾸면 딱 그의 이야기라 해도 군소리가 없을 정도로 그 역시 시대를 대표하는 '국가대표 신동'이었으니까. "똑" 소리가 오죽 크게 진동했으면 '국민 임금' 세종까지 그를 만나보고 싶다며 친히 궁궐로 불러들였을까.

하지만 두 사람의 데칼코마니는 어린 시절 '한정판'일 뿐, 성인이 된 이후 '조선의 국가대표 신동'이 살아낸 삶의 궤적은 '대한민국 국가대표 신동'의 그것과는 비교를 불허할 정도로 완전 딴판이다. '대한민국 신동'은 명함도 못 내밀 지경으로 현란하기 짝이 없는 발자취를 반도 곳곳에 참으로 다채롭게 남겼다는 얘기다. 마치 "보통 사람의 일원? 그거 개나 줘 버려" 하듯, 나라 안을 발칵 뒤집는 숱한 기행과 세상을 조롱하는 거침없는 언변으로 천하에 악명(?)을 드높였으니 말이다. 그는 누구일까?

그렇다. 이번에 초대할 손님은, 조선 최초의 한문 소설 〈금오신화〉의 저자이자, 시인이며, 생육신의 1인으로 역사책에 당당히 그 이름 석 자를 올려놓고 있는 '시대의 이단아' 매월당 김시습(金時習)이다.

'김신동'에서 '김오세(金五歲)'로

이왕 '천재 썰'로 말머리를 풀었으니, 김시습의 천재성에 대한 '썰'을 좀 더 풀고 넘어가도록 하자.

동양 쪽 천재들에게 원래 그런 경향이 좀 있다지만, 우리 한반도의 천재들은 특히나 부모님 꿈자리를 꽤 뒤숭숭하게 만들어 놓고 태어나는 경향이 심하다. 바꿔 말하면, 묘하게도 "이거 MSG가 과도하게 투여된 '가공 꿈'이 아닌가?" 싶을 정도로 대단한 태몽을 필히 하나씩 장착한 채 태어난다는 얘기다. 김시습도 예외가 아니다. 대단한 태몽으로 말하면 여느 태몽들은 죄다 '그깟 개꿈!' 할 정도로 하이 레벨 & 빅 스케일(?)의 스펙터클한 태몽을 장착하고 태어났으니까.

그렇다면 김시습이 어떤 태몽을 장착하고 나왔기에 초장부터 이리도 설레발인지, 그가 서울 성균관 북쪽 반궁리에서 아버지인 강릉 김 씨 김일성(金日省)과 어머니인 울진 선사 장 씨의 아들로 고고의 성을 내지르며 태어나던 1435년(세종 17)의 '그날'로 순간이동을 해보자.

김시습이 태어나기 전날 밤 이웃에 살던 성균관 유생들은 미증유의 희한한 경험을 단체로 해야 했다. 김일성의 처가에서 공자(孔子)가 태어나는 꿈을 모든 유생이 마치 단체영화 관람하듯 동시에 꿨던 것이다. 그리고 이튿날 아침, 참 별꼴이네 어쩌네 쫑알대면서 우르르 김일성의 집으로 몰려가니, 아니나 다를까, 진짜로 '갓난아이' 하나가 포대기에 싸여 대성통곡(?)을 하는 것이었다. 그리고, 곧이어 들려오는 산모의 한마디.

"맞아요, 태몽에 공자님께서 우리 집에 오신 것을 맞이했어요."

태몽의 주체인 산모가 이렇게 쐐기를 박고 나오니 다들 입이나 반쯤 벌린 채 감동한 표정으로 고개만 열심히 주억거릴 따름이었는데, 이렇게 태어난 가공할 '갓난아이'가 바로 김시습이었다.

가히 공자의 환생에 비견될 하이 레벨에다 주변 유생들까지 총동원된 스펙터클한 이 '떼 태몽' 사건으로 김시습은 출생과 동시에 일약 '화제의 아이'로 급부상했고, 모두 입 모아 장차 나라를 구할 떡잎이라는 둥 조선의 공자로 자랄 거라는 둥… 갖은 덕담을 한 무더기 던져놓고 몰려갔다(예나 지금이나 김일성의 자식들은 왜 이렇게 스펙터클하게 태어나는지.).

그런데 그 덕담이 결코 '립 서비스'만은 아니라는 사실이 그가 걸음마를 채 떼기도 전에 꽤 구체성을 띠며 나타났다. 마치 팬들의 열화와 같은 성원에 보답하겠다는 듯, 불과 여덟 달 만에 한자를 알아보는 등 그의 천재성이 실체를 드러내기 시작했던 것. 이에 탄복한 친척 어른인 집현전 학자 최치운은 이 젖먹이 신동에게 뭐 하나 줄 게 없나 고민하다가, 눈깔사탕 대신 시습(時習)이라는 이름을 선물했다.

김시습이 두 살 나던 해에는 그의 천재성을 확증으로 바꾸는 업그
레이드 버전이 출시됐다. 외할아버지가 '花笑檻前聲未廳(화소함전성미
청 : 난간 앞에 핀 꽃이 활짝 웃지만, 그 소리는 들리지 않는다.)'이라는 구절을
불러주고 "이게 무슨 뜻인고?" 하고 물었더니 '아기 시습'이 병풍에 그
려져 있는 꽃을 가리키며 어부어부 하더라는 것이다.

그리고 세 살 되던 해에는 급기야 완성형 버전이 정식으로 출시됐
다. 〈조야회통〉에 따르면, 어느 날 개화라는 유모가 보리를 맷돌에 드
르륵드르륵 가는 장면을 가만히 지켜보고 앉았던 '아기 시습'이 갑자기
지필묵을 꺼내오더니 단숨에 이런 시구를 써 내려가더라는 것이다.

無雨雷聲何處動(무우뇌성하처동) 黃雲片片四方分(황운편편사방분)
　　우렛소리도 없는데 어디서 흔들리는지, 누런 구름이 조각조각
　　사방에 흩어지네.

이쯤 되면 날 때부터 안다는 생이지지(生而知之) 신동의 탄생이라 아
니할 수 없었기에, 그즈음부터 그의 별명은 자연스럽게 '김신동(金神
童)'이 됐다. '김신동'은 다섯 살 때부터 이웃에 사는 저명한 학자 이계
전에게서 〈중용〉과 〈대학〉을 배우는 한편, 본격적으로 시와 산문 공부

도 시작했다.

하루는 이런 '김신동'에게 좌의정 허조(1369~1439)가 찾아왔다. 세간의 소문이 '뻥'은 아닌지 확인해 보겠다는 심산에서였다. 허조가 넌지시 물었다.

"이 늙은이를 위해 '늙을 노(老)' 자를 넣어서 시 한 구절 들려줄 수 있겠는고?"

'정승 할아버지'의 즉석 주문에 눈알을 말똥거리며 잠시 생각에 잠기는 듯하던 '김신동'이 이내 이런 시를 한 수 읊어 올렸다.

老木開花心不老(노목개화심불노)
늙은 나무에서 꽃이 피니 마음은 늙지 않았구나.

이에 허조가 감탄한 나머지 말까지 더듬으며 외쳤다.

"허걱~~, 처, 천재가 나타났다아!"

허조는 내친김에 곧바로 궁궐로 달려가 이 사실을 '국민 임금' 세종에게 보고해 올렸다. 세종은 승정원에 이 꼬맹이를 불러 사실 여부를 확인해 보라고 긴급히 지시했다. 임금이 백성을 직접 만날 수 없도록 해놓은 '법' 때문에 비서실 격인 승정원에 그 일을 맡겼던 것이다.

얼마 뒤 면접이 진행됐다. 이날의 면접과 관련해선 여러 버전이 전해지고 있으나, 지면 관계상 승지 박이창을 면접관으로 특정한 버전 하나만 소개하고자 한다.

이날 박이창은 '김신동'을 무릎에 앉히고 "너의 이름을 넣어서 시구를 지을 수 있겠느냐?"고 물었다. 이에 '김신동'이 "來時襁褓金時習(내

시강보김시습)" 즉, '올 때 강보에 싸여있던 김시습입니다'라고 냉큼 받았다. 다섯 살 꼬맹이의 만만찮은 내공에 살짝 놀라 허허 웃고 난 박이창은 바로 본 게임으로 넘어가, 다음과 같은 시구를 읊으면서 '김신동'에게 대구(對句)를 맞춰보라고 했다.

童子之學 白鶴舞靑松之末(동자지학 백학무청송지말)
어린아이의 학문이 흰 학이 푸른 소나무 끝에서 춤추는 것 같

아라.

이에 '김신동'은 핑퐁 게임하듯 곧바로 답장을 넘겨 보냈다.

聖主之德 黃龍翻碧海之中(성주지덕 황룡번벽해지중)
성스러운 임금님의 덕은 누런 용이 푸른 바다 가운데서 번득이

는 것 같아라.

지켜보던 대소신료 여러분을 한 방에 '기절'시키는 100점짜리 모범답안이었다. 童子(동자) vs 聖主(성주), 白鶴(백학) vs 黃龍(황룡) 등이 대구를 이루는 건 물론이고, 모든 어휘와 글자가 대구법의 묘미를 제대로 살렸던 것이다.

'김신동'의 답안지를 보고 소스라치게 놀란 박이창은 그 길로 쪼르르 세종에게 달려가 '이 기쁜 소식'을 즉각 보고해 올렸다. 이에 엉덩이까지 들썩이며 직접 만나지 못한 것을 아쉬워하던 세종은 즉각 다음과 같은 전지를 내렸다.

"내가 친히 보고 싶지만, 백성들이 해괴하게 여길까 두렵다. 그 집안에 권하여 잘 감추고 가르치게 하면 그의 학업이 이루어지기를 기다려 장차 크게 쓰리라."

그러고는 이 '국가 공인 천재'에게 부상으로 명주 50필을 하사했다. 장난기가 발동한 대신들은 그 명주를 다른 사람 도움 없이 혼자 가져가라고 짐짓 엄포를 놓았다. 이에 '김신동'은 덤덤한 표정으로 명주 50필을 길게 풀더니, 끝과 끝을 묶어 허리춤에 차고는 질질 끌면서 대궐문을 나서는 것이었다. 대신들의 입이 일제히 싸리 광주리만 하게 벌어졌음은 물론이고, 이때부터 김시습의 별명 또한 '김신동'에서 '김오세'로 새롭게 세팅됐다.

학업을 접고 승복을 입다

'김오세'는 더욱 치열하게 열공 모드에 빠져들었다. 무려 '국민 임금'의 눈도장까지 확실하게 받아 뒀겠다, 이젠 누가 봐도 그의 앞엔 꽃길만 펼쳐질 각이었으니까. 오세는 13세가 될 때까지 오전엔 김반(성균관 대사성)의 집에 가서 〈맹자〉·〈시경〉·〈서경〉을, 오후엔 윤상(겸사성)의 집에 가서 〈예기〉·〈주역〉·〈사서〉·〈제자백가〉를 공부하는 등 빡센 스케줄에 맞춰 열심히 '서당 뺑뺑이'를 돌았다.

하지만 그 이후의 일정 기간 - 정확히는 10대 중반부터 5년 남짓한 기간 동안 - 그의 앞에 펼쳐진 길은 꽃길은커녕 지독한 오프로드였다. 15세 때 어머니를 여윈 걸 시작으로, 외가 농장 곁 무덤 옆에 여막을 짓고 3년 시묘살이를 마칠 때쯤 그를 돌보던 외숙모마저 여읜 데다, 20세 때는 훈련원 도정 남효례의 딸과 혼인했으나 곧 파경을 맞는 등 예기치 못했던 불행들이 '쓰리 콤보'로 들이닥쳤기 때문이다.

게다가 그즈음 정치권은 정치권대로 엄청난 격랑에 휩쓸리고 있었다. 든든한 동아줄 같았던 세종이 김시습의 나이 16세 때 갑자기 승하하고 그 아들 되는 문종 임금이 취임한다는 소식을 콧등으로 흘려들은 게 엊그제 같은데, 어느새 또 그 열두 살짜리 아들이 단종이라는 이름으로 용상을 물려받았다는 것이었다.

김시습은 그즈음 삼각산 중흥사에 들어가 '열공'의 마지막 피치를 올리고 있었다. 한데 어느 날 속세로부터 고약한 소식이 하나 기어 올라왔다. 궁궐에서 계유정난[28]이라는 무슨 유기농 계란 상표 같은 이름의 쿠데타가 발발해 단종이 쫓겨나고 그 자리에 세종의 둘째 아들이자 문종의 동생이자 단종의 삼촌 되시는 수양대군이 대신 올라앉았다는 전언이었다.

'쿠·데·타'라는 말에 오장이 뒤집힌 '반궁리 가스통' 김시습은 "이게 나라냐?" 하며 방안에 틀어박혀 한숨과 통곡으로 꼬박 사흘 밤을 지새운 뒤 밖으로 나와 공부하던 책들을 모두 불살라버렸다.

그리곤 돌연 행장을 꾸리기 시작했다. 쿠데타군 수장 밑에서 부하 노릇이나 하느니 중이 돼서 세상 공부를 좀 더 해야겠다고 작심한 것이다. 괴나리봇짐 하나만 달랑 매고 무작정 길을 떠난 김시습이 몇몇

---

28 계유정난 : 1453년(단종 1) 수양대군이 단종의 보좌 세력이자 원로 대신인 황보인·김종서 등 수십 명을 살해, 제거하고 정권을 잡은 사건.

암자를 거쳐 최종적으로 도착한 곳은 강원도 설악산의 오세암.

이곳에서 그는 법명을 설잠[29]으로 정하고 스스로 머리를 깎았다. 하지만 덥수룩한 팔자수염과 턱수염은 그대로 살려뒀다. 그가 그런 - 약간 '땡초' 같은 - 컨셉을 선택한 이유는 그게 자신의 '상남자' 이미지와도 잘 어울린다고 생각했기 때문이다.

"머리를 깎은 것은 더러운 세상에서 도피함이요, 수염을 있게 한 것은 대장부를 표시함일세."

사육신의 시신을 거두다

1456년(세조 2) 6월 8일 낮, 군기감[30] 앞뜰에서 희대의 '인간 살육제'가 열렸다. 조정의 대소신료들이 도열한 가운데 거열형(車裂刑), 즉 넉대의 수레로 죄인의 사지를 찢어 죽이는 잔학무도한 처형식이 열린 것이다. 승정원 예방승지(우승지) 성삼문을 비롯한 죄수들은 수양대군을 제거하고 다시 단종을 왕위에 앉히려다가 적발됐는데, 이날은 그 핵심 인물 다섯 명(성삼문, 성승, 박팽년, 이개, 유응부)에 대한 거열형이 집행되는 날이었다.

구름 인파가 군기감 앞뜰을 빼곡히 메운 가운데 붉은 깃발이 올라가고, 고삐를 쥐었던 나장들이 일제히 채찍으로 황소 궁둥짝을 후려

---

29 설잠(雪岑) : '눈을 인 봉우리'라는 뜻
30 군기감(軍器監) : 무기 제조 업무를 맡아보던 관청

치면서 시작된 공포와 아비규환의 잔혹한 처형식은 이후로도 상당 시간 이어졌다. 그리고 노역을 마친 황소들이 크고 긴 울음소리와 함께 퇴장하면서 처형식 행사(?)가 모두 마무리되자, 잘린 죄인들의 머리는 '대역죄인 OOO'라는 표식을 단 채 일제히 저잣거리에 내걸렸다.

그런데 구경꾼들도 다 돌아가고 꽤 야심해진 시각에 피비린내만 가득한 군기감 앞뜰에서 큰 자루에 이들의 머리를 수습하는 남자가 있었다. 얼굴은 지나치게 민주적으로 생긴 데다 팔자수염과 턱수염이 덥수룩하고 키는 작달막한 사내, 김시습이었다. 김시습은 큰 자루에 시신의 머리만 골라 담은 뒤 어둠을 타고 쏜살같이 노량진 방향으로 내닫기 시작했다.

『노량 남쪽 언덕 길가에 다섯 무덤이 있는데, 그 앞에 각각 작은 돌을 세워 표지하였다. 가장 남쪽은 박 씨의 묘라 하고, 다음 북쪽은 유 씨의 묘라 하고, 또 다음 북쪽은 이 씨의 묘라 하고, 또 다음 북쪽은 성 씨의 묘라 하고, 또 성 씨(성승)의 묘가 그 뒤 십여 보 사이에 있다. 세상에서 전하기를, "어떤 중이 육신의 시체를 져다가 묻었는데 그 중은 김시습이라 한다." 하였다.』

- 이긍익의 〈연려실기술〉 -

▷ 서울시는 1977~1978년 여기에 하위지 · 유성원, 그리고 김문기의 가묘(假墓)도 추가로 모셨다.

잡雜문체로 엮은 조선의 국가대표 괴짜들

'사이코 땡초' 설잠 스님

김시습이 '미치광이 중' 코스프레를 하고 돌아다닌 건 이즈음부터였다. 행색부터가 워낙 '땡초'스러운 데다, 술이라면 청탁 불문 + 안주 불문 + 농도 불문 + 출처 불문 + 주야 불문 + 금전 불문 + 다소 불문 + 염치 불문 + 입좌 불문하고 대들었기에 날마다 '취(醉) 요일'이요, 입은 늘 개골창이었다.

조선 초기 문신 남효온의 〈사우명행록〉에 따르면, 하루는 이렇게 취한 김시습이 비틀비틀 걷다가 세조가 숙부처럼 공경한다는 영의정 정창손과 딱 마주쳤다. 김시습은 '오냐 너 잘 걸렸다' 하는 표정으로 정창손을 처억 꼬나보더니 혀 꼬부라진 소리로 이렇게 일갈했다.

"저놈을 멈추게 하라!"

누가 봐도 이건 자가사리(퉁가리)가 용의 똥구멍을 쑤셔댄 격이었지만, 정창선은 못 들은 척 외면하면서 황급히 자리를 뜨고 말았다. 잘못 대꾸했다가 어떤 '개망신'을 당할지 몰랐기 때문이다(사실 정창손은 사육신을 고자질한 김질의 장인이었다). 그와 마주치기를 꺼리는 건 비단 정창손뿐만 아니었다. 당시 세조 밑에서 한 자리 꿰찬 인간들은 누구라 할 것 없이 다들 슬금슬금 피하기 일쑤였다. 일단 김시습의 사정권에 들면 '개망신'은 기본으로 제공되는 서비스였기에.

돌아가는 모양새가 이렇다 보니 자연 그가 만나서 노닥거리는 상대도 동네 조무래기들일 수밖에 없었다. 그렇게 만난 조무래기들 눈에 김시습은 그냥 '사이코 땡초'일 따름이었다. 술에 떡이 되면 아무 데서나 퍼질러 자고, 저자를 지나다 갑자기 제자리에 서서 몇 시간 하늘을 응시하고, 길거리에서 제멋대로 똥오줌을 싸지르고… 하는, 생활 자체가 기행과 진상 짓으로 점철된 미치광이 중이었으니까. 이에, 새로운 '먹잇감'을 만나 신이 난 동네 꼬마 녀석들은 추운 줄도 모르고 김시습의 꽁무니를 졸졸 따라다니면서 놀려대다가 기왓조각이나 자갈 따위를 마구 던지곤 했다.

하지만, 그럼에도 일찍이 세종이 인정해 준 국가대표급 천재인 데다 높은 학문적 명성으로 워낙 지명도가 후덜덜했던 터라, 장안의 헛기침 좀 한다는 인물치고 그를 대놓고 무시하는 자는 없었다. 기록으로 볼 때 이 시기에 김시습과 가장 많이 엮인 대표적 인물은 '조선 전기 최고의 문장가' 서거정(1420~1488)이었다. 비록 서거정이 열다섯이나 위였지만, 쿠데타 세력에 빌붙어 먹는다는 서운함 때문인지 김시습은 서거정만 만나면 꼭 '왕따' 패는 '일진' 포스로 돌변하곤 했다. 누더기에 새끼 띠를 매고 패랭이까지 쓴 상거지 몰골인 주제로 출근길의 서거정(당시 좌찬성)을 막아 세워놓고 조롱을 퍼붓는가 하면, 자신이 머무는 사가에 찾아온 서거정을 비스듬히 누워 두 발을 거꾸로 벽에 댄 채 발장난을 하면서 맞고, 또 그런 자세로 하루 종일 이야기도 나눴다.

두 사람은 살아생전에 수많은 글(한시)을 편지처럼 주고받았는데, 한번은 서거정이 찾아와 강태공이 낚시하는 그림을 보여주며 글(제화시)을 써달라고 부탁하자 누가 '반세조 투사'가 아니랄까 봐 김시습이 이런 까칠한 시를 한 편 써줬다.

風雨蕭蕭拂釣磯(풍우소소불조기) 渭川魚鳥識忘機(위천어조식망기)
비바람 쏴아쏴아 낚시터에 불어오니, 위수 주변 물고기와 새들은 강태공이 세속의 욕망을 잊은 줄 알고 주변에서 노니는구나.

如何老作風雲將(여하노작풍운장) 終使夷齊餓采薇(종사이제아채미)

그런데 왜, 어쩌자고 노년에 풍운 모는 장수가 되어, 백이 숙제
같은 사람들을 고사리나 캐 먹다 굶어 죽게 했나?

▷ 강태공을 서거정에, 백이·숙제를 사육신 등에 빗댄 풍자시다

시를 받아 들고 한동안 생각에 잠겼던 서거정이 장탄식을 터뜨리며
이렇게 말했다.

"그대의 시 내용이 곧 내 범죄사실(罪案)이구려."

세조의 행사에 참석하다

그러나 이렇듯 '절개!' 두 글자를 빈번히 입설에 올리며 '반(反) 세조'
정서로 코팅된 것처럼 굴던 김시습에게도 '사쿠라 논쟁'[31]을 유발할 만
한 흑역사는 있었다. '세조 파쇼 정권'이 집권 10년 차에 접어드니 가슴
깊이 맺혔던 회한이 점점 엷어져서인지, 아니면 '감히 서거정 따위'가
달성군이라는 대(大) 귀족 감투까지 쓰고 질주하는 처세가 내심 부러
웠던지 한때 꽤 흔들리는 모습을 보여줬다. 대표적인 사례가 세조의
원각사 개보수 기념행사 참석이었다.

---

31 1960~80년대 우리나라 야당에서 정권과 야합한 정치인을 비하할 때 하던 말

'죄 많은 청춘' 세조는 1464년(재위 10) 사 월 초파일 날 그 죄의 사함을 받기 위해 - 유교 국가의 수도 한 복판(탑골공원 자리)에서 - 원각사의 낙성 법요식을 하고 운수천인도량이라는 걸 베풀었다. 흥복사 옛터를 다시 일으켜 새롭게 오픈한 원각사는 인근의 민가 200여 채를 보상 철거한 뒤 건축·토목·기와·석공·조각·회화 등 각 분야 장인 90명과 2천 1백여 명의 군인을 현장에 투입해 완공한 대역사였다(법당 지붕에 올릴 청기와도 8만 장을 구워 들였다 한다).

여기서 열린 운수천인도량이란 천 명의 승려를 공양하고 불법(佛法)을 펴는 일을 말하는데, 일명 천승회(千僧會) - 당연히 만 명을 부르면 만승회 -라고도 한다.

▷ 원각사(圓覺寺)는 탑골공원 자리에 있던 사찰로 흥복사(興福寺)라는 이름으로 고려시대부터 내려온 고찰(古刹)이었는데, 조선 태조 때 조계종의 본사가 되었다가 후에 폐사됐다. 이를 1464년(세조 10) 중건하고 원각사라 명명했으며, 이때 오만 근의 동을 녹여 대종(大鐘)도 함께 만들었다. 오늘날의 '보신각종'이 그 것이다.

그런데 이 자리에 초대받은 여러 승려가 김시습의 참석을 강력히 건의했고, 세조도 이를 받아들였다. 천승회 모임에 참석한 김시습의 기분은 '김오세'를 들먹이는 초대 손님들로 인해 살짝 'UP' 돼 있었다. 김시습은 이런 기분을 최대한 살려 '원각사 낙성 찬시'라는, 오늘날의 윗동네 김 씨 찬가에 버금가는 '아부송'을 하나 지어 올렸다.

'시가에 버려졌던 절터가 / 성군(세조)의 큰 계획으로 만만 년 가

게 되었네 / 솜옷에 둥근 머리 부처님 만나는 날 / 치건에 도포
입고 요순시대를 송축하네…(후략).'

하지만 김시습은 행사 후 세조가 긴히 찾는다는 전갈을 받고도 스
스로 절의 '똥간'에 뛰어드는 '퍼포먼스'로 강제 퇴출을 유도하는 등, 소
심하게나마 심저(心底)에 자리한 울분의 일단을 드러내 보이기도 했다.

김시습의 문학세계

다음은 김시습의 문학세계를 논할 차례다. 이는 김시습을 논하기 위
해서 반드시 거쳐야 하는 일종의 통과의례 같은 것이다. 말이야 바른
말이지, 그가 '아이' 시절에 '김신동' 또는 '김오세'로 불린 것도 그 실은
천재적인 글쓰기 재능 때문이었고, 오늘날 학생들이 친할아버지 함자
는 모르면서도 김시습이라는 이름 석 자는 술술 내뱉는 것도 그 실은
〈금오신화〉라는 전대미문의 베스트셀러를 남겼기 때문이다.

김시습이 아무리 동네 조무래기들과 공깃돌 놀이나 하며 놀았다 해
도 천재에겐 천재의 '클래스'가 있는 법. 여전히 박식한 데다 여전히 천
재적인 글쟁이였기에 그를 따르는 '팬덤'은 두터웠으며, '덕질'하는 무리
역시 늘 주변에 득시글거렸다. 김시습은 이에 때론 미친 척도 하고, 때
론 나무나 돌로 찾아온 팬들을 치려고도 하고, 때론 활을 꺼내 쏘려
고도 하면서 그들의 뜻을 시험해 봤지만, 팬들의 뜨거운 사랑을 끝까
지 외면할 수는 없었다.

사실 그의 '저지레 행보'가 유독 서울에서 많이 포착됐던 까닭에 많은 분은 그가 일평생을 주로 서울 바닥만 쓸고 다녔을 것으로 추정한다. 하지만 그는 20대 청춘 때는 말할 것도 없고 이후로도 조선 팔도의 구석구석을 참으로 살뜰히도 밟고 돌아다닌 왕 마당발이었다.

▷ 김시습이 조선의 레전드급 왕 마당발이라는 증거는 곳곳에 차고 넘치는데, 일례로 강원도 철원군의 경우 김시습이 방랑과 은둔생활 중에 한동안 머무른 복계산 인근 마을을 사람들은 매월동(梅月洞)이라 불렀고, 산기슭의 신선바위를 품은 절벽을 매월대(梅月臺)라고 불렀다. 모두 김시습의 호(매월당)를 따서 지은 이름이다.

김시습은 이런 경험치를 살려 여행기도 여러 권 썼다. 20대 초반부터 3년여 관서 지방을 둘러보고 스물네 살 되던 1458년(세조 4)에 〈탕유관서록〉을, 이듬해부터 금강산 등 관동지방을 여행하고 스물여섯 살 되던 1460년(세조 6)에 〈탕유관동록〉을, 그리고 그다음 해부터 남쪽 지방을 골골샅샅 누비고 스물아홉 살 되던 1463년(세조 9)에 〈탕유호남록〉를 내는 등, 무려 8년여에 걸친 '국토대장정'의 발자취를 죄다 기록으로 남겼다.

> 『…저 명산대천들이 공의 발길이 닿지 않은 곳이 없어, 기암괴석
> 과 빼어난 하천들이 공의 품평으로 그 이름이 더욱 알려지곤 했
> 습니다…』
> — 홍유손, 〈김열경 시습에 대한 제문(祭金悅卿時習文)〉 —

시적 감수성이 워낙 '넘사벽'이었기에 그는 전국을 부평초같이 떠다니는 와중에도, 무슨 '지역 순회 이벤트'처럼 가는 곳마다 주옥같은 한시들을 대량으로 쏟아 내놓곤 했다. 남효온의 기록에 따르면 이렇게 지은 시는 수만 편에 이르렀는데, 아쉽게도 현존하는 작품은 그리 많지 않다. 시를 써서 냇물에 띄워 보내거나 나무껍질을 벗기고 써넣었다가 깎아 버리는 등 별별 다채로운 방식으로 상당 분량을 날려버린 데다, 조정 대신과 유학자들이 훔쳐 가서 자기 작품으로 둔갑시키는 경우도 종종 있었기 때문이다.

그래서 현재 전해져 내려오는 그의 작품은 〈매월당집〉에 실린 2,200여 수가 전부인데, 이번에 감상할 작품은 동 시문집에서 골라낸 '信脚行(신각행: 발길 따라 걷는다)이라는 칠언절구 시다.

終日芒鞋信脚行(종일망혜신각행) 一山行盡一山靑(일산행진일산청)
짚신 신고 발길 따라 종일을 걸어도, 산이 끝나면 또 푸른 산
心非有想奚形役(심비유상해형역) 道本無名豈假成(도본무명기가성)
진리는 이름이 없거늘 어찌 마음은 물건이 아닌데 어찌, 육체의 노예가 되며 위선을 행하리오.
宿露未晞山鳥語(숙노미희산조어) 春風不盡野花明(춘풍부진야화명)
밤이슬 마르지도 않은 새벽에 산새들 지저귀고, 봄바람 솔솔 부니 들꽃은 밝게 피었구나.
短節歸去千峰靜(단공귀거천봉정) 翠壁亂煙生晚晴(취벽난연생만청)
짧은 지팡이 짚고 돌아가니 수천 봉우리 고요하고, 맑은 저녁에도 이끼 낀 푸른 절벽에 안개 자욱하구나.

〈금오신화〉의 신화를 쓰다

김시습은 서른 살이 되던 1464년(세조 10)에 이제 잔치는 끝났다는 듯 경주 남산 금오봉의 용장사로 들어가 초막을 짓고 살기 시작했다. 초막의 이름을 처음엔 '매월당'이라고 지었다가 - 이건 다시 자신의 호로 돌려쓰고 - 그 얼마 뒤 '금오산실'로 바꿨다.

김시습은 이듬해인 1465년 3월, 〈탕유호남록〉의 후지(책 뒤에 덧붙이는 글)에 자신이 써놓은 '성상(세조)의 교화가 흡족하고 어진 은택이 흘렀다'는 '아부송'을 우연히 본 효령대군(세종의 둘째 형)의 추천으로 잠시 귀경해 세조의 불경(법화경) 번역 작업에 가담했다. 대표적 반 세조 인물이었음에도 그는 이 작업에 꽤 몰입하는 모습을 보였다. 그리고 열흘 뒤 다시 금오봉으로 돌아와 칩거했다.

> 俯視李賀(부시이하) 優於海東(우어해동)
>
> 이하[32](李賀)도 내려다볼 만큼, 해동(조선)에서 최고라고들 했지.
>
> 騰名謾譽(등명만예) 於爾孰逢(어이숙봉)
>
> 지나친 그 명성과 부질없는 그 칭찬이, 네게 어찌 익숙하고 걸맞겠나.
>
> 爾形至眇(이형지묘) 爾言大悶(이언대통)
>
> 네 형체는 지극히도 하찮고 미미하며, 네 언사는 대단히도 어리

---

32 이하(李賀) : 특출한 재능과 초자연적 제재(題材)를 애용하는 데 대해 '귀재(鬼才)'라는 명칭이 붙었던 중국 중당(中唐) 때의 시인

석고 미련하니

宜爾置之(의이치지) *丘壑之中*(구학지중)

네 몸을 두어야 할 곳은, 깊고 깊은 산골 한가운데가 마땅하도다.

- *自寫眞贊*(자사진찬: 자화상을 그리다) -

김시습은 이후 약 7년간 금오봉에 머무르면서 죽어라 글만 써 재꼈
고, 그의 대표작인 〈금오신화〉의 '신화'도 이때 만들어졌다. 아는 분은
아시겠지만, 〈금오신화〉는 소설 장르의 책이다. 말하자면 '神話'가 아
니라 '新話', 즉 '금오산에서 새로 지은 이야기' 또는 '금오산에서 지은
새로운 형식(=소설)의 이야기'라는 뜻이다.

〈금오신화〉 목판본

김시습이 명나라 구우(瞿佑)의 단편 전기소설집 〈전등신화(剪燈新話)〉를 읽고 '필'을 받아서 쓰기 시작했다는 설이 유력한데, 이 책에는 〈만복사저포기(萬福寺樗蒲記)〉·〈이생규장전(李生窺牆傳)〉·〈취유부벽정기(醉遊浮碧亭記)〉·〈용궁부연록(龍宮赴宴錄)〉·〈남염부주지(南炎浮洲志)〉 등 모두 5편의 소설이 실려 있다. 대부분 산 자와 죽은 자의 사랑 이야기를 담은 명혼소설(冥婚小說)이며, 소설별 줄거리는 대략 이렇다.

○ 만복사저포기 : 남원의 노총각 양생이 소원을 빌러 간 만복사에서 부처님과의 저포놀이(복잡한 윷놀이의 일종)에 이기면서 소원이던 배필을 얻는다. 그런데 알고 보니 그의 배필은 수년 전 왜구에게 살해당한 처녀의 환신(幻身). 이에 실망한 양생은 지리산으로 약초를 캐러 들어가고 거기서 소식이 끊긴다.

○ 이생규장전 : 송도에 사는 이생은 열애에 빠졌던 최랑과 결혼하지만, 홍건적의 난으로 최랑을 비롯한 양가 가족이 모두 죽고 혼자 남게 된다. 그런데 어느 날 슬픔에 빠진 이생의 앞에 갑자기 최랑이 나타난다. 이생은 이미 죽은 여자인 줄 알면서도 그녀를 반갑게 맞아 수년간 행복하게 산다. 그러다가 최랑은 이승에서의 인연이 끝났다며 어느 날 홀연히 사라지고, 이생은 최랑의 뼈를 찾아 묻어준 뒤 그녀를 애타게 그리다가 병들어 죽는다.

○ 취유부벽정기 : 홍생이란 자가 평양의 부벽정에서 취흥에 겨워 시를 읊던 중 기자조선 시대에 죽어 선녀가 된 기씨녀를 만난다. 기씨녀는 홍생과 하룻밤을 시로써 즐기다가 하늘로 떠난다. 그녀가 떠난 뒤 홍생도 병을 얻어 죽는데, 그 또한 신선이 되어 하늘

로 올라간다.

○ 남염부주지 : 경주의 박생은 유교에 심취해 불교와 무속, 귀신 등을 죄다 부인하는 입장이었는데, 어느 날 꿈에 남염부주라는 지옥으로 가서 염왕을 만난다. 박생은 여기서 염왕과 귀신, 왕도, 불도 등에 대해 문답을 주고받는데, 그의 박식함에 염왕이 감동해서 왕위를 물려준다. 박생은 죽은 후 남염부주의 대왕이 된다.

○ 용궁부연록 : 글재주에 능한 고려시대 송도의 한생이 꿈속에서 용궁에 초대되어 신축 별궁의 상량문을 지어 주고 극진한 대접을 받다가 푸짐한 선물을 받아 들고 돌아온다.

▷ 김시습이 〈금오신화〉를 쓴 이유에 대해서는 다양한 해석이 있으나, 대체로 현실 세계에 대한 저항의 표시라는 해석과 산 자(김시습)의 죽은 자(단종)에 대한 무한사랑을 우회적으로 표현했다는 해석이 주종을 이룬다.

한편, 출간 이후 베스트셀러 '신화'를 신나게 써가던 〈금오신화〉는 임진왜란 때 불에 타거나 일본에 약탈 돼 조선 땅에서 자취를 감추고 말았다. 〈금오신화〉가 다시금 독자들 앞에 모습을 드러낸 건 그 수백 년 뒤인 1827년 육당 최남선에 의해서였다. 그나마 조선 판본이 아닌 일본 판본의 형태로였다.

한양으로 돌아오다

1468년 가을, 세조가 재위 14년 만에 세상을 떠났다. 그리고 그 3년 뒤, 김시습은 칩거 7년 만에 금오산을 떠났다. 정권은 어느덧 짧은 예종 시대(1년)를 거쳐 성종 시대로 넘어와 있었다.

성종 3년(1472), 경주를 떠난 서른여덟 살의 김시습은 도봉산·수락산의 절로 들어갔다. 그리곤 서거정, 남효온 등과 교유하며 시를 짓고 〈논어〉·〈맹자〉·〈대학〉 같은 입시용 참고서도 다시 들춰보기 시작했다. 정권이 바뀌었으니 이젠 어떤 식으로든 나라에 기여 좀 해야겠다는 갸륵한 생각에서였다. 하지만 세상은 여전히 그에게 아직은 때가 아니라고 손사래를 치는 듯했다. 한명회 같은 쿠데타 핵심 세력이 그때까지도 실세로 '끗발'을 날리고 있었기 때문이다.

나라에 '재능기부'나 좀 해야겠다는 갸륵한 생각을 완전히 접은 김시습은, 수락산 만장봉 근처에 새 거처를 마련하고 '폭천정사(瀑泉精舍 : 폭포와 계곡 가의 집)'로 명명했다. 김시습은 여기서 양주목사의 도움으로 묵정밭 몇 뙈기를 얻어 농사일도 하고, 때로는 서거정· 남효온 패거리와 술잔도 기울이며 지냈다.

그러면서, 한편으론 '규칙적인 생활'도 해야 했기에 가끔 저자에 나가 '미치광이 땡중'의 건재를 과시하는 '이벤트'도 열었다. 그중 하나가 이름하여 '한명회 별장 현판 훼손 사건'이다. 내력은 이랬다.

어느 날 거나해서 서강을 지나던 김시습이 전망 좋은 곳에 지어진 한명회의 별장을 보게 됐다. 그런데 그 별장의 정자에 '青春扶社稷 白首臥江湖' 즉 '젊어서는 사직을 붙잡고 늙어서는 강호에 묻힌다'라는 시가 떠억 하니 붙어 있는 것이었다. 이런, 계유정난을 일으켜 수양대군을 왕위에 등극시킨 특등 간신 주제에…하며 '썩소'를 날린 김시습은 붓을 꺼내 '扶(부)'를 '亡(망)'으로, '臥(와)'를 '汚(오)'로 고쳐 놓고 길을 떠났다. 졸지에 내용이 '靑春亡社稷 白首汚江湖', 즉 '젊어서는 사직을 망치고 늙어서는 강호를 더럽힌다'로 바뀌고 말았다.

환속을 선언하다

그렇게 세월은 또 10년이 뚝딱 흘러 1481년(성종 12). 이제 마흔일곱 살의 중늙은이(?)가 된 김시습은 돌연 환속을 선언했다. 그러고는 머리를 기르고 고기도 먹었다. 그가 환속 후 가장 먼저 한 일은 유교의 법도에 따라 조부와 부친의 제사를 지내는 일이었다. 이 때문에 세상과 타협하지 못한 자신으로 인해 끊어질 위기에 놓인 가문을 위해 환속했을 것이라고 보는 시각도 꽤 많다.

▷ 실제로 그가 제사 지낼 때 쓴 제문을 보면 '어리석고 미련한 소자는 본지(本支)를 사승(嗣承)하여 이어 나가야 하온데 이단(異端: 불교와 노장)에 침체(沈滯)하여 말년에서야 겨우 뉘우치고 있습니다.'라는 대목이 나오는데, 여기서 '본지를 사승하여'는 곧 '가문을 잇는 것'을 의미한다.

김시습은 탄력받은 김에 안씨 성을 가진 참한 여성을 만나 새장가도 들었다. 지천명을 코앞에 둔 나이에 비로소 현존하는 '대한민국 그 천

재'와 매우 유사한 길을 걷기 시작했다.

하지만 본시 '알콩달콩'은 그의 사전에 능재되지 않은 단어였는지, '보통 사람'으로서의 일상은 불과 1년 만에 박살이 나고 말았다. 안 씨가 갑자기 숨을 거둔 것이다. 그뿐만 아니다. 나라 꼴 또한 원자(후일 연산군)의 어머니인 윤 씨 폐위 문제 때문에 불난 호떡집 모드로 돌변하고 있었다. 다시금 인생의 무상함에 함뿍 빠진 김시습은 긴 머리에 승복 차림으로 집을 나섰다. 길 위의 수행이 다시 시작된 것이다. 그의 이번 목적지는 관동지방. 그때가 1483년(성종 13), 그의 나이 마흔아홉 살 때였다.

김시습은 화천, 춘천, 홍천, 인제, 양양, 강릉 등 강원도의 산과 바다를 두루 오가며 정처 없는 유랑의 삶을 살았다. 양양에 머무를 때는 양양 부사 유자한과 교유하며 그 아들과 조카의 가정교사 노릇도 좀 했다.

"천 년 뒤에 내 품은 뜻 알아주는 이 있으리."

그렇게 살아가길 또 어언 7년. 이제 몸도 마음도 다 지친 김시습은 서울 중흥사로 'U턴'해 가을과 겨울을 보낸 뒤 다시 강원도 양양을 거쳐 이번엔 충청도 땅으로 넘어갔다. 그의 최종 목적지는 경주 금오산이었으나 중간 기착지로 찾은 곳이 충청도 홍산(현 부여군) 만수산 기슭의 무량사라는 절간이었다. 헤아릴 수 없이 무한한 수명을 가졌다는 의미의 무량수불(無量壽佛)에서 이름을 따왔다는 무량사에서는 몇

부여 무량사

달만 묵을 예정이었다.

하지만 무량사에 머무르는 동안 김시습의 건강은 빠르게 나빠졌고, 이듬해인 1493년 2월, 그는 쉰아홉 살의 나이로 한 많은 이승에서의 '소풍'을 마쳤다. '귀천'을 목전에 둔 어느 날, 김시습은 화장하지 말라는 유언과 함께 '나의 인생(我生)'이라는 오언절구의 시 한 수를 세상에 남겼다.

我生旣爲人(아생기위인) 胡不盡人道(호불진인도)

나 태어나 사람 꼴 취했거늘, 어찌해서 사람 도리 다하지 못했던가

少歲事名利(소세사명리) 壯年行顚倒(장년행전도)

어렸을 적엔 명리를 일삼았고, 장년이 되어선 갈팡질팡 행동했었지

靜思縱大恧(정사종대뉵) 不能悟於早(불능오어조)

가만히 생각해 보면 너무나 부끄러운 것은, 일찍 깨닫지 못했다
는 사실이네

後悔難可追(후회난가추) 寤擗甚如擣(오벽심여도)

후회해 봐도 돌이킬 수 없어, 잠 깨면 방망이질하듯 가슴을 마
구 친다네

況未盡忠孝(황미진충효) 此外何求討(차외하구토)

하물며 충효의 도리도 다하지 못했으니, 이 외에 또 무엇을 구
하고 찾으랴

生爲一罪人(생위일죄인) 死作窮鬼了(사작궁귀료)

살았을 땐 한 사람의 죄인이요, 죽어서는 궁한 귀신이 되겠구나

更復騰虛名(갱부등허명) 反顧增憂惱(반고증우뇌)

다시금 헛된 명예심 또 일어나니, 돌이켜보면 근심과 번민만 더
해지네

百歲標余壙(백세표여광) 當書夢死老(당서몽사로)

백 년 뒤 내 무덤에 표지를 세울 때, 꿈속에서 살다 간 늙은이
라 써준다면

庶幾得我心(서기득아심) 千載知懷抱(천재지회포)

거의 내 마음을 알았다 할 것이니, 천 년 뒤에 내 품은 뜻 알아
주는 이 있으리.

그의 시신은 절간 옆에 만든 임시 묘에 묻었는데, 삼 년 뒤 이장하
려고 관을 열어보니, 마치 살아있는 사람과 같아서 모두 부처가 된 게
틀림없다고 믿고 불교식으로 다비했다. 그날 그의 몸에서는 사리가

나왔다.

    김시습의 자는 열경(悅卿), 호는 매월당 외에도 청한자(淸寒子)·벽산·췌세옹(贅世翁: 세상에 쓸모없는 늙은이)·청은 등이 있다. 저서로는 〈십현담요해〉·〈대화엄일승법계도주병서〉·〈화엄석제〉·〈조동오위요해〉·〈묘법연화경별찬〉 등이 있고, 자작시 2,200여 수가 전해온다. 1782년(정조 6) 이조판서에, 영월의 육신사에 제향됐다.

부록 : "김시습은 백 세의 스승입니다."
- 〈김시습 뎐(傳)〉의 저자 이율곡과의 인터뷰

1582년(선조 15) 7월 모 일 정오께, 〈김시습 뎐(傳)〉의 저자 이율곡 작가(당 47세)를 성하(盛夏)의 태양이 이글대는 육조거리에서 만나 즉석 인터뷰를 진행했다. 아홉 번의 과거를 모두 장원 급제해 '구도장원공(九度壯元公)'이라 불리며 "공부가 가장 쉬웠어요"라는 말로 모든 공시생의 염장을 뒤집어놨던 그는, 선조 임금의 특명으로 집필한 〈김시습 뎐(傳)〉을 막 탈고하고 궁궐로 향하다가 본지의 즉석 인터뷰 요청에 흔쾌히 응했다. 다음은 주요 일문일답.

▷ **먼저, 김시습이라는 인물에 대해 짧게 평을 한다면?**
"에~또, 김시습은 호걸스럽고 재질이 영특했으며 대범하고 솔직했습니다. 성격이 너무 강직해서 남의 허물을 용납하지 못했고, 세태에 분개한 나머지 울분과 불평을 참지 못해 세상과 어울려 살 수 없음을 스스로 알고 세속 밖을 노닐었죠."

▷ **그에게 아쉬운 점은 없는지?**
"김시습은 재주가 그릇 밖으로 흘러넘쳐서 스스로 수습하기조차 어려웠던 것 같습니다. 애석한 것은 그의 영특한 자질로써 학문과 실천을 갈고 쌓았더라면 그가 이룬 것은 헤아릴 수 없었을 것이라는 점이죠."

▷ **김시습이라는 인물을 한 문장으로 표현한다면?**
"저는 김시습의 인간적 가치와 위대함을 '백 세의 스승'이라는 표현으로 찬양하고 싶습니다. 실제로 김시습은 절의를 세우고 윤기(倫紀: 윤리와 기강)를 붙들어서 그의 뜻은 일월(日月)과 그 빛을 다투게 되고, 그의 풍성(風聲: 들리는 명성)을 듣는 이는 나약한 사람도 움직이게 되니, 실제로 그는 '백 세의 스승'이 되고도 남음이 있습니다."

차분한 어조로 여기까지 말을 잇고 난 이율곡 작가는 VVIP(선조)와의 회합 시간이 임박했다고 양해를 구한 뒤 궁궐 안으로 총총히 사라졌다.

【이이의 〈김시습 뎐(傳)〉을 토대로 재구성함】

"임금은 옥황상제의
명을 받으라!"

홍길동의 환생인가…
도술[33]의 지존
전우치

카퍼필드의 따귀를 날리는 남자

영국 작가 조지 오웰이 「빅브라더(Big Brother)라는 감시자에 의해 개인의 모든 게 철저히 감시당하는 해」라고 콕 찍어줘서 시작 때부터 괜히 좀 꺼림칙하던 문제의 1984년…하고도 9월의 어느 날, 나라 안은 전혀 엉뚱한 일로 온통 난리가 나버렸다. 저녁상 물린 뒤 각 잡고 '바보상자'만 노려보고 앉았던 전국의 시청자들을 기절초풍케 하는 사태(?)가 서울의 한 방송사 스튜디오에서 라이브로 터졌기 때문이다.

이날 대한민국 국민을 일제히 얼음조각상으로 만들어 버린 '난 사람'은 유리 겔라라는 이스라엘 출신의 초능력자였다. 그는 이날 손가락 마사지(?) 몇 번으로 멀쩡하던 숟가락을 구부리는가 하면, 염력으로 고장 난 시곗바늘을 다시 돌게 만드는 등 그야말로 듣도 보도 못한 초능력으로 시청자들의 넋을 쏙 빼놓았다.

그러고는 내친김에 굳히기에 들어가겠다는 듯 "내 눈을 봐주세요~~." 어쩌고 하며 부리부리한 눈을 카메라에 바짝 들이대고 삼천리금수강산에 그 염력을 마구 살포(?)하는 퍼포먼스까지 곁들임으로써, 전 국민이 조금 전까지 밥 퍼먹던 숟가락을 동시에 째려보게 만드는 희대의 진풍경을 연출해 내기도 했다.

비록 후일 그쪽 업계에서 '마술사 잡는 마술사'로 통하던 제임스 랜디에 의해 이 모두가 '사기'인 걸로 들통나 버렸지만, 기억을 더듬노라면 그때의 장면 하나하나가 고화질 디지털카메라의 스틸사진만큼이나 선명히 뇌리에 저장돼 있을 정도로, 당시 내가 받은 충격은 가히 메가톤급이었다.

한데, 선조와 광해군 대의 문신이자 문장가인 유몽인(1559~1623)이 엮은 야담집 〈어우야담(於于野譚)〉에는 조선 중종 때 이런 숟가락 쇼 따위는 '발라'버리는, 아니, 스케일로만 따지면 자유의 여신상을 사라지게 만든 데이비드 카퍼필드에도 한 치 꿀림이 없는 초능력 쇼가 조선의 저자에서 펼쳐졌다는 놀라운 기록이 담겨 있다. 실로 믿거나 말거나 급이지만, 그 스토리라인을 간추리면 다음과 같다.

『한 사내가 수백 발의 새끼줄을 풀기 시작했다. 새끼줄은 하늘 높이 올라가다가 구름 속에서 대롱대롱 땅으로 늘어졌다. 사내는 동자(童子)의 허리를 새끼줄 끝에 매단 다음 동자에게 줄을 타고 올라가라고 명했다. 동자는 줄을 타고 빠르게 올라가더니 구름에 쏙 들어가 버렸다.

그리고 얼마 뒤 하늘에서는 갑자기 천도복숭아가 잎이 달린 채로 마당에 마구 떨어져 내리는 것이었다. 사람들이 와 달려들어 맛을 보니 단물이 줄줄 흐르는 게 아주 그냥… 이 세상 맛이 아니었다.

그런데 잠시 뒤, 이번엔 놀랍게도 공중에서 붉은 피가 뚝뚝 떨어져 내리기 시작했다. 사람들이 당황해서 우왕좌왕 어쩔 줄 몰라 하자 아래에 있던 사내가 안타까운 표정으로 말했다.

"어이쿠, 복숭아 하나 먹으려다가 어린 동자의 목숨을 잃는구나."

사람들이 다투어 연유를 물으니, 천도복숭아를 지키는 신장(神將)이 동자를 죽인 것 같다고 대답했다.

아나나 다를까, 바로 그때 실제로 공중에서 팔뚝 하나가 툭 떨어져 내리더니, 잇달아 두 다리, 몸뚱이, 머리통 따위가 토막 난 채 후드득 마구 떨어져 내렸다. 다들 공포에 질린 표정으로 허둥대기 시작했다. 하지만 사내는 차분한 손길로 마치 분해된 인형을 조립하듯 널브러진 시신 잔해들을 하나하나 붙여 나갔다.

그러자 가리가리 찢기었던 사체가 이내 완벽한 사람의 형상으로 되살아났고, 이렇게 되살아난 사내는 비시시 일어나 비틀비틀 몇 발짝 걷는가 싶더니, 갑자기 마구 내달리는 것이었다. 이에 구경하던 사람들이 일제히 환호성을 터뜨리며 좋아했다.』

마치 CG(컴퓨터그래픽)로 범벅이 된 좀비 영화의 시놉시스를 보는 느낌이 훅 들 정도로 꽤 황당한 스토리지만, 여기서 이 매직 버라이어티 쇼를 기획하고 연출한 사내의 신상을 살짝 털어주고 나면 독자 제위는 더더욱 황당하다는 표정을 감추지 못할 게다.

이 만화 속에서 막 걸어 나온 듯한 역대급 초능력의 '사기 캐릭터'는, 조선 중종 때 도술가로 이름을 떨친 전우치(田禹治)라는 실존 인물이기 때문이다. 이쯤 되면 자연 다음과 같은 반문이 리얼타임으로 터져 나올 수밖에. 아니, 공상 만화에서나 볼 법한 저 황당무계한 이야기가 실화라는 말씀? 리얼리? 헐~, 이게 실화냐?

막간(幕間)에 잠깐...

전우치를 이 책의 레귤러 멤버, 즉 '베스트 일레븐'에 포함해야 하는 지에 대해서는 마지막 순간까지 고민깨나 해야 했다. 떠도는 '썰'로야 가히 손오공이나 홍길동에 버금가는 도술의 지존 급이로되, 실상은 투명 인간에 더 가까운 미스터리의 사내였기 때문이다. 축구로 말하면 현란한 테크닉을 탑재하고 붕붕 날아다니는 '초울트라캡숑짱' 스트라이커가 있다더라…는 '썰'은 무성하되, 정작 본 사람은 전혀 없는 경우와 흡사하다고나 할까.

하지만, 그럼에도 나는 전우치를 '베스트 일레븐'에 포함하기로 했다. '아니 땐 굴뚝에서 연기나랴'나 그 자매품 격인 '아니 때린 장구에서 소리나랴' 같은 속담도 있듯이, 소문이 자자해질 땐 다 그럴 만한 이유가 있을 것이라는, 나름의 합리적인(?) 믿음 때문이다. 아무려면 내세울 게 쥐뿔도 없는 '개털'이 그처럼 다채로운 '썰'의 주인공으로 빈번히 회자될 수야 없지 않겠나 하는, 뭐 그런 과학적인…믿…, 콜록.

장쾌한 무협 판타지 소설 〈전우치전〉

사실 21세기가 시작될 때까지만 해도 전우치라는 존재는 그냥 '듣보잡'이었다. 그런데, 자고 일어나보니 스타가 돼 있더라고, 불과 10년 새 그는 모르면 간첩 소리 들을 정도로 유명 인사(?)가 됐다. 그 '10년 새' 이 나라에선 무슨 일이 있었던 걸까?

'듣보잡' 전우치를 일약 벼락스타로 변신시킨 특등 공신은 단연 2009년 말에 개봉한 영화 〈전우치〉다. 최동훈 감독이 메가폰을 잡고, 강동원·임수정·김윤석 등 당대 유명 배우가 출연해 606만 명의 관객을 끌어모으며 흥행에도 성공한 영화다. 그리고 이 영화의 짭짤한 벌이에 고무돼서인지 전우치는 4년 뒤 TV 드라마 주인공으로 또 소환됐는데, 이 드라마 역시 두 자릿수 시청률을 기록하며 흥행 가도를 질주했다.

당시 이들 영화와 드라마가 모티브로 삼은 책은 고전소설 〈전우치전〉이다. 요즘으로 치면 판타지 무협 소설로 분류될 〈전우치전〉은 주인공 전우치의 갖가지 신묘한 도술이 전편에 걸쳐 흥미롭게 펼쳐지는 도술소설이다. 실제로 소설 속에서 시전하는 전우치의 다채로운 도술은 아주 '판타스틱'하다.

더욱이, 17세기 초반에 처음 만들어진 - 것으로 추정되는 - 이 작자와 연대 미상의 도술소설은 그리 널리 알려지지 않았는데도 비슷한 작품들을 참 많이도 만들어 내서, 오늘날엔 무려 열아홉 개의 버전이 전해지고 있다. 그 때문에 주인공 이름조차 전운치, 전웃치, 全禹治, 田禹治, 田羽致 등 실로 제각각이다.

〈전우치전〉은 한글 필사본[34]과 판본[35],활자본[36]의 세 가지 계열로 전해지고 있는데, 한글 필사본(7종)의 경우 김동욱 소장 〈전우치전 권지단〉(1883년)이, 판본(3종)의 경우 경판(京板:서울에서 판각한 것) 37장 〈뎐우치전 권지단〉(1847년)이, 활자본(9종)의 경우 신문관 발행의 〈뎐우치뎐〉(1914년)이 계열별 대표작으로 꼽힌다.

이들 3개 버전은, 익히 짐작들 하셨겠지만 다 같이 무협 판타지를 기본 얼개로 세팅된 작품들이다. 하지만 그 내용만큼은 버전별로 조금씩 - 때론 상당히 - 다른데, 지면 관계상 이 모두를 섭렵하긴 어려우니만큼, 이 단원에서는 1914년 7월 7일 발행돼 서민들의 돈푼깨나 끌어모았던 신문관[37](육당 최남선이 세운 출판사) 발행의 '6전 소설(정가가 6전인 소설)' 〈뎐우치뎐〉을 중심으로 대강의 스토리라인을 훑어보기로 한다.

---

34 필사본 : 붓으로 직접 내용을 옮겨 적은 책

35 판본(판각본) : 목판에 글자를 새겨 여러 번 찍어낸 책

36 활자본 : 활자판으로 인쇄한 책(대량 인쇄가 가능해져 대중화가 될 수 있었으며, 정가가 6전 정도 하여서 육전소설이라고도 함)

37 신문관 : 1907년에 육당 최남선이 서울에 만든 출판사

신문관 발행의 〈뎐우치뎐〉은 어떤 소설?

최남선은 자신이 만든 잡지 〈청춘[38]〉의 창간호에서 '조선을 대표하는 인물 104명'을 선정하며 도술가 대표로 전우치를 꼽을 정도로 그에게 꽂혀 있었는데, 이런 '찐팬' 최남선의 '손을 좀 탄' 신문관 발행의 〈뎐우치뎐〉에서 주인공 전우치는 어떤 미친 활약을 보여주는지, 그 내용을 대략 살펴보면 이렇다.

「송도에 사는 전우치는 산사에서 공부하던 중 여우로부터 비기[39]를 얻는다. 몰래 곡차(술)를 훔쳐 먹던 여우를 생포했다가 풀어주면서 그 대가로 얻은 것이다. 우치는 비기를 달달 외워 온갖 술법과 조화를 다 부릴 수 있게 되나 이를 드러내지 않고 '차카게' 산다.

하지만 어느 날 도둑 떼에 노략질당하는 빈민들의 참상을 목격

---

38 청춘 : 1914년 신문관에서 최남선이 청년을 대상으로 창간한 잡지

39 비기(秘記) : 비밀스럽게 적어서 전해 내려오는 책

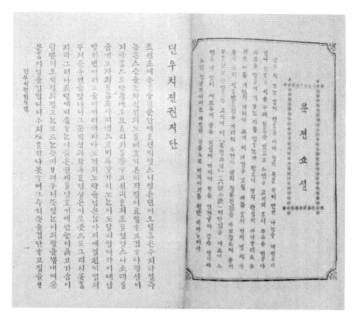

'육전소설' 전우치전 권지단

하고 분기탱천한 우치는 천상선관(天上仙官 : 하늘의 관원)으로 가장한 채 임금을 찾아간다. 그리곤 임금에게 염라대왕께서 천궁 수리에 쓸 예정이라며 황금 들보를 만들어 바치라고 요구한다. 우치는 며칠 뒤 임금이 정성 들여 바친 황금 들보를 외국에 내다 팔고 쌀을 사들여 빈민들을 구제한다.

이 사건 뒤 임금을 우롱한 죄로 긴급 체포된 우치는, 그러나 도술을 써서 가볍게 탈옥한 다음 횡포한 무리를 징벌하고 억울한 사람들을 도와주는 등 다채로운 활약상으로 세상을 휘저어 놓는다.

그러다가 나라에서 다시 체포하려 들자 스스로 나아가 자수하여 광명 찾고 그 대가로 선전관의 말직을 얻는다. 우치는 선전관 근무 중 함경도 가달산의 도둑 떼를 토벌하는 공을 세우지만 결국 역모에 연루되어 공무원을 그만둔다. 그러고는 다시 야인이 되어 모함했던 관료들 혼내주는 등 이전과 유사한 행적으로 또 한 번 세상을 휘저어 놓는다.

그런데 '이 친구, 오냐 오냐 해주니 너무 과속주행이네?' 싶었던지 소설의 후반부에는 전우치의 거침없는 행보에 급브레이크가 걸리는 장면도 몇 꼭지 등장한다. 상사병에 걸린 친구를 위해 수절 과부를 보쌈 해오려다가 강림도령의 화려한 발차기 테크닉에 된통 당한다던가, 화담 서경덕에게 껍죽대다가 참교육 레슨을 받게 되는 따위의 굴욕이 그것이다. 이후 우치는 서경덕을 스승으로 모시고 함께 깊은 산으로 들어가 도 닦는 일에 전념한다.」

▷ 이 소설은 처음 나올 때 전우치의 영웅적인 활약상 일색으로 꾸며졌으나, 뒤로 갈수록 우치가 요사스러운 술법으로 악행을 저지르다 서경덕에게 참교육을 당하는 식으로 조금씩 바뀌는데, 이유는 유학자요 관리였던 '서경덕 도술 설화'로 '전우치 도술 설화'를 제압하려는 유학자들의 의도가 개입했기 때문… 이라는 게 학계 일각의 주장이다.

다들 짐작하셨겠지만, 이 소설 속의 전우치가 애용한 이동 수단은 '뜬구름 한 조각'이다. 원조 격인 손오공의 그것에 비견될 제원(諸元)을 갖췄는지 어떤지는 알려지지 않았지만, 아무튼 이 뜬구름 한 조각을 전용 헬기처럼 타고 신출귀몰하며 그는 팔도 곳곳에서 다채롭게 '깜짝쇼'를 펼쳐 보인다. 그가 펼쳐 보인 '깜짝쇼' 중 대표적인 사례를 몇 개만 소개하면 이런 것들이 있다.

○ 한 시장바닥에서는 제사용으로 구입한 백성의 돼지머리를 공무원이 압수하려 하자 돼지머리들이 일제히 입을 벌리고 공무원에게 달려들도록 한다.

○ 한 고을을 지나다가는 가난해 보인다고 비아냥거리며 우치를 푸대접하는 선비들의 '거시기'를 뗐다가 도로 붙여준다.

○ 동쪽 한 고을에서는 공금 2천 냥 횡령의 누명을 쓴 호조 창고지기가 사형당하기 직전에 큰 회오리바람을 일으켜 그를 구해준다.

○ 가난해서 부친의 장사를 지낼 길 없다고 눈물 흘리는 사내에게 돈이 나오는 족자를 만들어줘 그가 무사히 장례를 치르도록 한다.

○ 소매 속에서 미녀가 유리병을 들고 있는 그림 족자 하나를 꺼낸 우치가 그림 속의 미녀를 부르자 그녀가 생긋 웃으며 걸어 나와 청주 한 잔을 따라 올린다.

○ 말단 벼슬아치(선전관)가 된 뒤, 손버릇 고약한 우두머리가 부하들을 세워놓고 주먹질을 해 오자, 우치는 망부석을 몰래 빼 와 세워놓고 자기 대신 얻어맞도록 한다. 이런 망부석에 회심의 일격을 가하던 우두머리는 괴성을 지르며 주먹을 감싸 쥔 채 땅바닥에 데굴데굴 구른다.

○ 도적 떼 토벌에 나선 우치는 나뭇잎을 훑어 병사와 독수리를 만드는가 하면, 자기 자신은 공중으로 날아가고 거짓 몸만 남아 대적게 하는 등의 다채로운 공격 옵션을 구사한 끝에 적장을 생포하고 도둑 떼를 괴멸시킨다.

○ '쿠데타 모의' 혐의로 임금 앞에 끌려온 우치는 '죽는 자의 마지막 소원'이라며 임금에게 한 가지 재주만 보여주고 갈 수 있게 해달라

고 간청해 승낙을 얻는다. 그는 붓을 빼 들고 멋들어지게 산수화 한 폭을 그린 뒤 "신은 이제 깊은 산속으로 들어가 여생을 보내고자 합니다."라고 정중히 인사를 올린 다음 나귀에 올라 유유히 그림 속의 산으로 들어간다.

○ 자신에게 모함을 가한 이조판서 왕연희를 꼬리가 아홉 개 달린 여우로 변하게 해놓고 제 집안 하인에게 '열라' 두들겨 패게 한 다음 인간으로 되돌려 놓는다.

이처럼 소설 〈던우치던〉에서 전우치가 보여준 다채로운 활약상은 심히 황당무계하고 초인적이며 비현실적이지만, 어쨌든 통쾌한 건 사실이다. 그렇다면 실존 인물 전우치는 어땠을까? 소설 속에서처럼 현실 세계에서도 '도술 지존'의 통쾌한 면모를 다채롭게 발산했을까?

지금 바로 '팩트 체크'에 들어간다. 진지하게.

실존 인물 전우치는?

솔직히 말해서, 전우치의 민낯을 제대로 까발리기 위해서는 약간의 '막무가내 정신(?)'이 필요하다. 자칫하다간 가만히 있는 우치를 괜히 들쑤셔서 수백 년 '뽐뽐' 해왔던 신비감만 '박살' 내고 조선의 흔한 한량 나부랭이로 전락시키려는 '수작' 아닌가 하는 욕을 거하게 드실 수도 있으니까. 이를테면 신비주의 전략으로 한창 인기몰이 중인 톱스타의 베일 속 사생활을 휴먼다큐 찍는다는 구실로 홀라당 까발려 한낱 '동

네 쩌리형'으로 만들어 놓는 작태와 뭐가 다르냐는 거부감 같은 것이
랄까.

하지만 나란 인간이 본시 궁금한 건 어떤 식으로든 들춰보고 쑤셔
보고 찍어보고 먹어보다 못해 해부(?)까지 해봐야 직성이 풀리는 성미
인 데다, 독자 중에도 실체적 진실에 목말라하는 분들이 꽤 계실 것이
라고 믿어 의심치 않기에, 이번만큼은 좌우 백미러 다 무시하고 '그냥'
직진만 할 요량임을 미리 밝혀둔다.

1. 생몰 연대

먼저, 「전우치는 판타지 소설용으로 창작된 가공의 캐릭터일 뿐」이
라는 주장이 일각에서 제기되고 있음을 익히 알고 있다. 하지만, 그럼
에도 전우치와 실제로 교유했다는 적잖은 역사의 인물들을 모조리
'귀신에 쓴 사람'으로 만들어 놓을 순 없기에, 아울러 여러 시문집에 실
린 전우치 명의의 작품(한시)들이 그가 실존 인물이었음을 말해주는
확실한 물증이라고 믿기에, 가공의 캐릭터 운운에 대해 그다지 깊이
생각해 본 적은 없다.

그렇다면 이런 전우치는 언제 적 인물로 봐야 할까?

전우치가 생존했던 기간은 15세기 말부터 16세기 중반까지로 추정
된다. 각종 문헌에서 그와 가까이 지낸 것으로 언급되는 박광우
(1459~1545), 신광한(1484~1555) 등의 생몰연대를 고려해도 그렇거니와,
〈죽창한화〉(이덕형), 〈국조시산〉(허균), 〈이향견문록〉(유재건), 〈숭양기구
전〉(김택영) 등의 문헌에 그가 중종(재위 기간: 1506~1544) 때 인물이라고

명기한 점을 봐도 그렇다. 게다가 〈송와잡설〉(이기)에 '전우치가 가정(嘉靖) 연간, 즉 1522년~1566년 사이에 전염병을 치료했다'라는 기록도 있거니와, 1983년에 〈전우치전〉을 펴낸 바 있는 조동일 교수(전 서울대) 또한 '성종 초엽인 1470년경에 태어나 중종 때인 1530년경에 죽었다고 보아야 여러 문헌에서 누구와 친하고 누구를 만났다고 해놓은 기록을 웬만큼 이해할 수 있다'고 했다.

2. 출생지

가장 난해해서 편두통에 후두신경통까지 쌍으로 유발하는 부분이다. 기록에 따라 출생지가 제각각으로 나타나기 때문이다. 송도(오늘의 개성) 사람, 담양 사람, 부여 사람이라는 주장에다, 심지어는 서울 사람, 화성 사람(南陽人)이라는 주장까지….

먼저 송도 사람이라는 주장.

유몽인의 〈어우야담〉은 - 앞의 〈뎐우치뎐〉과 마찬가지로 - 전우치 이야기를 아예 '송도의 술사(術士)'라고 못 박으면서 시작한다. 또 숙종 때 김명시가 지은 〈무송소설〉과 인조 26년(1648) 김육이 지은 〈송도지〉, 정조 6년(1782) 정창순이 지은 〈송도지〉 등도 그를 송도 사람으로 명기하고 있으며, 조선말의 학자 김택영이 개성 출신 인물 91명의 행적을 모아 1896년에 간행한 전기 〈숭양기구전(崧陽耆舊傳)〉에도 전우치의 이름이 올라 있다(숭양은 개성의 옛 이름이다).

아울러, 여러 버전의 〈전우치전〉에서 '전담 조연(스승 역)' 격으로 전천후 출격하는 서경덕은 저 유명한 '송도삼절(서경덕·황진이·박연폭포)'

의 그 서경덕이다.

다음은 전남 담양 사람이라는 주장.

만약 담양 땅에서 길가는 주민들을 불러 세워놓고 전우치가 어디 사람이냐고 물으면 많은 분이 이런 대답을 되돌려 줄 것이다.

"넵, 전우치는 우리 담양 사람이 확,실합니다!"

실제로 담양 사람들은 '전우치=담양 사람'을 거의 기정 사실로 하는 분위기다. 그도 그럴 만한 게, 담양군 수북면 황금리 일대에 오래전부터 전우치 관련 설화가 전해져 오고 있기 때문이다.

▷ 황금리라는 지명도 전우치가 임금에게서 황금 들보를 거두어 그중 일부를 묻어 뒀다 해서 붙여진 이름이다

그 대표적인 곳이 연동사라는 절과 금성산성 아래에 숨듯이 자리하고 있는 전우치 동굴(법당)이다. 연동사는 전우치가 글공부하던 곳이요, 동굴은 여우가 스님들이 숨겨둔 곡차(제세팔선주)를 훔쳐 먹고 잠들었던 장소라는 게 그들의 확고한 믿음이다.

그들이 이처럼 확고한 믿음을 견지하는 데에는 나름대로 근거도 있다. 18세기의 대표적 실학자 이덕무가 저서인 〈청장관전서〉의 '한죽당필기' 편에서 '전우치는 담양 사람'이라고 대못질을 딱 해놓았기 때문이다. 그래서인지 담양군은 '전우치'라는 창작 음악극을 만들어 공연하기도 했으며, 담양 사람들은 전우치가 담양 원율현 출신의 '담양 전씨(潭陽田氏)'라고 굳게 믿는 눈치다.

하지만 그가 '담양 전씨'라는 주장에 대해서는 "잠깐!"하고 '세게' 브

레이크를 밟고 나서는 문중이 있다. 중국의 한림원 학사로 있다가 고려로 귀양 온 남양군 전풍(田豊)을 시조로 하는 '남양 전씨(南陽 田氏)' 문중이다. 사실 '남양 전씨' 문중은 전우치에 대해 상당한 자부심까지 느끼고 있다. 당연히 문중을 빛낸 조상으로서다. 아닌 게 아니라, 전우치의 이력을 파악하는데 퍽 요긴하게 쓰이는 자료는 의외로 '남양(南陽) 전씨' 문중에 전해오는 여러 '썰(家傳)'들이다. 지금도 '우치 할배'를 조상으로 철석같이 믿는 문중 사람들을 통해 꽤 많은 기록이 전해져 오고 있기 때문이다.

▷ '남양 전씨 유적사'는, 전우치가 '담양 전씨'라는 설이 떠도는 건 다음과 같은 이유에서라고 주장한다.
『전우치가 도망 다니면서 쉬 잡히지 않으니까, 조정에서는 체포에 혈안이 되어 집안 식구는 물론 친척들을 몹시 괴롭혔고, 남양 전씨에게는 절대로 벼슬을 주지 말라는 어명까지 떨어졌다. 그래서 남양 전씨들은 그 화가 두려워 우치의 아버지와 형의 묘비석을 몰래 파내어 어디엔가 묻어 버리고 "우리는 남양인이 아니다. 우리는 전우치와는 관계가 없는 담양인이다" 하며 수 대를 살아오게 된 것이다.』

이런 '남양 전 씨' 문중이 주장하는 전우치의 출생지는 충남 부여군 석성면이다. 이 일대에는 지금도 남양 전씨들이 많이 거주하는데, 이들에 따르면 전우치의 할아버지는 세조 때 홍문관 부제학을 지낸 전가생, 아버지는 전지, 형은 전우평이다. 비록 신빙성 자체에는 '물음표(?)'가 따라붙을지 몰라도 여느 기록들보다 퍽 구체적인 건 사실이다. 실제로 관련 웹사이트를 검색해 보면 '남양 전씨' 족보에는 전우치가 있고, '담양 전씨' 족보에는 전우치가 없다.

그밖에, 전우치가 서울 사람이라고 기록한 책으론 이수광(1536~1566)의 〈지봉유설〉이 있고, 그가 화성 사람이라고 기록한 책은 부여군에서 1929년에 발간한 〈부여지(夫餘誌)〉가 있다('남양 전씨'의 '남양'은 수원·화성의 옛 지명이다).

3. 전우치의 이력

정부 기관지인 〈조선왕조실록〉에 흔적조차 없으니, 그의 이력 또한 자연 그믐밤일 수밖에 없다. 대부분의 기록에서는 그의 신이(神異)한 행적만 신나게 나열하고 있을 뿐 똑 부러지게 그의 이력이랄 만한 것을 남겨놓은 문헌은 거의 없다. 그 와중에도 '역시나' 남양 전씨의 문중에 관련 기록이 손톱만큼이나마 남아 있음은 - 진위를 떠나 - 그나마 다행이라고 할 수 있겠다.

『전우치는 진사시에 합격한 이후, 마을(부여군 석성면) 뒷산인 파진산 암자에서 책을 읽다가 산신에게 비결을 배워 도술로 세상에 이름을 날렸다. 그 당시는 흉년과 기근, 그리고 벼슬아치들의 사화로 민심이 흉흉하였는데, 전우치는 도술로 벼슬아치를 놀라게 하고 빈민을 구제하고 다녔다. 조정에서는 미관말직으로 회유하였으나, 1519년(중종 14) 을사사화 때 조광조 일파로 몰려 삭직되고 주유천하 하면서 다니니 조정에서는 백성을 현혹하였다는 죄로 체포령을 내렸다. 전우치는 계속 도망 다니다가 결국 황해도 신천에서 잡혀 옥사하였다.』

4. 전우치의 도술

무엇보다 호기심을 자극하는 부분이다. 구름 헬기를 타고 주유천하하는 '사기 캐릭터'가 실체적 진실에 얼마나 부합하는지 궁금해하는 건 인지상정이니까. 하지만 아쉽게도 도술과 연관된 자료 또한 그리 풍족한 편은 아니다. '남양 전 씨' 문중의 '썰'을 살펴보더라도, 전우치의 도술에 관한 언급이 몇 줄 눈에 띄긴 하나 그냥 '맛보기' 수준이다.

> 『그 당시는 흉년과 기근, 그리고 벼슬아치들의 사화로 민심이 흉 흉하였는데, 전우치는 도술로 벼슬아치를 놀라게 하고, 빈민을 구 제하고 다녔다.』

'남양 전 씨' 문중의 이런 '썰' 외에도 전우치의 도술을 다룬 문헌은 조금 더 있다. 하지만 이 또한 고작 한두 줄에 불과한 분량이다. 〈어우야담〉과 〈해동이적〉에 실린 '전우치가 낙봉산에 있는 신광한의 집에 찾아가 여러 사람 앞에서 도술 시범을 보였다', 〈송와잡설〉에 실린 '전우치가 도술로 현감 이길의 농장 노비들 전염병을 고쳐 주었다' 정도가 거의 전부이니까.

흥미롭게도, 이런 문헌에서 반복적으로 볼 수 있는 표현은 '놀라게 했다'나 '시범을 보였다' 같은 것들이다. 이 대목은 그가 오히려 '마술사'에 더 가깝다고 봐야 하는 것 아니냐 하는 합리적 의심이 들게 한다.

앞서 소개한 - 새끼줄 타고 하늘로 올라가는 - 퍼포먼스도 그렇고, 다음 소개하는 일화도 그렇다.

> 『신광한, 송기수 등이 함께 있는 자리에서 송기수가 전우치에게 '나를 위해 한 유희 해달라'고 청했다. 때마침 신광한이 식사 대접을 위해 물에 만 밥을 내어왔는데, 우치가 그 밥을 다 먹고 나서 갑자기 뜰을 향해 후~ 뿜으니, 밥알이 모두 흰 나비로 변해서 훨훨 날아가는 것이었다.』
>
> - 김택영의 〈숭양기구전〉 중 '기술전(技術傳)' -

이거… 언젠가, 아니 불과 며칠 전에 케이블 TV의 '마술 프로그램'을 통해 한두 번쯤 봤음 직한 퍼포먼스라는 느낌이 들지 않는가.

그래서 세간엔 이런 시각도 존재한다.

> 「…전우치의 여러 시범이 '마술'이라는 데에 동의한다. 다만, 그가 단순한 '마술사'라기보다 '마술에 능한 신선교의 명성 높은 지도자'였을 것이다.」 (역사 칼럼니스트 김종성).

그러면서, 그런 주장을 입증하는 사례로 선조 때 이조판서를 지낸 송기수가 전우치에게 "매번 책 속에서 선생님의 존함을 들었습니다."라고 말한 일화(어우야담)나, 신숙주의 손자인 신광한이 그를 늘 정성껏 대한 사실, 재령 군수인 박광우가 숙식까지 제공하면서 가르침을 청한 사실 등을 꼽는다. 한마디로 전우치가 신선교 포교(布敎)의 수단으로 마술을 활용했을 거라는 게 그런 추정의 요체다.

　그런네 생각해 보녀 이런 추성이 셜코 생뚱맞다고만 느껴지지는 않는다. 실제로 - 전우치에게 체포령이 내려지고 그 일족에게 벼슬을 주지 말라는 어명까지 떨어졌다는 - 남양 전 씨의 주장대로라면 우치는 중죄인임이 분명할진대, 그런 중죄인이 어째서 별 자질구레한 것까지 다 싣던 〈조선왕조실록〉에 이름 한 줄 남기지 못했던가 하는 의문을 숨길 수 없기에, 그의 마술 - 혹은 도술 - 이 실은 백성들에게 공포감을 주는 수준이 아니라 흥미로운 볼거리 - 이를테면 '깜짝쇼' - 정도로 받아들여졌던 게 아닐까, 싶은 것이다.

▷ 신선교란? 태곳적부터 한반도에 있어 온 우리 고유의 신앙으로, 초월적 존재인 '신선이 되기 위해 자신을 수양하는 종교'다. 많은 사람이 도교와 혼동할 정도로 유사점이 많지만, 중국산(도교)과 국산(신선교)이라는 엄연한 차이가 있다 (도교는 전설상의 통치자 황제와 〈도덕경〉의 노자 같은 존재를 숭배하지만, 신선교는 환인이나 단군을 숭배한다). 한마디로 신선교는 우리 민족의 '전통 무속신앙'이라 하겠는데, 이런 까닭에 유교의 나라인 조선에서는 이단(異端)시 해 '몰래 믿는 신앙'이 됐다.

---

5. 시인으로서의 전우치

예의 남양 전 씨 가전(家傳)에는 이런 대목이 나온다.

『공(公)은 진사로서 문장과 시문(詩文)에 뛰어났는데 그 시문이
해동이적과 지봉유설 등에 실려 있다』

요컨대 전우치가 당대에 '한 문장 하는 진사님' 내지는 '시 잘 짓는 도사님'이었다는 얘긴데, 실제로 이 말을 '과장'이라고 비웃기도 어렵게 시리, 〈국조시산〉·〈성수시화〉·〈죽창한화〉 등의 유명인 시문집에는 그의 시가 보란 듯이 실려 있다. 그것도 '무려' 여섯 수씩이나. 개중엔 "애걔~~ 겨우?" 하는 분이 계실지도 모르나, 그렇게 볼 일이 절대 아니다. 누구나 저런 시문집에 한두 수만 실려도 나름 '먹물'의 일원으로 살다 갔음을 입증했노라고 강변할 판국에 여섯 수씩이나 실린 데다, 그렇게 실린 시들의 수준 또한 편찬자의 '찬사'가 줄을 이을 만치 준수하기 때문이다.

"시어가 매우 깨끗하다." (송와잡설), "시가 매우 맑고 뛰어나다." (성수시화), "전우치의 문장은 당대의 으뜸이다." (죽창한화)

그럼, 과연 그런지, 전우치의 작품을 하나만 골라 '맛보기'로 감상해 보도록 하자. 아래 작품은 조선의 '자유로운 영혼' 허균(1569~1616)이 편찬한 〈국조시산〉에 실려 있는, '도사님 갬성'을 양동이째 쏟아부은 듯한 전우치의 대표적 서정 한시 '삼일포(三日浦)'다.

秋晚瑤潭霜氣淸(추만요담상기청) 天風吹下紫簫聲(천풍취하자소성)
가을 깊은 옥빛 호수에 서리 기운 맑은데, 하늘 바람 불어오고 퉁소 소리 들리누나.
靑鸞不至海天闊(청란부지해천활) 三十六峯明月明(삼십육봉명월명)

푸른 난새[40]는 오지 않고 바다 하늘 공활한데, 삼십육봉 위 둥 근 달은 밝기만 하네.

6. 전우치의 최후

그렇다면 이처럼 문무(?)를 겸비했던 전우치의 최후는 어땠을까? 도 술로 한 시대를 풍미했으니, 최후도 뭔가 몽환적인 분위기에서 꽤 '도 사답게' 맞지 않았을까? 그렇다. 대부분 문헌은 역시나 그의 죽음을 '신비로운 죽음'으로 도배해 놓고 있다.

먼저, 유몽인의 〈어우야담〉에 실린 전우치의 최후는 이랬다.

『재령 군수 박광우가 어느 날 편지와 공문을 받았는데 조정에 서 '절친' 전우치의 요술을 시기해 그를 죽이려 한다는 내용이었 다. 박광우로부터 이 내용을 전해 들은 전우치는 웃으며 "내 알아 서 처리하겠소."라고 말한 후 그날 밤 목을 매어 자살했다.』

그런데 여기서 우리의 눈길을 더욱 끄는 것은 전우치가 죽고 난 뒤 에 바로 이어지는 사후 목격담이다.

『죽은 전우치가 얼마 후 차식(1517~1575)의 집에 나타나 자신의

---

40 난새(鸞새) : 중국 전설에 나오는 상상의 새로, 모양은 닭과 비슷하나 깃은 붉은빛에 다섯 가지 색채가 섞여 있으며, 소리는 오음(五音)과 같다고 한다.

지팡이를 찾아갔다.』

비단 〈어우야담〉 뿐만 아니다. 전우치에 대한 사후 목격담은 이 외에도 더 있다. 예컨대 홍만종의 〈해동이적〉은 '그가 옥에서 죽은 뒤 태수가 사람을 시켜 파묻게 했는데 후에 친척들이 이장하려고 무덤을 파서 관을 열어보니 속이 텅 비어 있었다.'고 했으며, 차천로의 〈오산설림〉은 '어느 날 전우치가 찾아와서 부친에게 두공부 시집 한 질을 빌려 달라고 해서 빌려줬는데 그 후에 알아보니 벌써 죽은 지가 오래됐다 하더라.'라고 했다.

그런가 하면 야담집 〈역대유편〉은 '전우치가 80살이 넘어 죽었는데 시체가 옷가지처럼 가벼워 시해[41]한 것으로 믿었다'고 해서, 전우치가 '신선교의 지도자'일지 모른다는 가설이 어쩌면 '참'일 수도 있겠다는 생각을 갖게 한다.

그에 대한 이런 다양한 사후 목격담은, 한마디로 전우치 정도 되는 도사님은 절대 죽지 않을뿐더러 설령 죽는다 해도 반드시 다시 살아난다고 믿었던 - 혹은 믿고 싶었던 - 당시 사람들의 인식을 적극 반영한 '썰'들이라고 할 수 있다.

하지만 '남양 전 씨' 문중의 '썰'은 이와 확연히 다르다. 전술했듯이, 그는 을사사화 때 조광조 일파로 몰려 삭직된 이후 세상을 떠돌다가 백성을 현혹했다는 죄목으로 황해도 신천에서 체포돼 옥사했다는 것

---

41 시해(尸解) : 도가에서 장생의 비술을 닦은 뒤 육신을 버리고 혼백만 빠져나가 신선이 되는 방법

이다. 기대와 다른 결과인 데다 진위 또한 확인할 길이 없지만 꽤 현실적이라는 느낌은 든다. 득히나 '백성을 현혹했다는 죄목' 운운하는 대목에서는 전광석화처럼 '신선교'라는 세 글자를 다시금 떠올리게 된다.

전우치와 닮은꼴 무도인

이야기가 이 지점에 다다르니 언뜻 후두부를 강타하는 인물이 있다. 중국의 전설적 무술인 황비홍(黃飛鴻)이다. 앞 통수 반은 빡빡 밀고 뒤통수 반은 길게 늘어뜨려 댕기로 묶은 액션 스타 이연걸의 약간

우스꽝스러운 헤어스타일 - 정식 명칭은 변발(辮髮) -이 리얼타임으로 떠오르는 영화 '황비홍'의 주인공인 황비홍, 그 역시 실존 인물이다.

청나라 말(1856) 중국 광둥성 포산(佛山)에서 태어난 황비홍(본명은 황석상이고 비홍은 호)은 중국 영남(난링산맥 남쪽) 무술계에서는 '한 시대의 으뜸가는 스승(一代宗師)'으로 추앙받는 홍가권(洪家拳)의 달인이었다. 그가 날아다니며 발차기를 하면 발이 안 보인다고 해서 무영각(無影脚)이라는 신조어가 생겨날 정도였다.

그런데 이런 황비홍을 전우치와 나란히 놓고 비교하면 재미있는 공

통점이 두엇 보인다. 두 사람 모두 영화를 통해 세상에 존재를 알렸고, 유사 업종 - 전우치는 도술, 황비홍은 무술 -에 종사하면서 극진한 대접(?)을 받았거나 받고 있다는 점이다. 그런데, 여기에 빠뜨릴 수 없는 '불편한 진실'을 하나만 더 보탠다면, 두 사람 모두 '뻥튀기' 시비에서 자유롭지 못하다는 사실이다. 말하자면 이들의 도술 혹은 무술 실력이 지나치게 부풀려진 것 아니냐는 세간의 삐딱한 시선에서 비롯된, 이른바 '과대 포장' 논란이다.

실제로 전우치의 경우, 소설 혹은 야사 속에선 '먹물'들 희롱을 무슨 레저생활 즐기듯이 하는 데다 심지어 상감마마까지 공깃돌 가지고 놀듯 하는 '난 놈'이었지만, 정작 정사인 〈조선왕조실록〉에는 단 한 줄도 언급되지 않을 정도로 조정에서의 존재감은 제로에 수렴했다. 게다가 인터넷 지식백과에서조차 '황당무계한 환술(幻術)에 지나치게 의존하는 등 공상성이 짙은' 점을 살짝 씹어줄 정도로 소설 속에서 시전되는 그의 도술은 과도하게 '뻥튀기'돼 있는 게 사실이다.

이런 견지에서 본다면 영화에서 시전한 황비홍의 현란한 무술 실력 또한 '뻥튀기' 논란에서 벗어나기가 절대 쉽지 않다. 영화에서 그가 정교하고 파워풀한 손동작으로 잭슨 일당을 탈탈 털어버리는 결투 장면은 언제 봐도 신난다. 하지만 안타깝게도 현실 세계에서 황비홍이 그렇게 종횡무진 좌충우돌 신출귀몰하는 걸 직접 봤다는 목격자는 거의, 아니, 사실상 전무하다.

실제로 2008년 황비홍의 고향인 광둥성에서 '광둥 역사 문화 명인 순례 사진전'을 기획했는데, 황비홍은 문화역사 연구관 등이 뽑은 116명의 역대 향토 인물 속에도 끼지 못했다. 선정위원들은 무술인도 두

명이나 뽑았고 그중 한 명이 수제자 임세영(황비홍을 인간계에서 신계로 끌어 올리는 데 지대한 공을 세운 인물이다)이었음에도, 끝내 스승 황비홍은 탈락시켰다.

당시 중국 신문이 밝힌 황비홍의 탈락 이유는, 그에 관한 다양한 무용담이 '팩트'에 기반한 게 아니라 대부분 '민간 전설'로 떠도는 '썰'이었기 때문이라는 것이다.

하지만… 그럼에도 이들은 나란히 신출귀몰하는 영웅의 이미지로 백성의 뇌리에 여전히 깊이 각인돼 있다. 왜 그럴까?

▷ 근자에 유튜브를 통해 봇물 터지듯 쏟아져 나오는 '자칭' 중국 전통 무술 고수들(여기엔 '자칭 영춘권 일대 종사'도 꼭 낀다)의, 마치 초등학교 저학년의 '막쌈질' 같은 어마무시(?)한 실전 활약상들, 그리고 그런 '사이비' 고수들에 대한 '도장 깨기'로 이들에게 굴욕을 안기고 다니는 중국 무술 담당 일진 '쉬XX둥' 등을 통해 이제 많은 분은 중국 전통 무술의 그 '허무개그' 같은 실체를 어느 정도는 알게 됐을 것이다.

재미있는 것은, '황비홍'의 이연걸이나 '엽문'의 전쯔단(견자단) 조차 "오늘날의 중국 전통 무술, 특히 품새(타오루) 같은 것은 실전성이 제로이며, 그냥 혼자 하는 공연일 뿐"이라고 맹비난하고 있다는 사실이다.

난세는 영웅을 기다린다는데…

흔히들 '시대가 영웅을 만든다'라고 한다. 그런데 이걸 좀 더 똑 부러지게 해석하는 이도 있다. '시대가 아니라 시대의 사람들이 영웅을 만든다'라고, 그래서 '동시대인들이 힘 모아 등장시키는 영웅은 저마다의 내면에서 가장 강하게 꿈틀거리는 욕망의 집합체'라고. 공감 버튼에 절로 손이 가게 만드는 '쌈박한' 정의다.

그렇다. 영웅은 그 시대 사람들이 만들어 낸다. 황비홍이 활약하던 시절, 청나라는 1, 2차 아편전쟁으로 '전통의 중국 담당 일진' 영국에게 털리고, 이후 전 세계로부터 '덩치만 큰 호구' 취급을 받는 굴욕의 역사를 착실히 써 내려가고 있었다. 당연히 동시대 중국인들에겐 망가질 대로 망가진 자존심을 어루만져 줄 슈퍼 히어로의 등장이 절실했을 것이고, 황비홍은 이런 동시대인들의 여망 - 혹은 욕망 -이 '만들어낸' 슈퍼 히어로였던 것이다.

전우치의 무용담이 빠르게 퍼져나가던 시대 조선의 사정은 또 어땠는가. 두 번의 전란을 겪은 뒤끝이라 나라 기강은 '막장 테크'를 타기 직전이었던 데다, 백성의 꼬락서니라곤 거지 떼랑 사돈 맺을 형편이었으며, 자못 호기롭게 '출발~!'을 외쳤던 건국 초기의 결기 같은 건 어느덧 가물치 콧구멍이 돼가고 있었다.

상황이 이런 지경으로 마구 치닫고 있었기에, 백성들은 '도술'(혹은 마술) 좀 되는 전우치라는 '맞춤형' 캐릭터를 발굴, 만화에나 나올 법한 기상천외한 테크닉을 장착시킨 뒤, 그가 썩은 기득권 양반 세력과 심지어 임금까지도 능멸하고 온갖 악의 무리를 다 쓸어버리게 하는 스토리텔링을 만들어 재도약 - 혹은 새 희망 -의 동력으로 삼고자 했다. 그래서 장안에 떠돌던 남사고·서화담·이지함·이영간·황철 등의 도술담과 일부 중국 도술담까지 전우치의 것으로 둔갑시켜 하나의 '섞어찌개 설화'를 완성했으며, 이런 민중의 갈망이 커지면 커질수록 전우치의 도술 실력은 최신버전으로 업그레이드되면서 더욱 신묘해져갔다.

'야담(野談)을 찢고 나온 캐릭터' 전우치의 역할은 그런 것이다. 백성의 내면에서 꿈틀대는 욕망을 대리 만족시켜주는 '해결사'로서의 역할. 홍길동이 그랬고, 임경업이 그랬고, 임꺽정이 그랬고, 장길산이 그랬고, 일지매가 그랬고, 박문수가 그랬듯이….

오늘의 이 시대를 흔히 '영웅이 없는 시대'라고 말한다. 그래서인지 세상은 매우 뒤숭숭하고 혼란스럽다. 생각해 보면, 전우치 같은 슈퍼 히어로가 필요한 건 딱 이런 때인 듯싶다.

영화 속 전우치는 500년 전 스승을 살해했다는 누명을 쓰고 신선들에 의해 그림에 갇혔다가 불과 몇 해 전 - 정확히는 영화가 개봉하던 2009년 -에 깨어났다. 세상은 글로벌 금융위기의 여파로 한창 '비실이 춤' 스텝을 밟고 있을 때였으니, 따지고 보면 그 전우치도 시대가, 아니, 시대의 사람들이 불러낸 셈이다.

이젠 소설 속의 그 진짜배기 해결사 전우치가 다시금 나타나 주길 학수고대해 본다. 그에게 무슨 대단한 걸 바라서가 아니다. 그가 현실 세계에 '짜잔' 하고 나타나서 불쌍한 민중의 생채기에 염장질이나 해대는 '허가 난 도둑님'들의 그 잘난 '거시기'를 모두 떼어 버린다거나, 모두 돼지로 둔갑시켜 우리에 처넣는 퍼포먼스라도 보여준다면, '팝콘' 씹으며 그걸 감상하는 소소한 즐거움 하나만으로도 군고구마 소쿠리째 먹고 난 뒤에 사이다 한 잔 들켰을 때처럼 오장이 뻥 뚫리는 즐거움을 맛볼 수 있지 않을까 하는, 지극히 소박한 바람에서다.

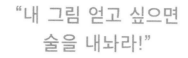

"내 그림 얻고 싶으면
술을 내놔라!"

조선 중기
'그림의 귀신',
취옹 김명국

호(號)가 무려 '공초'인 골초 오상순

나와 시와 담배는 / 이음(異音) 동곡(同曲)의 삼위일체

나와 내 시혼은 / 곤곤히 샘솟는 연기

끝없이 곡선의 선율을 타고 / 영원히 푸른 하늘 품속으로

각각(刻刻) 물들어 스며든다.

　　　　　　　　　　　　- 오상순의 시 '나와 시와 담배' 중에서 -

　시인 오상순(1894~1963)은, 적어도 끽연(喫煙) 분야에서만큼은 우리 문학계뿐 아니라 문화예술계 전체를 대표하는… 아니, 그냥 우리나라를 대표한다 해도 결코 '오버'랄 수 없는 골초 중의 상 골초였다. 위 짤막한 시구에서도 알 수 있듯이 〈나〉와 〈시〉와 〈담배〉가 한 소리를 내는 한 몸이라고 외치는 '클래스'니까.

　아닌 게 아니라, 이건 무슨 올림픽 성화봉도 아니고, 아침에 눈을 뜨는 순간부터 잠자리에 들 때까지 그의 담뱃불은 좀체 꺼지지 않았다고 한다. 많은 증언에 따르면, 1940~50년대에 마른풀 태우는 것과 별반 다를 바 없었을 저급한 궐련을 하루에 무려 180개비씩이나 피워

댔다 하니 말이다. 손가락 계산기로 대충 꼽아 봐도 이는 20개비 들이 궐련을 하루에 9갑씩 피워냈다는 말이 되며, 단순 무식한 '중국'식 계산법을 동원하더라도 - 하루 6시간 취침했을 경우 - 대략 10분에 3개비꼴로 꼬나물었다는 결론이 나오는 것이다.

이런 연유로 그는 호까지 대놓고 '공초'라고 지었다. 한자 뜻풀이로야 빌 공(空), 뛰어넘음 초(超) 하여, 뭔가 심오한 철학이라도 담은 것처럼 연막(?)을 쳤으나, 그 실은 그냥 '골초'나 '담배꽁초'의 한자식 표현이라는 걸 아는 사람은 다 알았다. 그래서 지인들도 '공초'보다 '꽁초'라고 즐겨 불렀으며, 그 또한 이에 전혀 불편한 기색을 보이지 않았다.

조선시대에도 이런 '공초'에 감히 필적하는 호가 있었다. 다른 점이 있다면 이번엔 담배와 더불어 검은 머리 가진 짐승들의 '기호품 2 대장' 중 나머지 하나인 술을 끌어들인 호라는 점인데, 조선 인조 때 화가 김명국(金明國)의 호 '취옹(醉翁)', 즉 '술에 취한 늙은이'가 그것이다〔물론 연담(蓮潭)이라는 고상한 호도 있긴 하다〕.

그렇다면 김명국이라는 화가는 대체 술을 얼마나 격하게 사모했기에 호까지 취옹이라고 짓는 만용(?)을 서슴지 않았던 걸까?

김명국은 누구?

많은 분은 김명국! 하면 각자의 대뇌피질 속에 저장 중인 '인물 DB'에서 사람 좋아 뵈는 한 중년 연기자 아재의 웃는 마스크부터 더블클

릭할 확률이 높다. 혹자는 이거 처음부터 '존심' 너무 긁어놓고 시작하는 거 아닌가 하실지 모르나, 이 단원에서 소개하고자 하는 '화가' 김명국의 인지도는 여느 국가대표 선수(?)들에 비해 좀 떨어지는 게 사실이다.

하지만 이런 인지도를 한방에 바꿀 반전 카드는 있다. 김명국이 그린 그림 한 점이 그것인데, 장담컨대 이 카드는 '섰다' 판에서 타짜가 '3광'과 '8광'을 제 무릎 앞에 가지런히 눕히고 판돈을 쓸어 담을 때만큼이나 확실한 카드다. 초승달 같은 눈과 주먹코, 텁수룩한 수염의 달마대사를 간략한 붓 터치로 호쾌하게 표현한 달마도. 우리 국민이 곁눈질로라도 한 번씩은 봤음 직한 이 만화처럼 보이는 그림은 현존하는 달마도 중 최고의 명작으로 꼽히는데, 이 문제적 그림을 그린 이가 바로 김명국이다.

〈달마도〉(국립중앙박물관)

▷ 달마(達磨) : 인도의 중으로 불교 전파를 위해 3년 항해 끝에 527년 9월 중국 광주에 도착, 양나라 무제를 접견하고 문답을 나눴으나 그곳이 인연처가 아님을 알고 갈댓잎을 이용, 쑹산 소림사로 가서 9년 동안 면벽(面壁) 좌선하다가 깨달음을 얻고, 그 방법을 가르쳤던 중국 선종(禪宗)의 시조.

사실 엄밀히 말하면 그림을 모르는 자들에게나 '듣보잡 아재' 취급을 당하는 거지, 김명국은 일찍이 장승업과 더불어 '신필(神筆)'로 불리던 유명 화가였거니와, 이즈음엔 애꾸눈 화가 최북까지 강제 합류시킨 '조선의 기인 화가' 트리오(김명국, 장승업, 최북)에도 이름을 올릴 정도로 나름 알아주는 셀럽이었다.

아쉬운 점이 있다면, 생몰 연도 등 그의 신상에 관한 부분은 - '신필 동기' 장승업의 그것처럼 - 통째로 베일에 가려져 있다는 것이니(일부 자료에 출생 연도가 1600~1662년이라는 기록이 있지만 그건 어디까지나 추정일 뿐이다), 현재까지 밝혀진 그에 관한 정보라곤 호가 취옹 또는 연담이고, 자가 천여(天汝)이며, 본관이 안산이라는 정도가 거의 전부다. 심지어 명국이란 이름조차 한자로 '明國', '命國', '鳴國' 등 자그마치 세 가지 버전으로 유통되는 실정이다. "신분 낮은 환쟁이의 이름? 그까짓 것 대~충" 하는 당시의 사회 분위기가 물씬 풍기는 대목이라 아니할 수 없다.

하지만, 그런 가운데서도 '예학의 거두'이자 '노론의 지존'인 송시열을 통해서 김명국의 가족관계를 쥐똥만큼이나마 더 캐낼 수 있게 됨은 오밤중에 만난 한 줄기 빛과 같은 반가움이다. 송시열의 작품집 〈송자대전〉에 실린, 1659년(효종 10) 유계(대사간)에게 보낸 편지글이 그것이다. 송시열은 이 편지글의 앞부분에서 '한성부 중부에 윤리를 거슬린 사람이 있는데도 이를 제대로 보고하지 않는 관원이 있어 불러 한소리를 했는데, 알고 보니 자네(유계)의 손아랫동서더라'며 친구에게 변명 비슷한 사설을 늘어놓은 다음 뒷부분에 이런 내용을 덧붙였다.

『…소위 중부의 윤리를 거스른 사람이란, 감토전[42] 행랑 뒤에 사는 화원 김명국(金命國)으로서 아비가 죽어 장사도 하기 전에 아내를 맞이한 자이니, 모름지기 이를 근거로 탐문해서 사헌부에 고발하도록 하는 것이 어떤가…』

임금과 독대해 정사를 논할 정도로 '왕 끗발'을 자랑하던 천하의 송시열(당시 직책도 무려 이조판서)이 '쪼잔하게' 대사간 친구에게 환쟁이 하나를 처벌해달라고 편지질한다는 게 좀 황당한 상황이긴 하나, 어쨌든 '예학의 지존'다운 송시열의 넓은 오지랖 덕에, 김명국이 세상을 뜨기 몇 해 전까지 그의 부친도 생존했다는 사실, 부친상을 마치기도 전에 새 마누라를 얻어 '윤리를 거스른' 사실 등을 추가로 얻게 됐음은 감사한 일이라 아니할 수 없겠다.

그럼 이런 김명국은 어떤 성품의 소유자였을까? 생몰 연도조차 확인 불가인 마당에 그의 성정을 기록해 놓은 자료라고 그리 쉽게 찾아질까 하시겠지만, 다행히도 영조 대의 중인 출신 문인 정내교가 쓴 전기집 〈화사 김명국전〉에 짤막하게나마 관련 언급이 있다. 이 전기에 따르면, 김명국은 '사람 됨됨이가 거친 듯 호방하고 농담을 잘했다'고 한다. 우리 마을 주변 구멍가게 앞 평상 같은 데서 흔히 보는 너름새 좋고 호탕한 데다 허당끼도 좀 있는 '말 술꾼 난닝구 아재'의 이미지와

---

42 감토전(甘土廛) : 감투(말총으로 엮어 만든 탕건 또는 벼슬아치들이 관복을 입을 때 쓰는 사모 등)를 파는 가게('감토'는 우리말 '감투'의 음차)

많이 겹쳐 보인달까.

'그림의 귀신'이라 불린 '술고래'

김명국의 시그니처 작품 '달마상'을 통해서도 알 수 있듯이, 그는 한 두 번 휘두르는 붓질로 그림을 매조지는 능력이 당대 '원톱'이라는 찬 사를 아침 문안 인사 듯듯 들어온 화가였다. 실제로 '전에 볼 수 없었 던 화법'이라는 호평을 독점했을 정도로 김명국의 붓 테크닉은 독창적 이고 현란했다. 조선 후기의 미술평론가 남태응(1687~1740) 또한 이런 김명국을 쪽쪽 빨아준 대표적 인물 중 하나인데, 그는 〈청죽화사〉라 는 저서에서 김명국을 이렇게 극찬했다.

『김명국은 그림 속에 있는 귀신이다. 그 화법은 앞 시대 사람의 자취를 밟으며 따른 것이 아니라 미친 듯이 자기 마음대로 하면 서 주어진 법도 밖으로 뛰쳐나갔으니, 포치와 화법 어느 것 하나 천기가 아닌 것이 없었다…(중략)… 그 역량이 이미 웅대한데 규모 또한 넓으니, 그가 별격의 일가를 이룬즉, 김명국 앞에도 없고 김 명국 뒤에도 없는 오직 김명국 한 사람만이 있을 따름이다.』

'그림 속에 있는 귀신', '오직 김명국 한 사람' 따위의 표현들에 고무돼 서인지, 그 80년쯤 후배 되는 조선 후기의 문신 & 서예가 & 화가 신위 (申緯, 1769~1845) 또한 기다렸다는 듯이 이렇게 맞장구를 치고 나왔다.

『인물이 생동하고 필묵(筆墨)이 혼융[43]하여 1백 년 이내에는 그
와 싹할 사람이 없을 것이다.』

이렇게 두 후학이 잇따라(?) 베스트 댓글과 베스트 대댓글을 달면서
찬사를 쏟아낼 정도로, 김명국은 비록 폭넓진 않되 나름 탄탄한 그만
의 마니아층을 거느리고 있었다.
  하지만, 그렇다고 그가 평생 일필휘지 스타일의 호방한 붓질만 일삼
다 갔을 것이라 지레짐작하는 분이 계신다면, 그건 그야말로 오산이
다. 다음의 이야기는 김명국의 붓질 테크닉이 얼마나 정교하고 세밀했
는지를 가늠케 해주는 깨알 같은 일화다.

『어느 날 인조가 김명국에게 노란 비단으로 만든 빗첩을 주면서
거기에 그림을 그려 올리라고 명했다. 김명국이 열흘 뒤 빗첩을 바
쳤는데 아무리 봐도 그림이 없었다. 이에 어명을 어겼다고 생각한
인조가 크게 노해 그에게 벌을 주려고 했다. 그러자 김명국이 자
신만만한 어투로 말했다.
  "정말 그랬사옵니다. 나중에 자연히 아시게 될 것이옵니다."
  다음 날 공주가 새벽에 머리를 빗는데 이 두 마리가 빗 가장자
리에 매달려 있었다. 공주가 손톱으로 아무리 눌러도 죽지 않아
자세히 들여다보니 그림이었다.』

                                        - 남유용의 〈뇌연집(雷淵集)〉 -

---

43 혼융(渾融) : 완전히 융화함

이런 일화가 입소문을 타면서 당대의 '하위 텐프로'를 주 고객층으로 하는 '쌍 과붓집' 같은 주막에서 김명국이라는 안주가 '대박 신상'으로 떠올랐음은 불문가지다.

하지만 이런 김명국에게도 그 나름의, 누구에게도 그다지 권장할 만한 것은 못 되는 루틴(Routine)이 하나 있었다. 술에 취하지 않으면 어느 누가 부탁해도 결코 붓을 잡지 않는 옹고집, 아니 똥고집이 그것이었다.

『그는 그림을 그릴 때면 반드시 실컷 취하고 나서 붓을 휘둘러야 더욱 분방하고 뜻은 더욱 무르익어 필세는 기운차고 농후하며 신운(神韻)이 감도는 것을 얻게 된다. 그래서 그의 득의작(得意作) 중에는 미친 듯 취한 후에 나온 것이 많다고 한다.』

- 정내교의 〈화사 김명국전〉 중 -

그 때문에 그에게 찾아가 그림을 요구하려는 자는 반드시 큰 술독을 지고 가야 했고, 사대부 중 그를 집으로 초대하려는 자 또한 술을 여유 있게 준비해 그의 주량을 흡족히 채워줘야만 그림을 한 점이나마 받아낼 수 있었다. 이런 이유로 동시대 사람 중엔 그를 아예 주광(酒狂)이라고 부르는 사람도 많았다.

그런데 주량이라는 게 본시 계량화하기 어려운 것이다 보니 '붓질하기에 적당한 주량'은 대체 어느 정도인가 하는 점이 새로운 논쟁거리로 떠올랐다. 그도 그럴 것이, 너무 감질나게 마셔서 맹숭맹숭한 상태일 땐 취흥이 일지 않아 원하는 작품이 나오지 못했고, 반대로 코가 비뚤어지게 퍼마시게 되면 제 몸을 가누기 힘들어 망작이 되는 경우가 많았기 때문이다.

해서 남태응은 김명국의 '베스트 컨디션'이 욕취미취지시(欲醉未醉之時), 그러니까 '오직 취하고 싶으나 아직은 덜 취한 상태'에서만 발현된다면서, 이런 이유로 세상에 전하는 김명국의 그림 중에는 마치 용과 지렁이가 서로 섞여 있는 것처럼 걸작과 실패작이 혼재해 있다고 했다.

그의 붓질 컨디션을 논할 때 자주 소환되는 작품이 '나귀를 탄 사람 (騎驢圖)'이라는 종이와 모시에 그린 두 개의 작품이다. 이 바닥 권위자인 유홍준의 표현을 빌리면 이 두 작품 사이에는 다음과 같은 차이점이 발견된다.

○ 나귀를 탄 사람1 : 아직 덜 취한 상태에서 그린 듯 나귀의 표정이 꼼꼼하게 그려져 있을 뿐 아니라 인물 묘사에서도 농담의 변화

나귀를 탄 사람1   나귀를 탄 사람2

를 주면서 차분히 그린 것 같은데 왠지 김명국 특유의 분방함과 활기가 없다. 배경으로 처리된 바위와 넝쿨 풀의 늘어짐에도 패기가 없다. ⇒ 곧 '덜 취한 상태의 그림'

○ 나귀를 탄 사람2 : 얼핏 보면 얌전한 그림 같지만, 필치마다 취기가 완연해서 그림의 됨됨이로 볼 때 거칠기 짝이 없다. 우선 나귀의 생김새부터 어색하며 뒷다리와 앞다리의 움직임이 부적절하다. 배경 처리에서도 아무렇게나 휘두른 필치가 드러나고 인물과 산수가 조화롭지 못하다. 필선에 농담의 변화를 줄 수 없을 정도로 만취해서 그린 모양이다. ⇒ 곧 '만취한 상태의 그림'

그러면 '오직 취하고 싶으나 아직은 덜 취한 상태'에서 그린 대표작으로는 어떤 작품을 꼽을 수 있을까. 〈근원수필〉의 저자로 '장승업 편'에도 수시 등판했던 화가 겸 미술평론가 김용준은 〈조선미술대요〉에서 산수화 '심산행려도'를 김명국의 대표작으로 꼽으면서 이런 촌평을 남겼다.

『그의 심산행려도를 보면 간쾌하고 속력 있는 붓끝으로 취흥이 도도한 가운데 그린 흔적이 역력하다.』

〈심산행려도〉

한편, 김명국의 독특한 작업 스타일과 미친 드립력을 동시에 가늠하게 해주는 '일타쌍피'의 일화로는 또 이런 게 있다. 예의 〈화사 김명국전〉에 실린 일화다.

　『일찍이 영남의 한 중이 대폭의 비단에 '지옥도'를 그려 달라면서 고운 삼베 수십 필을 예물로 주었다. 김명국이 흡족한 표정으로 이를 받아 아내에게 건네며 말했다.

　"이건 술을 사 먹을 밑천이니 내가 몇 달을 통쾌하게 마실 수 있도록 하오."

　그 뒤 중이 서너 차례 그림을 찾으러 왔지만, 그럴 때마다 김명국은 이렇게 말하며 되돌려 보냈다.

　"돌아가서 나의 화의가 일어날 때까지 기다려라."

　그러던 어느 날, 온몸이 술에 촉촉이 젖어 들어 '오직 취하고 싶으나 아직은 덜 취한 상태'로 컨디션이 세팅되자 김명국이 드디어 비단을 펼쳤다. 그러고는 생각을 가다듬으며 한참 뚫어지게 바라보고 있다가, 이윽고 특유의 호쾌한 붓질로 지옥도를 그리기 시작했다. 생생한 색채와 선명한 필선으로 진짜 지옥을 방불케 하는 장관이 펼쳐졌다. 그런데 그 안에서 머리채를 끌려 형장에 잡혀가거나, 불에 타거나, 칼에 베이거나, 절구에 짓이겨지면서 형벌을 받는 자들이 모두 중이었다.

　이에 주문했던 중이 와서 보고 깜짝 놀라 울음까지 삼켜 물고는 이렇게 따졌다.

　"아이고, 아이고, 공께서는 어째서 우리의 주요한 일을 이렇게 그르쳐 놓았습니까?"

김명국이 두 발 쭉 뻗고 앉아서 파~ 웃으며 대꾸했다.

"너희들이 일생 하는 악업이 혹세무민하는 일이니, 지옥에 갈 자가 너희들 아니고 누구겠느냐?"

중이 억울해 미치고 환장하겠다는 듯 얼굴을 잔뜩 우그러뜨리며 항변했다.

"공은 어째서 우리의 일을 그르친단 말입니까. 이것을 불살라버리고 나의 삼베를 돌려주십시옷!"

그러자 김명국이 파~ 웃으며 되받았다.

"너희들이 이 그림을 온전한 것으로 받으려면 술을 더 사 오라. 내가 다시 너희들을 위해 고쳐 주리라."

중이 허겁지겁 시장에 가서 술을 한 말 사 들고 돌아오자, 김명국은 잔 가득 술을 따라 단숨에 들이켠 뒤 다시 붓을 잡았다. 그리고는 머리를 빡빡 민 자에게 머리털을 그려 넣고, 수염이 없는 자에게는 수염을 그려 넣고, 중 옷을 입은 자에게는 채색으로 그 빛깔이 바뀌게 하는 등 몇 번의 붓질로 이들을 전혀 다른 사람으로 만들어 놓았다. 잠깐 사이에 이뤄진 일이 그림을 더욱 새롭게 했다.

김명국은 그림을 마치자, 붓을 던지고서 다시 파~ 웃으며 술을 한 잔 가득 부어 벌컥벌컥 들이켰다. 떼로 몰려왔던 중 여러 명이 이 기이한 '매직 쇼'를 지켜보다가 "나무아미타불"을 연발하며 한 입으로 이렇게 말하고 공손히 절을 올려붙였다.

"공은 참으로 천하의 신필이십니다."』

원조 한류 열풍을 일으키다

김명국은 소싯적부터 도화서에서 오랫동안 화원과 교수(종6품)로 종사해 왔다. 그리고 1627년(인조 5)부터 1661년(현종 2)까지의 기간(35년) 중 국가 행사 임시 준비 기관인 도감(都監)에 총 16회나 차출돼서 일했다. 이 횟수는 다른 화원들에 비하면 월등히 많은 숫자다. 더구나 62세의 늙은 나이에도 국가행사 준비에 차출됐던 걸 보면 그는 도화서에서 꽤 인정받는 화원이었던 듯하다.

그런데 이 시절을 찬찬히 살피노라면 특별히 눈길을 끄는 기록이 하나 있다. 1636년(인조 14)과 1643년(인조 21) 두 번에 걸쳐 조선통신사의 수행 화원 자격으로 일본에 다녀온 기록이다. 엥? 남들은 한 번 다녀오기도 어려운 일본을 두 번씩이나?

사실 김명국의 진면목이 제대로 드러난 건 일본 땅에서였다. 당시만 해도 일본은 사무라이라는 이름의 조폭들이 '나쁜 놈들 전성시대'나 찍어대며 개판 치는 유사 국가였기에 '문화 선진국'인 조선의 글씨나 그림에 꽤 열광했었다. 〈청죽화사〉식 표현으로, '온 나라가 물결일 듯 떠들썩해 김명국의 그림이라면 한 조각의 종이도 큰 구슬을 얻은 것처럼 여길' 정도였다.

당시 통신사 부사로 함께 갔던 김세렴은 〈해사록(海槎錄)〉이라는 기행 일기에서 "글씨와 그림을 청하는 왜인이 밤낮으로 모여들어 박지영(사자관)·조정현(서사)·김명국(화원)이 괴로움을 견디지 못하였는데, 심지어 김명국은 울려고까지 했다."라고 현지의 열띤 분위기를 전했다.

▷ 너무 바쁜 나머지 '한잔할 시간이 없어' 울려고 했다는 재미있는 분석도 있다. 믿거나 말거나지만.

'욘사마'가 일본을 접수하기 무려 360여 년 전에 김명국이 이미 원조 한류스타로서의 위상을 한껏 떨쳤던 것이다.

김명국은 목 놓아 '명사마'를 외쳐대는 그림 덕후들의 성원에 부응코 자 일본에서도 많은 그림을 그렸는데, 특히 달마도에 대한 수요가 폭 발적이었다고 한다. 사실 이 그림은 김명국이 심혈을 기울여 그린 작 품이라고까진 보기 어렵다. '술고래'인 김명국에게서 그림을 얻기 위해 일본의 유력인사들이 마련해준 술자리에서 마치 '사인(sign)지' 나눠주 듯 속성으로 그려준 그림이었던 까닭에서다. 쇄도하는 주문에 그의 붓질은 자연 빠르고 간결해질 수밖에 없었으니, 몇 가닥 선으로 대충 (?) 그린 듯한 '김명국식 달마도'의 탄생 배경엔 이런 시간적 요인도 작 용했다. 앞에서 소개한 '국립중앙박물관 소장의 달마도' 역시 그렇게 그려놓은 작품을 일본에서 사들여 온 것이다.

한편, 당시 취재차 따라간 '조선일보(오늘의 그 신문이 아닌, '조선'이라는 나라의 '일보'임)' 주왜 특파원은 이런 '르포' 기사도 하나 보내왔는데, '국 뽕'이 차오르는 스토리라서 자못 뿌듯한 마음으로 여기 '펌'해 본다.

『어느 날 한 일본인이 김명국의 벽화를 얻기 위해 세 칸 건물을 짓고 비단으로 장식한 뒤 그를 초빙했다. 일본인의 집을 찾은 김 명국은, 그러나 먼저 술부터 청하더니 잔뜩 취하도록 마시고, 그 림 그리라고 준 금물을 벽에 뿜어서 다 비워 버렸다. 김명국의 명성에 잔뜩 기대를 걸고 사례비로 천금이나 준비했던 주인이 그 순간 얼마나 황당해했을지는 안 봐도 유튜브다.

하지만 김명국은 이에 아랑곳하지 않고 웃기까지 하며 "냉큼 술이나 더 받아 와라" 큰소리를 쳤고, 새로 내온 술동이도 거의 바닥을 드러냈을 즈음에야 흘러내린 금물을 찍으며 현란한 붓춤을 선보이기 시작했다.

순식간에 늙은 매화나무와 대나무, 산과 바위, 벌레와 짐승 등을 차례로 만들어 낸 김명국은 얼마 뒤 근사한 산수 인물화 한 폭을 완성했다. 어찌나 신통한 벽화였던지, 그 집안은 대 이어 입장료를 받으며 구경꾼을 불러들여, 건축비를 제하고도 남았다 한다.』

하지만 호사다마랬다고, 매번 좋은 일만 있었던 건 아니다. 그의 '품행'에 의문부호를 그려 넣을 수밖에 없는 양아치 짓이 문제의 '조선일보' 사회면을 대문짝만하게 장식하기도 했는데, 명색이 국가대표인 김명국이 인삼을 밀수하려다가 일본 세관에 걸렸다는 심히 쪽팔리고, 짜증 돌고, 밉살스럽기까지 한 내용이었다.

『일행을 검색할 때, 김명국의 삼(蔘) 상자가 또 발각되었으니 밉살스러웠다. 역관 윤대선은 스스로 발각됨을 면하기 어려울 줄 알고서 손수 삼 자루를 들고 와 자수하였으니, 딱하고 불쌍한 일이었다.』

- 임광의 〈병자 일본 일기〉 1636년 11월 18일 -

이처럼 국위를 손상하는 양아치 짓으로 큰 물의를 일으켰음에도 김명국은 그 7년 뒤(1643년) 통신사 일원으로 또 일본을 방문하게 된다. 화원 신분으로 전무후무한 이 두 번째 방일이 성사될 수 있었던 건 '체류비를 다 댈 테니 김명국 같은 화가를 꼭 다시 보내 달라'는 일본 측의 간곡한 요청 때문이었다. 요즘 식으로 말하면 일종의 '특별초청 앙코르 공연'이었던 셈인데, 일본 측은 이 두 번째 초청에서 김명국이 반드시 지켜야 할 조건으로 다음과 같은 단서 조항을 달았다.

『김명국이 다른 사람을 시켜 대신 그리게 할 뿐 아니라 간혹 술에 취하여 붓을 놀리는 데 힘을 다하지 아니하였으므로, 반드시 보는 곳에서 그리게 해야 한다.』

- 〈왜인구청등록[44]〉1662년 2월 26일~3월 16일 -

'허적허적' 속세를 떠나다

김명국에 대한 동시대 사람들의 평가는 야박했다. 아니, 좀 더 정확히 말하면, 야박했다기보다 의도적으로 무시하는 쪽에 가까웠다. 그의 신분이 본디 보잘것없는 데다, 취중 퍼포먼스 하듯 단번에 획획 내 긋는 경망(?)스러운 붓질 스타일과 지나치게 독창적인 발상 - 이를테면

---

44 왜인구청등록(倭人求請謄錄) : 왜인의 구청(왜인들이 조선 측에 필요한 물품을 요청)에 관계되는 기록을 모아 놓은 책.

산적처럼 생긴 달마를 그린다던가, 빗첩에 꽃이나 나비 대신 이를 그려 넣는 발상 - 따위가 보수적인 동시대 사내부 '꼴통'들에겐 '주정뱅이의 취중 장난질' 정도로나 비쳤던 탓이다. 비록 일본에선 '욘사마' 싸대기를 날리는 최고의 한류스타였으되, 제 집 안방에선 '안티'만 트럭째 양산해 내는 '품행 제로의 주광(酒狂) 환쟁이' 이미지에서 크게 벗어나지 못했다.

실제로 동시대에 김명국의 작품을 논한 문헌이나 자료는 눈을 씻고 찾아봐도 없다. 고작 있다는 게 인삼 밀매나 앞서 언급한 송시열의 지적 등 '안티'가 꼬일 수밖에 없는 '범죄 혐의' 두어 개뿐. 그래서 김명국이 언제 세상을 떠났는지 명쾌히 대답해 줄 사람도 없다. 이 또한 세상이 김명국에게 얼마나 무관심했는지를 나타내 주는 방증이다.

그래서일까. 묘하게도 나의 뇌리에 껌딱지처럼 착 들러붙어 좀처럼 떨어지지 않으려 하는, 아주 인상 깊은 김명국의 그림이 하나 있다. 그가 만년에 그린 '은사도(隱士圖)'라는 작품이다.

긴 소매의 상복 차림에 머리엔 두건을 쓰고 대지팡이를 비스듬히 든 채 어디론가 허적허적 걸어가는 인물. 비록 '은사도', 그러니까 우리말로 '속세를 떠난 선비'라는 제목은 붙었지만, 보면 볼수록 뭔가 음습한 게 그의 여느 그림들과는 풍기는 분위기 자체가 사뭇 다르다.

한데 이 그림 속 인물이 김명국 자신이며, 그가 가고 있는 길은 저승길이라는 해석이 근자에 힘을 얻다 못해 거의 '대세'로 굳어지고 있다. 그림 위에 거칠게 휘갈긴 글들이 다음과 같이 무장 해제(?)당한 뒤부터다.

將無能作有(장무능작유) 畵貌
豈傳言(화모기전언)

없는 것에서 있는 것을 만드
는데, 그림으로 그렸으면 그만
이지 무슨 말을 덧붙이랴.

世上多騷客(세상다소객) 誰招
己散魂(수초기산혼)

세상엔 글 쓰는 이들이 많다
지만, 누가 이미 흩어진 내 혼
을 불러 주리오.

〈은사도(隱士圖)〉

요컨대 죽음을 앞두고 자신의
속내를 그림으로 표현한 '유작(遺
作)'이라는 말씀인데, 그래서인지
최근 들어서 이 작품은 '죽음의
자화상'이라는 새 이름으로 재탄
생하는 분위기다. 〈화인열전〉의 저자인 유홍준은 이게 유작임을 아예
기정사실로 하면서, '이처럼 한 화가가 자신의 죽는 모습을 그림으로
남겼다는 사실은 김명국 이전에도 없고 김명국 이후에도 없는, 오직
김명국만이 보여준 그의 뛰어난 개성'이라고 감히 '단언'한다.

아집이 포만(飽滿)한 이런 식의 '단언'엔 살짝 거부감이 들기도 하지
만, 적어도 정서적 측면에서만큼은 충분히 설득력 있는 주장이라 생각
되기에, 그의 말에 공감 버튼을 폭풍 클릭해 주고 싶은 것도 사실이

다. 왜냐하면, 중국 화풍을 텍스트인 양 알아서 받들어 모시던 시대에, 자신만의 독창석인 화법과 넘치는 '끼'가 광기(狂氣)로 폄훼되고 매도당하는 척박한 현실이 너무도 답답하고 서글퍼져서, 김명국이 딱 저런 모습인 채로 세상을 등지고 허적허적 저승길을 재촉했을 것이라는 '느낌적인 느낌'을 떨칠 수 없겠기에.

김명국의 극적인 뒤집기 한 판

김명국에 대한 재평가가 본격적으로 시작된 건 그가 세상을 뜨고 50~60년이 지난 뒤부터였다. 김명국의 사후에 태어난 윤두서 (1668~1715), 정내교(1681~1757), 남태응(1687~1740), 신위(1769~1845) 등이 잇달아 그의 현란한 붓춤과 개성 넘치는 작품들에 극찬을 쏟아내면서 뒤늦게 관심이 폭발했기 때문이다.

말하자면, '세속적인 방법으로 울긋불긋하게 꾸며서 사람들 눈이나 즐겁게 하는 그림 따위는 절대로 그리지 않았던(정내교의 평)' 김명국의 예술적 오만함, 그리고 '미친 듯이 자기 마음대로 하면서 주어진 법도 밖으로 뛰쳐나가기 일쑤(남태응의 평)'였던 김명국만의 개성과 미술적 자유분방함을 후배들이 드디어 알아주기 시작했다는 얘기다.

남태응이 〈청죽만록(聽竹漫錄)〉이라는 저서의 별책 〈청죽별지(聽竹別識)〉에 실은, 인조~숙종 연간의 '잘나가던 화가' 3인(김명국, 이징, 윤두서)을 비교한 글 '삼화가유평(三畫家喩評)'은 이제 그 정점을 향하는 느낌이다.

『문장가에는 삼품(三品)이 있는데 신품(神品), 법품(法品), 묘품(妙品)이 그것이다. 이걸 화가에 비유해서 말한다면 김명국은 신품에 가깝고, 이징(1581~?)은 법품에 가깝고, 윤두서는 묘품에 가깝다. 학문에 비유하자면 김명국은 태어나면서 아는 자, 윤두서는 배워서 아는 자, 이징은 노력해서 아는 자이다.』

그리고, 또 수백 년이 흐른 지금, 김명국은 명실상부한 '그림의 귀신'으로 화려하게 부활해 우리 앞에 우뚝 섰다. 감히 한마디 하면, 이건 오늘을 사는 우리 장삼이사들에게도 시사하는 바가 작지 않다. 말하자면 "시류에 휘둘리지 말고, 너 하고 싶은 일 그냥 해. 그러면 알아주는 날 반드시 올 거야." 하는, 그간은 개가 풀 뜯어 먹다 옆구리 터지는 소리라며 철저히 배척당해 왔던 이 '교장선생님 말씀'이 재조명되는 계기로 작용한 상징적 사례라고나 할까.

실제로 그 잘난 '유교 탈레반'의 갑질이 극에 달하던 몰개성의 시대에 특유의 자유분방함과 개성미 충만한 캐릭터로 '마이웨이'를 외치다가 쓸쓸히 사라져 갔던 김명국은, 이즈음 개성 중시라는 거부할 수 없는 시대적 트렌드를 등에 업고 새로운 에너지를 차곡차곡 축적하는가 싶더니, 급기야 생전에 겪었던 편견과 냉대를 장쾌한 뒤집기 한 판으로 시원스레 메다꽂아 버리고 '우리 미술사에서 가장 호방한 필법을 구사한 선종화(禪宗畵)의 대표적 화가'로 그 이름 석 자를 또렷이 각인시키는 대반전의 드라마를, 수백 년 뒤에나마 기어코 만들어냈다.

살아생전에 팔린 작품이 단 한 점일 정도로 궁핍하게 살다가 사후에 전 세계에서 그림 값 가장 비싼 화가로 화려하게 부활한 빈센트 반

고흐나, 생계를 위해 쌀 한 되 값에 작품을 팔아넘기고 개인 전시회 같은 건 꿈도 꾸지 못하다가 사후에 우리 국민에게 가장 사랑받는 화가, 우리나라에서 그림값이 가장 비싼 화가로 자리매김한 박수근의 대반전 드라마처럼.

현재 남아 있는 김명국의 작품은 일본에 있는 13점을 포함해도 30점이 채 되지 않는다고 한다. 대표작으론 〈달마도(達摩圖)〉·〈설중귀려도(雪中歸驢圖)〉·〈심산행려도(深山行旅圖)〉·〈기려도(騎驢圖)〉·〈관폭도(觀瀑圖)〉·〈투기도(鬪碁圖)〉·〈은사도(隱士圖)〉·〈사시팔경도(四時八景圖)〉 등이 있다.

"내 몫까지
살아 주."

벗들에게
남은 수명 나눠준
북창 정렴

호(號) 이야기

이번 단원엔 「호(號)」라는 놈으로 말머리를 풀어볼까 한다. 조선시대에 붓대깨나 조몰락거린 먹물이라면 필히 하나 이상씩 지참하고 다녔을 호(號), 이놈 정체는 뭘까? 사전적 정의로는 '본명이나 자(字) 외에 허물없이 부를 수 있도록 지은 이름'으로 설명되기에 많은 분은 리얼타임으로 '별명(Nickname)'을 떠올릴지도 모르겠다. 별명이야말로 허물없이 부를 수 있도록 막 지은 대표적 이름이니까.

하지만, 호와 별명은 무늬만 비슷할 뿐 '근본(태생적 뿌리)' 자체가 다른 놈들이다. 자식에 빗대면, '내가 낳거나 양자로 얻은 자식(호)'과 '남이 낳아 내게 억지로 떠안긴 자식(별명)' 정도의 갭이 존재한달까. 처한 형편이 이렇게나 다르다 보니, 당연히 호에 대한 세간의 대접 또한 별명을 압살할 정도로 융숭하다.

▷ 자(字)란? 20세가 되면 관례라는 일종의 성년식을 치르는데 그때 이 관례를 주관하는 어른이 보통 지어주는 게 자다. 한마디로, 관례 이후에 본명 대신 부르는 또 다른 이름이다.

호에는 나름 '격(格)'이라는 게 있다. 이름이나 신체적 특성 따위를 비꼬는 식으로 우스꽝스럽게 만들어 남이 나에게 안긴 것(=별명)이 아니라, 내가 숙고 끝에 직접 짓거나 스승 혹은 선배로부터 하사(?)받은 것이기에 그 속에서 은은하게 발산되는 '품격' 같은 것. 호가 별명보다 융숭한 대접을 받는 근본 이유는 바로 여기에 있는 것이다.

물론 호란 놈을 본인이 직접 짓는 경우엔 약간의 부작용이 뒤따르기도 한다. 여담이지만, 나 역시 소싯적에 그런 부작용으로 쓴맛 좀 봤던 아픈 추억을 간직하고 있다.

아주 오래 전, 그러니까 삶의 파종을 마쳐야 할 시기인데도 천지 분간 못 하고 물 텀벙 술 텀벙 대충 막 살아가던 청춘기의 어느날, 나는 언필칭 죽마고우들과의 술자리에서 느끼해진 술판 분위기를 끌어올려 보고자 손수 지은 호를 전격 공개했다가, 정말이지 놈들에게 가루가 되도록 까인 적이 있다.

실제로 그날, 20세기, 계산기, 십장생, 조카 신발끈, 십팔 색깔 크레파스, 시베리안 허스키, 시모노세키…같은 단어들이 난무하는 언필칭 죽마고우들의 무도한 언어 린치에, 나는 '콧대'가 팍 죽어 꼬리를 돌돌 말아 넣을 수밖에 없었다. 수십 년이 지났건만, 그때 다들 왜 그처럼 그악스럽게 '지랄'들을 해댔는지 지금 생각해 봐도 참 요해가 불가하다. 난 그냥…, 아주 소심하게, '모양 형(形)'에 '짤 님(紝)' 이렇게 조합해서 호를 새로 하나 팠노라고, 살짝 귀띔만 해줬을 뿐인데… 꺼억.

다시 각 잡고 정주행을 해보자.

우리 조상들이 호를 지을 때 가장 흔히 취한 방식은 자기 거주지나

명승지 이름 또는 자신의 사상 등을 끌어와 써먹는 것이었다. 그중에 서도 특히 선호도가 높고 '막 짓기'도 그만인 게 거수지나 그 인근 명 승지 이름을 끌어오는 방식이었다. 예를 들면 본가와 집안 농장이 있 는 파주 파평면 율곡리를 따서 '율곡'으로 짓거나(이이) 낙동강 상류 거 주지 일대의 지명을 끌어와 '퇴계'라고 지은(이황) 걸 비롯해, 유배지인 강진 근처의 야생차가 많이 나는 '다산'(정약용), 어릴 때 살던 인왕산의 '필운'대(이항복), 고향인 강릉의 야트막한 '교산'(허균), 거주지인 안산 인 근의 호수 '성호'(이익), 자신의 서재가 있는 개성 오관산의 연못 '화담' (서경덕), 은거하던 황해도 장단의 골짜기 '연암' 골(박지원) 같은 명칭을 슬그머니 끌어와 써먹은 경우가 대표적이다.

삼국시대부터 사용하기 시작한 호가 양반 계층에 널리 확산한 건 조선시대부터였다. 이 시기부터 서신, 문헌 등의 교류가 활발해지면서 부모님이 주신 '너무나 귀해 막 쓸 수 없는' 이름(쓸 때마다 복이 빠져나간 다고 생각했다) 대신 '막 써도 아무 탈 없는' 호를 즐겨 사용했다. 그래서 역사 인물이나 근현대 유명인 중에는 본명보다 호가 더 입에 착착 감 기고 친근하게 느껴지는 경우가 적지 않다. 소동파(소식), 김소월(김정 식), 홍난파(홍영후), 김영랑(김윤식), 조지훈(조동탁), 박목월(박영종), 이육 사(이원록) 등등….

조선시대 단학(丹學)의 '레전드 오브 레전드'였던 이 단원의 주인공 정렴(1506~1549) 또한 본명보다 '북창(北窓)'이라는 호로 훨씬 친숙해진 인물이다. 앞에 열거한 예시들보다 특이한 점이 있다면, 그 호를 자신 이 거주하는 집의 구조에서 끌어왔다는 것이다. 말하자면 '북쪽에 창문이 달린 집 정 씨⇒북창 집 정 씨⇒정 북창'의 변천 과정을 거쳤을 개연성이 매우 높은 호라는 얘기다. 실제로 여기서 말하는 '북창(北窓)' 은 '북쪽으로 난 창문'을 지칭하는 게 맞으니까.

그렇다면 정렴은 대체 무슨 곡절이 있어서 이런 특이한 호를 갖게 됐던 걸까?

정북창은 누구?

정렴의 호가 '북창'이 된 내력을 제대로 알기 위해서는 일단 그의 아버지에 대한 '신상 털기'부터 선행돼야 한다. 그 아버지가 원인 제공자라고도 할 수 있으니까.

정렴의 아버지는 명종 때 우의정까지 지낸 정순붕(鄭順朋, 1484~1548) 이다. 그는 소윤(小尹) 윤원형 등과 함께 대윤(大尹) 윤임 일파의 부두목 격인 유관을 '멸족의 지경에 빠뜨리고(사관의 논평)' 을사사화(1545년) 의 실세로 부각하면서, 그 전리품으로 우의정 자리까지 꿰찬 '시대의 간흉'이다(을사사화는 정북창이 마흔 살 즈음에 일어난 사건이다).

사실 아버지가 쿠데타로든 뭐로든 권력의 상위 0.1% 안에 쾌속 진입 하였으면 그 자식들은 아버지의 '꿋발'에 빨대 꽂고 단물이나 쪽쪽 빨면서 호의호식하는 게 보통이다. 하지만 정렴은 결코 '아빠 찬스'를 쓰지 않았다. 아니, 쓰지 않는 정도에 그치지 않고 보던 책까지 죄다 불살라버리면서 아버지에게 "이 일은 30년 지나면 반드시 패할 것입니다."라고 악다구니까지 퍼부어 댔다.

▷ 그 뒤 만력 정축년에 이르러 정순붕의 훈작이 모두 삭제됐으니, 을축년으로부터 정축년까지는 정확히 33년이 된다.

전형적인 '모범생'과였던 맏이가 돌연 이처럼 사납게 나오니 이제 아버지와 맏아들의 관계는 '돌아오지 않는 다리'를 건넌 형국이 됐다. 그리고 얼마 뒤 〈청구야담〉 등에서 '요악(妖惡)한 인물'이라고 지목한 둘째 정현의 이간질 - 사화에 두 발을 깊숙이 담근 정현이 아버지에게 사화에 반대하는 형 정렴을 죽이자고 한 이간질 - 로 인해 그나마 엉성하게 버텨주던 다리마저 폭삭 주저앉은 격이 되자 정렴은 크게 좌절했다.

『정렴은 성품이 명민하고 선을 좋아하여 마음속으로 자기 아비가 하는 짓을 그르게 여겨 일찍이 간하여 그치도록 했으나 정순붕이 따르지 않았다. 그의 동생 정현이 결국 이간질을 하여 온 집안에 변이 일어나려 하자 정렴은 아비에게 뜻을 얻지 못하고 양주의 촌사(村舍) 혹은 산사(山寺)에 가서 산 것이 여러 해였다.』

- 〈명종실록〉 즉위년(1545년) 8월 28일 자 기사 -

'가문의 변으로 상처를 입은(致傷於家變: 허엽의 표현)' 정렴은 만사를 포기하고 과천의 청계산과 관악산 등지에 박혀 약초 캐는 일로 소일하며 살았다.

그러다가 이듬해인 1546년 경기도 양주 땅에 터를 잡으면서 본격적으로 조선왕조 버전 '나는 자연인이다'를 찍기 시작했다.

다 아시다시피, 경기도 양주는 서울의 북동쪽에 있는 고장인데, 정렴은 이곳 괘라리(掛蘿里: 현재의 양주시 산북동 일대)라는 시골 마을에 집을 지었고, 창문은 북쪽으로 냈다. 한마디로, 아버지가 있는 서울 쪽으론 눈길도 주지 않겠다는 결연한 의지의 표현이었다. 우리에게 친숙한 '서울 쪽 보고 오줌도 싸지 않겠다'의 자매 버전이라 할 수 있겠는데, 그의 호 '북창'은 이런 안타까운 사연을 안고 탄생하게 됐던 것이다 (이제부터 그의 호칭도 정북창으로 통일한다).

지, 진짜 천재가 나타났다아!

이젠 어느 정도 눈치채셨겠지만, 이 책에 등장하는 괴짜들은 대부분 '천재 DNA'를 과도하게 함유한 '왕 똑똑이'들이다. 이렇게 각자의 시대를 대표하던 천하의 '왕 똑똑이'들이 엉겁결에 한 공간에 모여 바글대니, 이럴 때 우리 국민이 가장 빠지기 쉬운 유혹은 '줄 세우기' 본능의 발동이다. '최고', '제일', '원조'를 숭상하는 국민성답게 이 바닥에도 필시 서열은 존재해야 한다고 생각할 테니 말이다.

그래서 실제로 줄 세우기를 한다면 어떤 결과가 나올까? 중간이나 후미 쪽에선 예측 불가의 박 터지는 대혼전 양상이 전개될 수도 있고, 서열의 두 번째는 '김신동'이 가볍게 차지할 수도 있을 게다. 하지만 서열의 첫머리에 이름을 올릴 후보는 이미 내정돼 있다고 단언해도 무방할 정도이니, 누구나 인정하는 '똑똑함의 끝판왕'은, 바로 정북창이다.

아닌 게 아니라, 각종 문헌과 기록으로 드러나는 그의 천재성은 좀처럼 믿기 어려울 정도로 어마어마하다. 한마디로 여느 천재들과 '띠 색깔'부터가 다르다는 얘긴데, 대표적인 사례를 몇 가지만 들어보자.

믿기지 않겠지만, 서유영의 야담집 〈금계필담〉에 따르면 정북창은 태어나면서부터 말을 했고, 대낮에도 그림자가 없었다. 또, 태어나면 서부터 빼어나도록 영특해서 온갖 재주를 순전히 '독학'으로 터득했다. 음악·천문·의약·지리·산수·복서(卜筮 : 점)는 스무 살 전에 통달했고, 중국어 및 제2, 제3외국어도 한번 들으면 스펀지처럼 빨아들여 자기 것으로 만들었는데, 이 또한 모두 '독학'으로 얻은 스펙이었다.

그뿐만 아니다. 평소 '흰소리'는 전혀 입에 올릴 것 같지 않은 '아스팔 트 가스통 할배' 이미지의 허목(1595~1682)조차 〈미수기언〉에 이런 믿기 지 않는 기록을 담아 놓고 있다.

> 『정북창이 어느 날 잔칫집에 갔다가 새 소리를 듣고 그 집 술이
> 무덤가에서 거둔 밀로 빚은 것임을 간파한 일, 그리고 이로 인해
> 고을 원님에게 붙들려 갔다가 고을 원님이 사생아라는 내력을 역
> 시 새 소리에 의해 알아낸 일 등은 민간에 널리 알려졌던 설화다.』

이게 끝이 아니다. 벌써 끝낼 거였으면 애초에 설레발을 이리 치지 도 않았다. 〈금계필담〉에 따르면, 일찍이 선가의 여섯 가지 신통력, 즉 육통법(六通法)을 터득하지 못한 게 통탄스러웠던 정북창은 어느 날 산 사에서 조용히 마음을 가라앉히고 사물을 바라보는 육통법에 도전했 다. 그랬더니 3일째 되는 날 문득 앞이 환히 트이면서 산 너머 백 리 밖에서 아낙네들이 빨래터에 모여 빨래하는 모습, 조잘거리는 소리까

지 다 들려왔다.

그렇다면 이젠 진짜 끝? 아니다, 외려 점입가경이다. 이젠 정북창이 '걸어 다니는 외국어 번역기'였다는, 실로 믿기 힘든 증언까지 들어야 하니까. 이 증언 역시 예의 〈금계필담〉에 실려 있다. 이 책에 따르면, 일찍이 부친 정순붕의 명나라 출장 때 당시 열네 살이던 북창이 따라 갔다. 그들이 북경에 도착하자 유구국(지금의 오키나와) 사신이 찾아와 "고국에서 점을 치니 진인(眞人: 진리를 깨달은 사람)을 만날 것이라 했는데 당신이 바로 그 분이군요!" 하면서 북창에게 가르침을 청했다. 그러자 북창은 유구국 말로 〈주역〉의 '요결'을 가르쳐 주었다.

북창은 또 현지 젊은이들과 중국어로 시문답(詩問答)을 하는가 하면, 소문을 듣고 찾아온 각국 사신들과 그 나라 말로 〈주역〉·〈황정경〉·〈도덕경〉·〈음부경(陰符經)〉에 대해 토론하는 등 천부적 언어 재능을 유감없이 발휘하며 거의 '원맨쇼'에 가까운 맹활약을 펼쳤다.

위 이야기가 좀체 믿기지 않으신다면 유사품으로 이런 증언도 있으니 참고하시라.

『정렴은 신묘하게도 여러 나라의 언어를 이해했다. 일찍이 중국에 갔을 때 유구국(오키나와) 사람이 그를 찾아와 〈주역〉을 가르쳐 달라고 청하자, 그는 즉시 유구국의 말로 가르쳐 주었다. 관(館)에 있던 여러 나라 사람이 그 소문을 듣고서 찾아오자 각기 그 나라의 언어로써 대화를 나누니, 그를 천인(天人)이라고 칭찬하면서 놀라지 않은 사람이 없었다.』

— 이유원의 〈임하필기(林下筆記)〉—

한마디로 정북창은 그냥 천재가 아니라 '생이능언[45]'과 '생이지지[46]'를 황금비율로 '믹스(Mix)'한 '천재 오브 천재'였다는 얘기다.

'명의(名醫)'로도 이름을 날린 정북창

온양 정씨 정순붕과 전주 이씨 부인(양녕대군의 증손녀)의 6남 5녀 중 맏이로 정확히 중종 즉위년(1506년)에 맞춰 태어난 정북창은, 열다섯 살 되던 해(1520년)에 기묘사화[47]의 여파로 전주 부윤이던 아버지가 면직되고 이듬해에 관작까지 삭탈당하자, 과거시험을 단념한 채 32세까지 천문, 지리, 의약, 복서 등의 잡예나 불교, 도교 수련에 전념하며 몸을 감췄다. 그러다가 아버지가 복직된 1537년(중종 32), 그의 나이 서른 둘이던 해에 부모의 강권으로 사마시[48]에 응시해 합격했다. 그는 이렇게 과거의 '맛'만 살짝 봤을 뿐 '고시' 격인 대과에는 끝내 도전하지 않았다.

하지만 정북창이 천문, 지리, 음률, 의약 등 여러 분야에서 워낙 뛰어난 재능을 보이자, 조정에서는 그를 인재로 발탁해 장악원 주부(主簿), 관상감, 혜민서 교수 등의 짭짤한 보직을 연달아 안겨 줬다. 그즈음 시중에 자자하던 - 정북창의 천재성과 연관된 - 별별 희한한 소문

---

45 생이능언(生而能言) : 태어나면서 말할 줄 아는 능력

46 생이지지(生而知之) : 배우지 않아도 스스로 깨쳐서 모든 것을 알다

47 기묘사화 : 1519(중종 14)년 남곤, 홍경주 등의 훈구파에 의해 신진 사림들이 숙청된 사건

48 사마시(일명 소과) : 생원과 진사를 뽑던 과거

들이 말짱 '구라'가 아니라는 걸 나라가 입증해 준 셈이다.

▷ 장악원(掌樂院)은 '조선시대 궁중에서 연주하는 음악과 무용에 관한 일을 담당
   하는 관청'이고, 관상감(觀象監)은 '천문·지리·역수(曆數)·점산(占算)·측후(測
   候)·각루(刻漏) 등에 관한 일을 담당하기 위해 설치했던 관서'이며, 혜민서(惠民
   署)는 '서민 환자의 구제와 약재 판매를 담당했던 기구'이다.

사실, 꼭 장악원 주부가 됐대서 하는 말이 아니라, 실제로 정북창은
어릴 적부터 음률에 탁월한 감각을 지니고 있었다. 노끈으로 술병을
묶고, 구리 젓가락 하나를 그 속에 꽂은 다음 다른 하나를 가지고 술
병을 두드리면 오음육률이 다 만들어져 나왔다. 북창은 또 소법(嘯法),
즉 휘파람 불기 - 일반적인 휘파람이 아니라 오랜 수련의 결과로 배꼽
아래의 기를 위로 끌어올려 내는, 바위 골짜기를 진동시키는 엄청난
위력의 휘파람 불기 -에도 달인이었으니, 다음은 관련 일화다.

그가 20대 중반일 때 강원도 관찰사로 있던 아버지 정순붕을 따
라 금강산에 놀러 간 적이 있었다. 부자가 마하연 암자에 거의 다다랐
을 즈음 정순붕이 뒤를 돌아보며 북창에게 말했다.

"사람들이 네가 휘파람을 잘 분다고 하는데 내 아직 들어보지 못했
다. 이런 절경에 왔으니 한 곡조 불 만하다."

이에 북창은

"고을 사람들이 이곳에 많이 와 있으니 내일 비로봉에 올라가 불겠
습니다."

라고 했고, 아버지는 그러라고 했다.

다음날, 아침부터 추적추적 비가 내렸지만, 북창은 비를 무릅쓰고 비로봉에 오르기 시작했다. 아버지도 따라 올라가려고 하자 중이 말리면서 오후에 비가 갤 테니 그때 올라가라고 했다.

오후가 되니 과연 비가 개었고, 중은 아버지를 인도하면서 비로봉 정상으로 향했다. 그런데 기암절벽으로 둘러싸인 산골짜기에 막 다다랐을 때 갑자기 피리 소리가 맑고 높게 울리기 시작했다. 중이 깜짝 놀란 표정으로 말했다.

"이렇게 깊은 산속에 웬 피리 소리일까요? 경치가 기가 막히니 신선이 내려왔나 봅니다."

아버지는 아무 말도 하지 않았지만, 그건 피리 소리가 아니라 아들의 휘파람 소리라는 것을 직감으로 알아챘다.

그렇다면 관상감 자리는 또 그의 어떤 면모 때문에 안겨 줬을까?

앞에서 언급했듯이 관상감은 천문·지리·역수(曆數)·점산(占算)·측후(測候) 등을 담당했으므로 여러 분야에 걸쳐 다양한 지식을 갖추고 있어야 했다. 당연히 천리안을 가졌거나 미래를 내다볼 줄 아는 사람이라면 '엄지척'일 것인데, 사실 정북창은 그런 쪽으로도 이미 특화되다시피 한 인물이었다. 실제로 이와 관련해 민간 세상에 전설처럼 떠도는 정북창의 에피소드는 차고 넘친다.

젊은 시절, 정북창이 자신을 잘 따르는 막냇동생 정작(鄭碏: 1533~1603)과 함께 살 집을 구하러 다니다가 어떤 집을 보고 깊은 탄식

을 했다. 이유를 눈치챈 동생이 그냥 지나치는 건 도리가 아니니 액을 물리쳐 주자고 제안했다.

두 형제가 집주인을 만나 집안에 액이 닥쳤음을 말해주고는 느닷없이 그 집 아들을 궤짝에 넣어 불 속에 휙 던져 버렸다. 주인이 기겁을 해서 황급히 말렸지만, 북창은 계속 불을 지피도록 했다.

그런데 집이 다 타고 난 뒤에 자세히 보니 잿더미 속에 큰 뱀이 죽어 있고, 뱀의 몸통에 낫의 끝이 박혀 있었다. 주인이 예전에 연못에서 물고기를 잡아먹는 뱀을 낫으로 찍어 죽인 적 있는데, 그때 부러졌던 그 낫 끝이었다.

"그 아들은 원수를 갚기 위해 인간으로 변신한 뱀이었다."

북창이 이렇게 말해주니, 주인이 연신 머리를 조아리며 고마워 어쩔 줄 몰라 했다.

정북창이 산사에 머무르고 있을 때였다. 그는 겹으로 병풍을 두르고, 관을 쓰고, 밖을 내다보지도 않은 채 종일 고요히 앉아 침묵으로 일관했다. 하루는 중이 찾아와 두런두런 얘기를 나누는데, 북창이 갑자기

"오늘 집에서 일하는 머슴이 술을 갖고 올 것이다."

라고 말하다가, 이내 안타까운 표정을 지으며 이렇게 말했다.

"아깝구나. 오늘은 술을 못 먹게 생겼구나!"

중이 뜨악한 표정으로 고개를 갸웃거리고 있으려니, 잠시 뒤 머슴이 도착해 이렇게 투덜거리는 것이었다.

"우쒸! 술 항아리를 지고 오다가 저기 고갯마루 밖에서 돌부리에 넘어져 깨뜨렸시유."

6형제 중 장남인 정북창은 셋째 동생 정첨의 부인 구 씨를 남달리 존중했다. 사람들이 까닭을 물으니

"우리 집안은 모두 제수씨의 자손이 될 것이니 내가 어찌 존중하지 않을 수 있겠는가?"

라고 답했다. 실제로 북창의 손자 대에 이르면 형제들은 모두 자손이 없었는데 셋째 집안에서만 대가 끊어지지 않았다고 한다.

이 점이 늘 고마웠던 북창은 구 씨의 친정 할아버지 영유공(永柔公)이 상을 당하자 친히 양주 군장리에 못자리를 잡아 줬다. 그런데 그 자리는 무학대사가 왕후지지(왕후의 못자리)라고 표해 놓은 곳과 매우 가까운 곳이었다.

이에 구 씨의 친정아버지인 통진공(通津公)이 '금혈(禁穴) 가까이에 묘를 쓰면 후환이 있게 될 것'이라고 걱정했다. 북창은 '후환이 없을 것이며 장차 후손들은 문·무가 아울러 드러나게 될 것이고 그중에 한 파(구수훈 派)는 아주 청고하게 될 것'이라고 말했다.

후일 문정왕후가 상을 당해 이 금혈에 묘를 쓰게 됐는데, 무덤을 중간도 못 파서 돌 때문에 포기하고 말았다. 결국 북창의 말이 맞았던 것이다.

정북창은 젊은 시절 후일 호조, 예조판서까지 지내는 홍성민과 대작한 적이 있는데, 권커니 잣거니 신나게 술을 마시던 중 갑자기 작은 술잔(그때까지 작은 술잔은 나라에서 정한 규격이었다)을 가리키며 이렇게

말하는 것이었다.

"지금은 이 잔이 이렇게 작지만, 나중엔 큰 사발만 해질 것이고, 그 때쯤엔 나라에 큰 변고가 일어날 것이다. 나는 그걸 못 보겠지만 실로 걱정이 크다. 부디 대비를 잘해라."

실제로 북창이 세상을 떠난 후 세상 사람들은 큰 사발로 술을 마시기 시작했고 그 무렵에 임진왜란이 일어났다. '줄행랑' 치는 선조를 따라 행재소에 머물던 홍성민은 그 와중에도 북창의 이 같은 선견지명을 입에 침이 마르도록 칭송, 또 칭송하고 다녔다.

\# 한번은 사촌 동생 삼 형제가 찾아와 정북창에게 아버지의 묏자리를 잡아 달라고 청했다. 북창이 그들을 데리고 진흙밭으로 가서 이곳이 뛰어난 명당이라 이르고는 한밤중에 관을 묻도록 당부했다. 삼 형제가 아버지의 시신을 안장하기 위해 구덩이를 팠더니 물이 반 정도나 차올랐다.

처음 북창을 의심하던 삼 형제는 그가 물이 나오는 걸 모르지 않았을 것이라 믿고 돌을 넣어 구덩이를 평평하게 만들어서 묘를 썼다. 나중에 북창에게 전후의 일을 고하니 구덩이에 던진 돌 하나에 금관자 옥관자(여기서는 벼슬을 말한다)가 한 개씩이라며 얕게 판 것을 아쉬워했다. 과연 그 후 그 집안에 명인이 돌 숫자만큼 나왔다고 한다.

이게 다가 아니다. 꼭 혜민원 교수가 됐대서 하는 말이 아니라, 실제로 정북창은 의술에도 상당한 조예가 있었다. 야인 시절 그는 고질병에 시달리는 사람이 찾아오면 좌석에서 띠풀과 솔새 풀 한 줌을 집어

손으로 비비고 입으로 따뜻하게 한 후 복용케 함으로써 병이 즉석에서 낫게 하곤 했다. 그래서 인종의 병세가 위독해졌을 땐 궁중에 들어가 직접 진찰에 참여하기도 했다. 요즈음으로 치면 대통령 주치의 역할까지 했다는 얘긴데, 이 사실은 〈조선왕조실록〉을 통해서도 확인된다.

『…초하룻날 밤 기절하였다가 되살아났을 때 정염이 들어가 진맥하려는데 궁인이 손을 끌어내니, 대행왕이 이미 말은 못 하게 되었으나 마음속에는 매우 싫어하는 듯이 손을 움츠리고 내놓지 않았다. 윤임이 곁에 있다가 그 뜻을 알고서 궁인을 뿌리쳐 보내고 나아가 손을 끌어내니, 정염이 그제야 진찰하였다….』

- 〈인종실록〉 1545년(인종 1) 7월 4일 -

사실 정북창은 그 일 년 전 중종이 위독했을 때도 내의원과 제조(提調)들에 의해 명의로 추천된 적이 있었다. 조정의 여론도 정북창이 투약업무에 참여해야 한다는 쪽이었고, 중종 자신도 '의원들이 정염을 천거하지 않더라도 내가 부르려 했다'라고 말할 정도로 그의 의술을 신뢰했다. 의술에 조예가 깊기론 동생 정작도 마찬가지여서, 허준의 〈동의보감〉 편찬 작업에 유의(儒醫)로서 깊이 관여한 이력이 있다.

인종의 '믿을 맨' 정북창

위에서 살펴본 바와 같이, 정북창은 "도대체 못하는 게 뭐야?" 하는 댓글이 주렁주렁 달릴 정도로 여러 분야에서 '파란 타이즈 위에 빨간 팬티 걸쳐 입은' 그 남자에 버금가는 능력을 보여줬는데, 이런 정북창의 탁월한 능력을 제대로 알아준 임금은 앞에서 언급한 인종이었다. 비록 재위 8개월 만에 승하했지만, 인재를 알아보는 눈이 탁월했던 인종은 정북창의 천재적 능력을 일찌감치 간파하고 자신의 정신적 스승으로까지 여겼다.

그래서 세자 시절 공부방 병풍 뒤에 메모처럼 이런 글자를 써놓고 그걸 자주 들여다봤다고도 전해진다.

領議政 皮匠   [영의정 피장]

左議政 徐敬德   [좌의정 서경덕]

右議政 鄭磏   [우의정 정렴]

▷ 여기서 '피장(皮匠)'은 동소문 밖의 백정(갖바치라는 설도 있다)으로, 정암 조광조가 그 인격을 높이 평가해 인종에게 천거한 사람이다. 하지만 피장이 곧 조광조라는 주장도 있다.

인종이 집권 후를 구상한 '섀도 캐비닛'에 한 자리를 마련해 놓을 정도로 정북창은 당대에 큰 재목감으로 거론되던 인물이었다. 인종은 이런 정북창에게 마지막 진맥도 받길 원했지만 곧 승하했고, 한동안

실의에 빠져있던 정북창은 포천 현감을 자원해 나갔다가 얼마 뒤 사표를 내고 서울 근교에서 은거 생활을 시작했다. 이 시기 그는 시와 술 그리고 음악을 벗하며 유유자적하거나 불교의 참선과 도가의 수련에 더욱 몰입하는 모습을 보여주기 시작했다.

文章驚世徒爲累(문장경세도위누) 富貴薰天亦漫勞(부귀훈천역만로)
문장으로 세상을 놀라게 하는 일 쓸데없이 누가 되고, 부귀로 번성해도 역시 쓸데없는 일.
何似山窓岑寂夜(하사산창잠적야) 焚香黙坐聽松濤(분향묵좌청송도)
산속의 창가 적막한 밤에, 분향하고 말없이 앉아 솔바람 소리 듣는 것이 어떠한지?

단학의 중추적 인물 정북창

여기까지 먼지 나게 신상을 털어드렸는데도 여전히 정북창이 생소하다고 느끼는 분들이 있다면, 그런 분들을 위해 결정적인 힌트를 하나 더 드릴까 한다.

당신은 〈단(丹)〉이라는 책을 기억하는가?

단언컨대, 기억한다면 '쉰세대'이고, 기억 못 한다면 '신세대'일 것이다. 〈단(丹)〉은 1884년에 김정빈이라는 젊은 작가가 도가(道家=도교)의 용어 '단(丹)'을 소재로 쓴, 좀 더 정확히 말하면 단전호흡의 대가로 불리던 봉우 권태훈(1900~1993) 옹의 구술을 받아 적고 살을 보탠 장편소설로서, 출간과 동시에 베스트셀러로 등극하고 이 땅에 '선도 수련' 광풍을 몰고 왔던 책이다.

〈단(丹)〉

이 책의 예기치 못한 광풍에 고무돼서인지 〈단(丹)〉의 실제 주인공인 권태훈 옹도 후일 책을 한 권 냈으니, 〈천부경의 비밀과 백두산족의 문화〉라는 교양서적이 그것이다. 그런데 이 책 속에는 조선 중엽에 나온 〈용호비결〉을 토대로 한 〈연정 16법(研精十六法)〉(일명 '조식호흡법')이라는 단전호흡법을 소개하는 항목이 있다. 이때 권태훈 옹이 인용한 단전호흡법의 입문서인 〈용호비결(일명 '북창비결')〉, 이 책의 저자가 바로 정북창이다.

아는 분은 아시겠지만, 실제로 정북창은 조선시대 도교의 중추적 인물이자, 단학(丹學)의 중시조[49] 또는 비조[50]로 모셔지는 대단한 인물이었다.

정북창의 〈용호비결(북창비결)〉

그리고, 용호대사로도 불렀던 정북창이 쓴 이 〈용호비결〉은 현존하

---

49 중시조(中始祖) : 쇠퇴한 집안을 다시 일으킨 조상

50 비조(鼻祖) : 어떤 일을 가장 먼저 시작한 사람

는 도교 수련서 중 최고봉으로 꼽히는 '단전호흡의 경전'이다.

> …정신과 기운이 배꼽 아래 단전 가운데 머물게 하면 몸의 위쪽
> 에 있던 사악한 기운이 마치 구름이 밀리고 안개가 하강하듯 세
> 차게 흘러내려서, 가슴에서 배로 내려가게 된다…
>
> - 〈용호비결〉 중에서 -

　정북창이 단전호흡의 뿌리인 선도(仙道) 수련에 심취한 건 소싯적부
터였다. 온양 정씨 문중에 대대로 내려오는 학문, 즉 가학(家學)이 배경
으로 작용했다. 당시 온양 정씨 문중에서는 정북창보다 9세 위인 사촌
형 정초(鄭礎: 1495~1539)가 선도 인물로서 이미 높은 명망을 지니고 있
었는데, 사촌 형의 선도 수련은 북창과 막내 정작에게 직접적인 영향
을 끼쳤다. 실제로 이들 셋(정초, 정북창, 정작)은 후일 '일가삼선(一家三
仙)'으로 불리기도 했다.

　물론, 그렇다고 정북창이 줄곧 선도 수련에만 꽂혀 지냈다는 얘긴가
하면 그런 건 아니었다. 평소에도

> "성인은 인륜을 중히 여기는데, 석가와 노자는 마음을 닦아 성
> 불(見性)하는 것만 말하고 인사(人事)의 학문은 빠뜨렸다. 아마 석
> 가와 노자는 대부분 같지만 약간의 차이는 있는 듯하다."

고 말하는가 하면, '남과 더불어 말할 적에는 단 한마디도 공자의 학
문에서 벗어난 적이 없었다'라는 증언까지 있는 등, 그는 '유불도'의 3교

에 두루 통달한 모습을 보여줬다. 조선의 4대 문장가(신흠, 이정구, 장유, 이식) 중 1인이자 인조 대에 이조판서까지 지낸 장유(張維: 1589~1638) 또한 이 점을 힘주어 확인해 주고 있다.

"북창은 태어날 때부터 신령스러워 널리 삼교에 통달하였는데, 수련은 도교와 비슷하고, 깨달음은 불교와 비슷하나, 윤리와 행실 은 우리 유교를 근본으로 하였다."

▷ 여기서 부쩍 자주 언급되는 도교(道敎)는 - '전우치 편'에서도 살짝 소개했지만 - 고대 중국의 토속 종교 중 하나로, 교리엔 신선이 되어 속세를 떠나고자 하는 이상(理想)이 들어있다. '신선'이 되는 걸 최종 목표로 삼는다는 점에서 우리 전 통의 신선교와 숭배자만 다를 뿐 거의 판박이라는 평을 듣기도 한다.
고로, 도교 & 신선교 & 선도는 표현만 다를 뿐 모두 한 지점을 가리키는 말이 라고 받아들여도 무방할 듯싶다.

목숨을 나눠주고 가다

한편, 뭐든지 했다 하면 평균을 훨씬 상회하는 어마어마한 능력치의 이 괘라리 '북창집 아재'는 술 또한 '말술을 사양하지 않는(斗酒不辭)' 엄 청난 애주가였다. 일단 한 번 입에 댔다 하면 기본이 '말' 단위였거니와 그것도 거의 매일 퍼마셨다. 만장시에서 '하루에 천 잔의 술을 마셨다' 고 깜짝 고백했을 정도이니, 그의 주량은 가히 측정 불가 수준이라 할 만했다.

하지만 만년에는 몸이 불편해서 술을 거의 마시지 않았다. 특별히 어니가 아픈 건 아닌데 나날이 몸이 수척해지는 '알 수 없는' 증상 때문이었다. 아버지와 동생의 일로 생긴 스트레스성 울화병에서 야기된 증상이 분명해 보였는데, 그는 치료에 쓰일 약재를 스스로 조제해 썼고 단전호흡에 더욱 몰입하기도 했다.

『그는 항상 자신이 헤아려 병세에 따라 하인에게 아침저녁으로 약재를 달리 쓰게 했으며, 아침에는 입을 꼭 다물고 똑바로 앉아서 해가 돌아서야 비로소 입을 벌리고 기운을 토해 냈으며, 밤에도 또한 단정하게 앉아 새벽이 될 때까지 잠을 자지 않았다고 한다.』

- 홍만종 〈해동이적〉 -

그런데 이런 정북창이, 1549년(명종 3)의 어느 날 돌연 숨을 거두고 말았다. 그때 그의 나이는 불과 마흔네 살이었다.

…엥? 마흔넷이라고? 오늘날 '넉 사(四)' 자는 '죽을 사(死)'와 발음이 같아서 고층 건물의 층수로도 쓰지 않는 '재수 옴 붙은 숫자'인데, 하필 사(四) 자가 하나도 아니고 쌍으로 들어간 나이에?

많은 분은 왕성히 활동할 시기에 느닷없이 전해진 그의 부음이 안타깝기보다 좀 신기하다는 느낌부터 받을 것이다. 그러면서 도저히 감출 수 없는 또 하나의 감정이 "뭐지?" 하는 의아함일 것이다. 원체 신기

(神氣) 충만한 도인인 데다, 오래 사는 방법은 죄다 꿰고 있을뿐더러 이를 책으로까지 남긴 인물이, 정작 자신은 마흔 중턱도 넘기지 못하고 불귀의 객이 됐다 하니 말이다.

그런데 여기에도 지극히 '정북창스러운' 일화가 두 편이나 잠복해 있다. 자신의 남은 수명을 쪼개어 친구 두 명에게 '기프트'한 스토리가 그것이다.

정북창은 점으로 자신의 수명이 80세임을 알고 탄식했다. 아버지 일로 충격이 커서 세상에 그다지 미련이 없었건만 아직도 너무 많이 남았다는 생각에 절로 터져 나온 탄식이었다.

이런 북창에게 하루는 윤춘년이라는 친구가 찾아왔다.

"여보게, 내가 얼마나 더 살 수 있는지 점 좀 쳐봐 주게."

북창이 점을 쳐본 뒤 대답했다.

"허어, 딱 3년 남았네."

"뭬이? 딱 3년? 아이쿠, 난리 났네, 난리 났어. 이보게, 그러면 수명을 연장할 좋은 방법이 뭐 없겠나?"

"좋은 방법? 아, 방법이야 딱 한 가지 있지. 하지만, 자네가 실천할지 그게 의문이야."

"아니, 이 사람이? 곧 죽게 된 마당에 실천할지라니, 거 무슨…? 아아, 후딱 가르쳐 주게, 그 방법."

"후딱 가르쳐 달라고? 음~. 좋아, 그럼, 이 길로 곧장 동대문 밖에 가보게. 거기 가면 어떤 노인이 소에 나무를 싣고 와서 팔고 있을 걸세. 그 노인한테 착 달라붙어서 무조건 살려달라고 싹싹 빌어보게. 물론 노인은 완강히 거부할 걸세. 그러나 죽고 살기는 자네 하기에 달렸으니, 뭐 그리 알게."

윤춘년은 그길로 동대문 밖에 가봤다. 과연 한 늙은이가 나무를 팔고 있었다.

"노인장, 저 좀 살려 주십쇼."

"아니, 이 사람이 돌았나?"

"제발 저를 버리지 마십쇼."

"허, 갈수록 태산이로구먼!"

"아니, 지금 그깟 태산이 대숩니까? 제 목숨이 달린 문제입니다, 제 목숨이~. 그러니 노인장, 꼭 한 번만 살려 주십쇼."

윤춘년은 노인에게 껌딱지처럼 착 달라붙어 죽기 살기로 싹싹 빌었다. 그러고는 연방 뿌리치는 노인을 따라 그의 집에까지 함께 가며 끈질기게 졸라댔다. 큰 구경났다 하고 와 몰려들었던 동네 사람들이 다 흩어지고 주변이 조용해지자, 노인은 윤춘년의 귀에 입을 대고 이렇게 속삭였다.

"북창이란 놈 짓이야."

윤춘년은 그제야 '무슨 사연이 있구나' 싶어서 더욱 맹렬히 조르기 시작했다. 얼마 뒤 노인이 체념한 낯빛으로 천천히 입을 떼었다.

"하는 수 없지, 정북창이란 놈이 천기를 누설했으니 그놈 목숨에서 30년을 떼어 그대에게 주겠다. 그리 알고 가라."

윤춘년이 감사의 절을 골백번 하고 신나게 그 집을 나오다가 문득 돌아보니, 헐, 집도 사람도 흔적 없이 사라진 상태였다. 춘년이 연신 고개를 갸우뚱거리며 북창에게 다시 오니 북창이 태연한 표정으로 이렇게 말하는 것이었다.

"그 노인이 내 목숨 30년을 떼어 주었지? 그 노인은 태상노군(太上老君)이야. 인간의 수명을 관리하는 신이지. 나는 오래 살고 싶지 않으니, 자네가 내 목숨을 떼어간 것 조금도 섭섭하지 않다네."

이렇게 자신의 목숨을 30년이나 뚝 떼어 준 정북창에게 하루는 친구의 아버지가 찾아왔다. 병든 아들이 백방으로 치료해도 도무지 효험이 없어 이제는 죽을 날만 기다리고 있다는 하소연이었다.

이에 북창이

"천수가 그만하니 어쩔 수 없습니다."

하니, 노인은 눈물 콧물 짓기며 통사정하기 시작했다. 북창은 친구 부친의 애잔한 '눈물 쇼'를 묵묵히 지켜보다가 이렇게 말했다.

"좋습니다. 밤 3경(자정 무렵)에 어르신 혼자 남산 상봉에 올라가 보세요. 그러면 붉은 옷을 걸친 중과 검은 옷을 걸친 중이 마주 앉아 있을 것입니다. 그때 덮어놓고 그들의 앞에 나아가 아들을 살려달라고 애원하십시오. 설사 그들이 듣거나 말거나 노하거나 말거나 심지어는 매질을 당하는 한이 있더라도 절대로 굴하지 말고 그저 목숨을 애걸해 보십시오."

노인이 그 이튿날 저녁 남산에 올라가 보니 과연 밝은 달빛 아래 두 명의 중이 마주 앉아 있었다. 노인은 엎드려 눈물을 질질 짜며 애걸하기 시작했다.

"우리는 아무것도 모른다는데 왜 귀찮게 구는 것이오. 어서 물러가시오."

한 중이 달려들어 노인의 목덜미를 잡아 일으켰다. 하지만 노인은 '이판사판 공사판'이라는 생각으로 끝까지 애원하며 매달렸다. 그 정성에 감복했는지, 마침내 붉은 옷이 검은 옷을 보며

"할 수 없지. 이것도 한 인연인데."

하더니 이렇게 말하는 것이었다.

"천기(天機)를 짐작할 만한 인물은 오늘날 정북창 하나밖에 없을 터인데 이것도 필시 그가 가르쳐줬을 게요. 그 소행이 괘씸하니 정북창의 수명을 깎아서 이 노인의 아들에게 줍시다."

노인이 너무 기뻐서 감사하며 숙였던 고개를 들었을 때는 두 중이 감쪽같이 사라지고 없었다.

결국 두 친구는 곧 병이 나았지만, 이들에게 도합 40년의 수명을 '기프트'한 정북창은 그 얼마 뒤 정좌한 자세(坐化: 허목의 증언)로 세상과 작별을 고하게 됐던 것이다. 그날이 1549(명종 4)년 7월 16일, 을사사화가 일어난 지 4년이 되던 해였다.

그가 세상을 떠나던 순간, 이웃 주민은 '문득 고개를 들었더니 정북창이 구름 조각을 타고 하늘로 올라가더라'는 목격담을 전했고, '도를 극진히 닦은 덕에 육신을 가진 채로 신선이 되어 대낮에 하늘로 올라갔다(白日飛昇)'는 민간설화도 전해져 내려오고 있다.

정북창은 죽기 직전에 친구들이 지어주는 게 상례인 '만장시'를 〈自挽(자만)〉이라는 이름으로 손수 지어 남겼다. 만장시란 장사를 지내는 날 상여보다 앞에서 상여의 길을 안내하는 깃대에 적어넣는 시문을

말하는데, 마흔네 살이라는 한창나이에 생을 마감하면서도 '삶이 어찌 그리 길었냐'고 자문(自問)하는 이 시의 마지막 구절은, 자신의 남은 목숨 - 자그마치 40년 -을 두 친구에게 나눠주고 갔다는 위 설화 내용을 다시금 떠올리지 않을 수 없게 만들어, 묘한 경외감까지 준다.

一生讀破萬卷書(일생독파만권서) 一日飮盡千鍾酒(일일음진천종주)

일생동안 만 권의 책을 읽었고, 하루에 천 잔의 술을 마셨네.

高談伏羲以上事(고담복희이상사) 俗說從來不掛口(속설종래불괘구)

복희씨 윗대의 일만 이야기하고, 속된 이야기는 입에 담지도 않았네.

顔回三十稱亞聖(안회삼십칭아성) 先生之壽何其久(선생지수하기구)

안회[51]는 삼십에도 성인에 버금갔거늘, 선생의 삶은 어찌 그리 길었던고?

정북창의 자는 사결, 본관은 온양이며, 묘소는 생시에 그가 집안의 장지로 친히 잡아두었던 경기도 양주시 산북동 산록에 있으며, 경기도 양주시 괘리리의 그가 은거, 수련했던 장소는 지금도 '정씨골'이라는 명칭으로 불리고 있다. 1659년 노봉서원에 봉안됐다. 저서로는 〈용호비결(북창비결)〉과 예언서인 〈궁을가(弓乙歌)〉·〈북창집〉·〈동원진주낭(東垣珍珠囊)〉·〈유씨맥결(劉氏脈訣)〉 등이 있다.

---

51 안회(顔回) : 기원전 514년~기원전 483년, 노나라 출신이며, 호는 안연(顔淵), 공자가 가장 아낀 제자였으나, 32세에 요절한 것으로 알려져 있다.

"내가 백이숙제만
억만 번을 읽었으니…"

조선 제일의 '책벌레'
백곡 김득신

'독서율 꼴찌'의 나라, 아! 대한민국

옛날 옛적에, 그러니까 내가 '코풀레기'라는 다소 굴욕적인 호칭을 이름보다 더 자주 듣던 초등학교 저학년 시절, 하루는 술추렴 차 닷새 장에 나가셨던 엄부(嚴父)께서 전에 없이 말끔한 존안으로 귀가하시는 매우 희귀한 장면과 맞닥뜨리게 됐다. 원칙(?)대로라면 탱고 스텝 비슷한 족적을 남기며 연체동물처럼 유연하게 귀가하셔야 맞거늘(불효자를 용서하소서), 그날만큼은 어린 나이에도 "헐, 오래 살고 볼 일이네." 하고 고개를 갸웃거릴 정도로 경쾌하고 절도 있는 워킹이었다.

한데 그날 나를 더욱 경악하게 만든 건 그런 엄부의 양손에 두께가 만만찮은 시커먼 백과사전이 한 권씩 들려 있다는 점이었다. 눈대중으로 대충 가늠해 봐도 꼬꼬마들이 '똥심'깨나 써야 겨우 들 수 있을 만치 두툼한 양장판의 백과사전 한 질(상하 두 권).

"책은 마음의 양식이라 했니라. 책을 늘 머리 가까이에 두도록 해라."

여느 때보다 지나치게 낮은 엄부의 이 굵직한 한마디는 어린 내게도 큰 울림으로 다가왔고(실제로 그 후부터 나는 책을 닥치는 대로 사 나르는 별난 취미를 갖게 됐다), 책 구입비로 왕대포 두 주전자 값을 착실히 날 렸다는 말씀엔 새삼 존경심마저 우러났다. 불과 하루 전까지도 '돈이 란 술 바꿔 먹는 종이 쪼가리'라는 인식이 뇌리를 지배하는 동네 어른 들과 정서를 120% 공유했던 바로 그 엄부께서, 달짝지근한 막걸리의 치명적인 유혹까지 떨치고 산 책이라는데 어찌 폭풍 감동이 밀려오지 않을쏜가!

아닌 게 아니라, 엄부는 이후 실제로 그 두 권의 백과사전을 늘 머리 맡에 두는 언행일치의 흐트러짐 없는 자세를 잃지 않으며 근동에서 유일무이하게 '깨어 있는 지성'으로서의 면모를 견지해 나가셨다. 당연 히 엄부에 대한 나의 '존경의 염(念)'도 깊이를 더해만 갔고.

적어도, 엄부의 머리 '맡'에 있던 놈들이 어느 순간 슬그머니 머리 '밑'으로 이동하더니, 이젠 대놓고 목침의 업무를 대행하고 있더라는 자모(慈母)의 충격적인 폭로가 있기 전까지는….

내가 어째서 갑자기 이런 왕년의 아픈 가정사(?)를 홀라당 까발리는 '자폭 모드'로 씻을 수 없는 불효까지 저지르면서 이 단원을 시작했는 가 하면, 책을 꾸준히 읽는다는 게 그리 녹록지 않거니와 책을 '타고 난 팔자'와 전혀 무관한 용도로 사용하는 이들이 우리 주변에 너무 많 음을 지적하기 위해서다. '잠 안 올 땐 책이 최고 같아요'에서 '라면 냄 비 받침대로 책만 한 게 없는 것 같아요'까지….

아닌 게 아니라, 대한민국은 이미 '책 안 읽는 나라'로 전 세계의 공 인(?)을 받은 지 오래다. OECD 국가 중 국민 1인당 종이책 독서율은 영광(?)스럽게도 1등이다, 뒤에서. 특히 '성인 10명 중 4명이 1년 동안 책을 단 한 권도 읽지 않는 데다 하루 평균 책 읽는 시간이 6분 미만'이라는 언론 기사는 차라리 안 본 눈을 사고플 정도로 민망하다. 어째서 이런 지경이 됐을까? 불과 백여 년 전까지도 독서가 제1의 덕목이요, 생활 그 자체라고 온갖 설레발을 다 쳐대던 이 나라가.

우리나라 독서율(여기선 '종이책'에 한한다)이 '폭망 모드'로 접어든 원인에 대해서는 전문가들이 각종 매체를 통해 다양한 진단을 내놓은 바 있다. 그중에서 한 입으로 내놓은 공통적 진단을 몇 가지만 추리면 대략 다음과 같다.

첫째, 다들 업무나 공부에 치여 살다 보니 독서에 할애할 시간이 현저히 부족했다.

둘째, 다양한 경쟁 미디어, 즉 멀티미디어·스마트기기·컴퓨터 IT제품·오락기기 등의 등장으로 종이책 읽는 시간이 절대적으로 감소했다.

셋째, 열악한 독서 환경과 짧은 글 혹은 웹툰 부류의 부담 없는 읽을거리를 선호하는 젊은 층의 취향이 종이책 독서율의 급락을 이끈 결과로 나타났다.

그리고… 여기에 임의로 보다 원초적인 원인을 하나만 더 얹는다면, 종이책보다 품질이나 효율이 떨어지는 '베개' 및 '냄비 받침대'를 만들어 내는 우리 영세 제조업체들의 낙후된 기술력이… 캑캑.

조선 제일의 독서왕은?

앞서 언급했듯이, 조선시대만 하더라도 독서는 선비들에게 생업 차원을 넘어 거의 생활 그 자체로 인식되는 분위기였다. 특히나 명문가에서 독서에 부여하는 가치는 우리가 생각하는 그 이상으로 절대적이었다. 실제로 그 시대엔 어느 한 가문에서 대제학[=문형(文衡)]을 배출하면 그건 명문가 대열에 바로 합류할 수 있는 '급행 티켓'으로 간주됐다.

『단 한 사람이라도 문형을 배출했으면 명문가라는 점에 대개 수긍한다. 글을 공평하게 평가한다는 의미인 문형의 조건은 까다롭다.』

- 〈조선 명문가 독서 교육법(이상주 지음)〉 중에서 -

이렇듯 독서가 기타 모든 가치를 '처바르고' 다독(多讀)이 명문가 진입의 필수조건으로 인식되다 보니, 숙종 때 영의정을 지낸 김수항은 그 아들 김창집(영의정 역임)에게, 김창집은 그 아들 김제겸에게(승지 역임), 김제겸은 그 아들 김달행에게 내리 '독서하는 사람이 끊이지 않게 하라'는 유언을 남겼다는 진기록까지 전해지고 있다.

그렇다면 조선의 선비들은 실제로 책을 얼마나 많이 읽었을까?

독서에 조예가 남달랐던 정조 때의 유학자 황덕길(1750~1827)은 이런 세인의 궁금증을 풀어주기 위해 일종의 '다독 스페셜 리스트'를 작성한 적이 있다. 〈하려문집〉 권11에 실린 이 리스트 - 정식 명칭은 '서김백곡득신독수기후(書金栢谷得臣讀數記後) -에 따르면, 김일손은 한유의 문장을 1천 번, 윤결은 맹자를 1천 번, 노수신은 논어와 두시를 2천 번, 최립은 한서를 5천 번, 유몽인은 장자와 유종원의 문장을 1천 번, 정두경은 사기를 수천 번, 권유는 강목을 1천 번 읽었다.

그야말로 '대단한' 독서광들이라 아니할 수 없다. 하지만 그럼에도 이 린 독서광들을 다 '발라 버리고' 호기롭게 "꿇어!"를 외칠 수 있는 실로 어메이징 한 '독서 왕중왕'은 따로 있다. 이 단원의 타이틀에서 이미 살짝 스멜을 풍겨 김이 좀 새는 감은 있지만, 그 문제적 인물은 조선 중기의 대표적 시인인 백곡(栢谷) 김득신(金得臣)이다. 실제로 그는 불과 3년 사이에 사마천이 지은 〈사기〉의 '백이전(伯夷傳)'을 무려 1억 1만 3천 번이나 읽었다 해서 당대부터 이름을 날린 인물이다.

奇哉馬史伯夷傳(기재마사백이전) 厓老山翁讀萬番(애로산옹독만번)
기이하구나 사기의 백이전, 서애와 오산은 만 번을 읽었지.
吾亦讀之充億數(오역독지충억수) 胸中疑翳豈伊存(흉중의예기이존)
나 또한 억 번이나 읽었으니, 가슴 속에 의심나고 어두운 게 있을쏜가.

김득신은 '백이전' 억만 번 독파를 기념해 서재 이름까지 억만재(億萬齋)라고 지었다.

그러면 그가 '백이전'을 이처럼 '억' 소리 나게 읽었다는 근거는 어디에 있을까?

김득신의 시문집 〈백곡집〉의 권말 부록에는 '독수기(讀數記)'와 '고문 삼십육수독수기(古文三十六首讀數記)'라는 글이 실려 있다. 김득신 스스로가 1634년부터 1670년 사이에 1만 번 이상 읽은 옛글 36편을 밝혀놓은 글이다. 이 중 '독수기'의 첫머리는 이렇게 시작된다.

김득신 〈백곡집〉

『'백이전'은 1억 1만 3천 번을 읽었고, 〈노자전〉·〈분왕〉·〈벽력금〉·〈주책〉·〈능허대기〉·〈의금장〉·〈보망장〉은 2만 번을 읽었다.』

▷ 여기서 특히 유의할 점은, 억(億)이라는 단위가 당시엔 '만(萬)의 만 배'가 아니라 '만(萬)의 열 배'였다는 것이다. 그러니 '백이전'을 1억 1만 3천 번 읽었다는 말은 요즘 식으로 계산하면 11만 3천 번 읽었다는 의미가 된다.

이 '독수기'의 기록을 보면, 그 밖에도 〈중용서(序)〉는 1만 8천 번, 〈송설존의서〉는 1만 5천 번, 〈사설〉은 1만 3천 번, 〈용설〉은 2만 번, 〈제악어문〉은 1만 4천 번 읽는 등 김득신이 만 번 이상 읽은 책이 총 36권에 달한다. '장자, 사기, 대학, 중용 등은 읽은 횟수가 만 번에 이르지 못했기 때문에 싣지 않고'도 그랬다(김득신은 한 권의 책을 다 읽기보다는 짧은 문장 위주로 추려서 읽었다).

김득신의 '독수기'는 후일 세상에 알려지면서 팔도 주막집의 '안줏감'

1위를 독점할 정도로 큰 반향을 일으켰다. 특히 사대부 계층은 '많이 본 뉴스' '댓글 많은 뉴스' '공감 많은 뉴스' 부문 공히 1위에 올려놓을 정도로 이 글에 비상한 관심을 보였다.

그러다 보니 당연히 '팩트 체크' 작업도 뒤따랐는데, 그 대표적인 인물이 '실학의 레전드' 정약용(1762~1836)이다. 정약용은 〈다산 시문집〉 제12권에 실린 '김백곡독서변(金柏谷讀書辨)'이란 글의 도입부에서 일단 김득신의 '미친 독서열'에 대해 극찬을 쏟아 놓는다.

『문자가 만들어진 이후로 상하 수천 년과 종횡 3만 리를 통틀어 도 독서에 부지런하고 뛰어난 이로는 당연히 백곡을 제일로 삼아 야 할 것이다.』

하지만 누가 정약용 아니랄까 봐 이내 까칠한 본색(?)을 드러내며 남다른 논리력을 십분 활용, 꼬치꼬치 '팩트 체킹'을 시작한다.

『그러나 그윽이 생각해 보건대, 독서를 잘하는 선비라면 하루에 '백이전'을 1백 번은 읽을 것이다. 그렇다면 1년에 3만 6천 번은 읽을 수 있어서 3년을 계산하면 겨우 1억 8천 번을 읽을 수 있다 하겠으나, 그 사이에 어찌 질병의 우환과 오가는 문답이 없을 수 있겠는가. 더구나 그가 어버이를 섬기고 공양하는 데도 많은 날짜를 허비하였을 것이고 보면, 4년이 아니고는 1억 1만 3천 번을 읽을 수가 없다. 이와 같은 '백이전'만도 이미 4년의 세월이 소요되는 데, 어느 겨를에 여러 책을 저토록 읽었단 말인가.

내가 생각건대, '독서기'는 백곡이 직접 쓴 것이 아니라, 그가 작고한 뒤에 누가 그를 위하여 그 전해 들은 말을 기록한 것으로 여겨진다.』

정약용이 이처럼 '팩트 폭행'에 가까운 지적질을 했음에도 불구하고 '백이전'에 관한 김득신의 이 '억' 소리 나는 기록은 오늘날까지 거의 '공인 기록'으로 대접받고 있다.

비록 어느 정도 오차가 있다손 치더라도, 김득신이 '백이전'에 보인 남다른 집착만큼은 누구나 인정하기 때문이다. 이의현의 〈도곡집〉에 따르면, 김득신은 딸이 먼저 세상을 떠났을 때나 처의 상을 당했을 때도 그 어수선한 장례 행렬을 따라가면서 '백이전'을 놓지 않았다. 아니, 놓지 않은 정도가 아니라, 친척들이 "아이고~, 아이고~" 곡을 하면 - 마치 래퍼처럼 - 그 리듬(?)을 타면서 '백이전'을 읽고 또 읽었다.

김득신은 누구?

김득신은 1604년(선조 37) 10월 18일 아버지 김치(金緻)와 어머니 사천 목(睦)씨의 맏아들로 태어났다. 정확한 기록은 없지만, 여러 정황상 그가 태어난 곳은 증평이나 괴산 능촌으로 추정된다.

아버지 김치는 동래부사와 경상도 관찰사를 지낸 고위 관료 출신이며, 할아버지는 임진왜란 때 진주성 싸움을 승리로 이끈 저 유명한 김시민이다.

▷ 김치는 본래 김시회(장남)의 넷째아들이었지만, 슬하에 아들이 없던 김시민(4
남)의 양자로 입양됐다.

사실 김득신의 집안은 샐세라 넘칠세라 노심초사하며 명석한 가문
의 DNA를 대대로 썩 잘 간수해 온 집안이었다. 한마디로, 고조할아버
지부터 증손자까지 수 대를 이어가며 적어도 한 명 이상은 사립문을
냅다 걷어차고 뛰어들면서 국가공무원 합격증을 마패처럼 척 내밀어
본 경험이 있는 집안이라는 얘기다.

김득신의 고조부 김석은 1519년(중종 14) 진사가 됐으며, 조광조의 제
자인 증조부 김충갑은 1545년(명종 1) 증광시에 급제했다.

후손들은 한술 더 떠서, 김득신의 친조부인 김시회는 스물다섯 살
이던 1567년(선조 즉위년) 문과에 급제했고, 아버지 김치는 1597년(선조
30) 약관(20세)으로 알성문과에 '청소년 급제'해 모두를 깜짝 놀라게 했
다. 게다가 김득신의 어머니 목 씨도 선조 때 이조참판을 지낸 목첨(睦
瞻)의 딸이었으니, 어머니 쪽 DNA 또한 결코 말랑말랑하게 볼 수 없
었다.

고로, 이제 '왕대밭에서 왕대 난다'라는 속담이 '참'임을 입증할 책임
은 오로지 맏이인 김득신에게 있었다. 하지만, 실로 기구하고 통탄스
럽게도 김득신은 명석한 DNA와 거리가 멀어도 한참이나 멀었다. 그
는 어려서부터 그냥 돌멩이를 이고 다니는 편이 낫겠다는 놀림을 수도
없이 들어온, 소문난 '스톤 헤드'였다.

물론 그의 머리가 처음부터 '형상석(形象石)' 취급이나 받는 수준이었

던 건 아니었다. 그가 태어나기 보름 전쯤 아버지 김치의 꿈에 노자가 나타났던 터라, 김치는 내심 아들이 '대형사고'를 칠 거라는 기대감에 들떠 있었다. 하지만 어릴 때 천연두를 된통 앓고 난 이후 그의 머리는 빠르게 석화(石化)했고, 아버지의 야무진 꿈은 이로써 말짱 '개꿈'이 되고 말았다.

김득신은 남들보다 꽤 늦은 열 살 때부터 겨우 한자를 익히기 시작했다. 하지만 하나를 가르치면 둘을 까먹고 재채기를 세게 해도 머릿속이 자동 '리셋'될 정도로 뇌 내 상황은 암울하기 짝이 없었다. 그가 '백이전'을 죽어라 읽고 또 읽고 또 읽었던 이유도, 그 실은 내용에 감화돼서가 아니라 내용이 도통 뇌에 머물러 있으려 하지 않았기 때문이다. 다시 말하면 단어와 단어, 문장과 문장들이 뇌 내에 저장되기는커녕 'Error(에러)' 메시지와 함께 튕겨 나가기 일쑤다 보니, 마치 영어 학습 때의 '통문장 외우기'처럼 그 내용을 순 강제로 두정엽에 감금(?) 시키기 위해 읽기를 무한 리플레이했던 것이다(실제로 '백이전'은 글자 수가 893자밖에 되지 않는 짧은 글이다).

당시 김득신의 암기력이 어떤 지경이었는지를 절감케 해주는 깨알 같은 일화로 이런 게 있다.

하루는 김득신이 말잡이 하인과 함께 어느 집 앞을 지나다가 글 읽는 소리를 들었다. 가던 길을 멈추고 한참 그 소리를 듣고 난 김득신이 고개를 갸웃거리며 하인에게 말했다.

"익숙한 글인데 무슨 글인지 생각이 안 나는구나."

이에 하인이 김득신을 빠히 올려다보며 어이없다는 듯 반문했다.

"힐~. 아니 부학자 재적극박(夫學者 載籍極博) 어쩌고. 저건 나으리께서 맨날 읽으시는 글이 아닙니까요?"

골몰히 생각에 잠겼던 김득신은, 한참 뒤에야 그 책이 '백이전'이라는 걸 깨달았다.

최고의 후견인은 아버지

비록 악성 바이러스에 감염된 CPU(컴퓨터 중앙처리장치) 수준의 머리통을 부착한 최악의 환경이었지만, 다행스럽게도 김득신은 역대급 '악바리 근성'을 장착한 독종이었다. 마치 금강석에 정질하는 것같은 이 '무모한 도전'을 그는 절대 멈추지 않았다.

그가 번번이 '맨땅에 헤딩'으로 귀결될 게 뻔함에도 이처럼 '죽어도 고(Go)'를 호기롭게 외칠 수 있었던 배경에는 영혼까지 끌어모아 팍팍 밀어준 아버지 김치가 있었다. 김득신이 열 살 되던 1613년께 아버지 김치는 홍덕 현감을 끝으로 벼슬을 내려놓고 청당현(현 증평)에 머물면서 아들에게 직접 공부를 가르치기 시작했다. 처음 가르친 책이 중국의 역사를 간추려 정리한 〈十九史略(십구사략)〉으로, 이는 동년배 아이들보다 꽤 늦은 것이었다. 그럼에도 불과 스물여섯 글자인 첫 단락을 열흘이 지나도 다 익히지 못할 정도로 김득신의 뇌 상황은 암울했다.

하지만 김치는 '꼴통 아들'이 '불량 기억저장 장치'를 양팔로 싸매고 책과 버거운 씨름을 벌일 때마다 다음과 같은 '립 서비스'로 응원 단장의 역할을 꽤 충실히 해냈다.

"나는 저 애가 저리 미욱하면서도 공부를 포기하지 않으니 오히려 그게 더 대견스럽네. 대기만성이라는 말도 있지 않나?"

시 공부에 '올인'하다

김득신은 열네 살 때(1617) 홍문관 부제학이 된 아버지를 따라 서울로 이사했다. 그리고 몇 해 뒤엔 여기서 장가도 들었다. 그런데 대망의 혼례식 날, 김득신은 이렇게 뜻깊은 날을 허투루 보내서야 쓰겠냐는 듯 지극히 '김득신다운' 일화 하나를 어김없이(?) 투척한다.

그날 장모는 김득신이 책에 미쳐 산다는 소문을 듣고 신방에 쌓여 있던 책들을 모조리 치워 버렸다. 식순에 정해진 '메인 이벤트'에만 정력을 다 쏟도록 하기 위한 배려였다. 하지만 웬걸, 김득신은 '스탠바이' 상태에 있던 신부 쪽에는 눈길조차 주지 않고 다짜고짜 책부터 찾기 시작했다. 그렇게 한참을 부스럭거리며 책을 찾던 김득신은 한참 만에 경대 밑에서 달력을 하나 찾아냈다. 김득신은 날 밤을 홀랑 까면서 그 달력을 읽고 또 읽었다. 이윽고 첫닭이 울자, 김득신은 하품을 픽픽 살포하면서 문득 이렇게 중얼거리는 것이었다.

"근데, 뭔 책이 이렇게 심심하지?"

하지만 그의 이런 - 무조건 읽고 보자는 식의 - 독서 전략이 아주 성과를 내지 못하는 건 아니었다. 먹 돌도 뚫다 보면 구멍 날 때 있다고, 글도 밤낮 없이 죽어라 읽어내니 조금씩 '기별'이 오기 시작했다. 무엇보다 반가운 '기별'은 내면에서 마그마처럼 조금씩 꿈틀거리던 특출한 재능이 서서히 분출하기 시작했다는 것이니, 다름이 아니라 아버지로부터 물려받은 또 다른 DNA, 즉 풍부한 시적 감수성이 그것이었다. 아닌 게 아니라, 김치는 젊어서부터 감성 돋는 시 작품으로 후한 평가를 여러 차례 받은 탄탄한 문장력의 소유자였다. 김득신으로서는 어떻게 보면 '왕대밭에 왕대 난다'라는 속담이 '참'임을 입증시킬 수 있는 또 한 번의 호기를 맞은 셈이었다.

기회는 그리 오래지 않아 찾아왔다. 서울에서 밤낮 없이 당시(唐詩)를 공부하며 시 습작에 몰입한 끝에, 열아홉 살 되던 1622년(광해 14) 드디어 주변 사람들을 깜짝 놀라게 하는 한시를 만들어 내는 등 내면에서 부글부글 끓던 김득신의 시심이 대분출할 조짐을 보인 것이다.

▷ 김득신은 이즈음 평생 동지도 하나 얻었다. 아버지에게 두보를 배우러 온 박장원(1612~1671, 후일 이조판서 대사헌 등 역임)과의 만남이 그것이다. 오늘날 여러 버전의 일화가 어린이용 이야기책에 실릴 정도로 이때부터 이 둘은 평생토록 남다른 우정을 쌓으며 살았다.

한편, 거지 짓도 사흘 하면 못 버린다는데, 하물며 평생을 책만 끼고 산 위인인지라 당시(唐詩)를 공부하던 시절에도 독서는 그의 대표적인 일상사일 수밖에 없었다. 실상이 이러니 그가 주변 일에 꽤 무심했을 거란 추정은 누구나 쉽게 할 수 있는데, 그래서인가, 실제로 그는 마치 이를 상징하려는 듯한 다음과 같은 깨알 일화도 몇 개 남겼다.

어느 날 늙은 마부가 찾아와서 이제 마부업계를 은퇴하고자 하니 퇴직금 조로 전답이나 좀 떼어 달라고 했다. 김득신의 눈에 대뜸 가래 톳이 섰다.

"뭐야? 아니, 이 자가 시방 염병에 보리죽을 쑤어 먹었남? 초면에 언 다 대고 사기질이여, 사기질이?"

이에 늙은 마부는 실망한 나머지 한숨만 무더기로 싸질러놓고 비척 비척 돌아서서 나갔다. 그런데, 마부가 너덧 걸음이나 떼었을까 싶을 때 김득신이 황급히 그를 불러 세웠다. 그러고는 원하는 전답을 주겠 노라고 말했다.

주변에서 이를 지켜보던 이웃들이 눈알을 왕방울로 치켜뜬 채 갑자 기 생각이 바뀐 이유를 물었다. 김득신이 겸연쩍게 웃으면서 이렇게 대답했다.

"저 마부가 맨날 앞에서 말을 끄니 내가 얼굴을 기억 못했지 뭔가. 허, 근디 시방 뒤통수를 보니, 아 글씨 우리 집 마부가 맞네 그려~. 허 허."

어느 한식날 하인과 길을 가던 김득신이 5언시 한 구절을 읊었다.

"마~상~봉~한~식(馬上逢寒食 : 말 위에서 한식을 만나니)."

그런데 다음 구절이 도통 생각나지 않았다. 바로 그때 이 모습을 올 려다보고 섰던 하인이 '도~중~속~모~춘~' 하고 뒤 구절을 읊어댔다. 졸지에 '말 위에서 한식을 만나니 도중에 늦은 봄을 맞이했네(馬上逢寒

食 途中屬暮春)!"라는 근사한 문장이 연결됐다.

놀란 김득신이 급히 말에서 내리더니 하인에게 말했다.

"너의 재주가 나보다 나으니 이제부터 네가 말에 타거라."

그러자 하인이 키득거리며 이렇게 대꾸하는 것이었다.

"아유~ 이거, 나리께서 날마다 외우시던 당시(唐詩)가 아닙니까요? ㅋㅋ."

김득신은 시 공부에 과몰입하다 보니 이처럼 잔 실수도 많았다. 일종의 '뇌 회로 과부하'가 부른 잦은 '접촉 불량 사고' 같은 것이랄까. 다음은 압구정에서 지인들과 시 짓기 놀이를 하다가 저지른 황당한 실수다.

어느 날 아침부터 시 짓기 놀이를 하던 김득신이 저물녘이 다 돼서야 붓을 탁 놓고는 호기롭게 말했다.

"내가 오늘 겨우 두 구절을 얻었네만, 아주 훌륭하다네."

지인들의 호기심 어린 눈초리가 일제히 그의 인중께로 와 박혔다. 김득신은 눈을 지그시 감은 채 감정을 잔뜩 실어 시를 읊었다.

"삼산반락청천외(三山半落靑天外)요, 이수중분백로주(二水中分白鷺洲)로다. 삼산은 청천 밖에 반쯤 걸렸고, 이수는 백로주에서 나뉘었구나."

그러고는 감았던 눈을 살포시 뜨고 "어때? 멋있지?" 하는 표정으로 주위를 둘러봤다. 지인들이 일제히 'ㅋㅋㅋ' 거리며 "이보게! 그건 이백의 '봉황대'라는 시 아닌가?" 하고 핀잔을 쏟아냈다. 워낙 많은 글을 닥치는 대로 읽다 보니 이백의 '봉황대'도 자기 작품으로 착각했던 것이다.

이에 김득신이 "천재적선선아득(千載謫仙先我得) 석양투필하서루(夕陽投筆下西樓), 천 년 전 적선이 나보다 먼저 얻었으니, 석양에 붓 던지고 서루를 내려오네."라고 '드립'을 치자 지인들이 모두 자지러지고 말았다.

▷ 김득신의 '드립' '천 년 전 적선이 나보다 먼저 얻었으니, 석양에 붓을 던지고…'를 좀 더 쉽게 풀면, '천 년 전에 이백이 나보다 먼저 봉황대라는 시를 지었으니, 나는 붓을 던지고…'라는 의미가 되겠다. 여기서 '적선(謫仙)'은 '귀양 온 신선'이란 뜻으로 이백을 지칭한다.

▷ 이백의 '봉황대' : 당나라 시선 이백이 허난성 우창현에 있는 중국 강남의 3대 누각 중 하나인 황학루에 올라 아름다운 경치를 바라보고 시를 지으려다 문득 머리를 들어 벽을 보니 최호의 시(황학루)가 걸려 있었다. 이백은 최호의 시를 마주하고 "눈앞에 펼쳐진 모습을 보니 말조차 하기 어렵네(眼前有景道不得), 최호의 시만이 머릿속에 맴도네(崔顥題詩在上頭)" 하며 탄성을 터뜨리더니 '붓을 던지고' 내려왔다. 그리곤 남경(옛 이름 금릉)성 서남쪽으로 가서 '봉황대'를 시제로 시를 읊었다.
김득신이 말한 '석양에 붓을 던지고…'는 이 당시 이백의 행동을 빗댄 또 하나의 '드립'이다.

드디어 시인으로 등단하다

당나라 시를 공부하면서 자신감을 얻은 김득신은 스물한 살 되던 1624년(인조 1) 동래부사로 있던 아버지를 만나기 위해 부산으로 달려갔다. 그리곤 아버지에게 자신이 지은 과시 5, 6수를 보여드렸다. 아들의 작품을 찬찬히 읽고 난 아버지는, 너무나 기쁜 나머지 덩실덩실 춤까지 추며 "음~, 좋아~, 아~주 좋아~"를 연발하고 나서 나직이 말했다.

"글공부란 꼭 과거를 보기 위한 건 아니시만, 앞으로도 꾸순히 노력해라. 너는 예순 살이 될 때까지는 과거를 포기하지 마라. 아비의 부탁이다."

하지만 이처럼 전천후 바람막이를 자처하던 아버지는 다음 해(1625) 경상도 관찰사로 안동지역을 순찰하던 도중 숙소에서 돌연사하고 말았다. 사실 요즘으로 치면 '해바라기 정치인'으로 '까일' 행보도 많이 보인 김치였으나, 아들에게만큼은 더할 나위 없이 든든한 바람막이였기에, 그의 사망으로 김득신은 큰 좌절을 맛봐야 했다. 아버지를 밤티골에 묻고 무덤 옆에 작은 움집을 지은 김득신은 이곳에서 내리 3년을 살았다. 움집에서의 유일한 벗도 역시나 책이었다.

3년 상을 마친 김득신은 거처를 할아버지 김시민의 고향인 천안의 목천현 백전(栢田)리로 옮기고 시 쓰기에 더욱 열을 올렸다.

▷ 그의 호 '백곡'의 '백' 자는 바로 이 백전리에서 따온 것이다. 백전리의 현주소는 '천안시 동남구 병천면 가전리 백전마을'이다.

그러던 어느 날 김득신의 공부방에 예조참판을 지낸 외삼촌 목서흠이 들렀다. 대제학 출신 택당 이식(李植)으로부터 '한 세대의 완전한 인물'이라는 극찬까지 들은 바 있는 바로 그 목서흠이었다. 김득신은 감성을 두어 스푼 탄 자작시를 외삼촌에게 내밀며 냉정한 비평을 청했다. '서흠이 삼촌'은 조카의 시를 찬찬히 읽고 난 뒤 '과연 그 아버지에 그 아들'이라며 폭풍 찬사를 쏟아냈다. 김득신이 비로소 어엿한 시인

으로 인정받는 순간이었다. 그때 '서흠이 삼촌'이 받아 들고 읽은 시는
이랬다.

> 星斗欄干月滿天(성두난간월만천) 石池秋光銷寒烟(석지추광소한연)
> 북두성은 난간에 걸려 있고 달빛은 하늘에 가득한데, 石池는
> 가을 색 깊어 차가운 안개에 잠겼어라.
> 黃花依舊樽仍在(황화의구존잉재) 千載陶君若箇邊(천재도군약개변)
> 예로운 국화는 만발하였고 술 항아리도 그대로이니, 그 옛날의
> 도연명이 여기에 있는 듯하네.

김득신의 시 세계

김득신은 스물일곱 살 때인 1630년 책 상자를 메고 사찰로 들어가
글공부에 매진하다가, 1634년부터는 고문(古文)을 반복해서 읽기 시작
했다.

> ▷ 예의 '독수기'는 이때부터 1670년까지 1만 번 이상 읽은 옛글 36편의 목록을
> 밝혀놓은 글이다.

산에서 내려온 뒤 그는 가족을 이끌고 서울 용산으로 이사했다. 그
리곤 다시 시 쓰기에 전념했다. 이때부터 김득신의 이름 석 자는 '어촌
이나 산촌과 농가의 정경을 자기만의 시어로 그림같이 묘사한다'라는

세평에, "그대의 시가 당금 제일이다"라는 이식의 극찬까지 얹혀 지면 시 세상에 널리 알려지게 됐다.

김득신은 어느 비오는 날, 용산 산허리에 지어진 정자로 나갔다. 거기서 검실검실 흘러가는 한강을 물끄러미 내려다보고 있자니 불현듯 시심이 폭발해 이런 시를 한 수 지었다. 후일 효종이 이 시를 보고 "당나라 사람에게 부끄럽지 않구나."라는 호평과 함께 화원에게 이 시의 풍경을 병풍에 그리도록 지시했다고 한다.

> 古木寒雲裏(고목한운리) 秋山白雨邊(추산백우변)
> 고목은 찬 구름 속에 잠기고, 가을 산엔 소나기 몰려오네.
> 暮江風浪起(모강풍랑기) 漁子急回船(어자급회선)
> 해 저문 강에 풍랑이 이니, 어부가 급히 배를 돌리네.
>
> - 용호(龍湖)에서 -

이번엔 그의 또 다른 대표작 전가(田家)다. 어느 눈 온 날 호랑이가 지나간 뒤의 어수선한 농가 풍경을, 마치 한 점의 삽화처럼 잘 묘사해 내고 있다.

> 籬壞翁嗔犢(리폐옹진독) 呼童早閉門(호동조폐문)
> 늙은이가 울타리 망친 송아지를 꾸짖고, 아이를 불러 일찍 문을 닫으라 하네.
> 昨夜雪中跡(작야설중적) 分明虎過村(분명호과촌)

어젯밤 내린 눈 위에 난 발자국을 보니, 틀림없이 범이 우리 마
을을 지나갔던 게야.

- 전가(田家)에서 -

김득신이 쓴 수필 중에 '관동별곡에 대한 소감(關東別曲序)'이라는 글
이 있다, 그 글에는 이런 대목이 있다.

『…지난 정축년(1537년) 전쟁(병자호란)이 끝난 뒤에 나는 관동의
실직(悉直: 삼척의 옛 이름)에서 노닌 일이 있었다. 그 당시 그 지방의
젊은 기생 한 사람이 이 〈관동별곡〉을 매우 잘 불러 늘 그를 죽루
(竹樓: 죽서루)에 불러다 놓고 노래를 시켰다. 그러면 나의 감흥이
고조될 뿐만 아니라 시문에 대한 상상도 넓어짐을 느꼈었다…』

이때 한껏 넓어진 상상력을 바탕으로 즉석에서 지은 칠언율시 한 수
가 오늘날까지 전해오고 있다.

迢迢湖路幾時尋(초초호로기시심) 回首天邊萬疊岑(회수천변만첩잠)
먼 호서 길 어느 때나 밟을까, 하늘가로 머리 돌리니 산봉우리
수없이 겹쳤어라.
老雁嘶和蠻店笛(노안시화만점적) 怪禽啼雜峽村砧(괴금제잡협촌침)
늙은 기러기 울음소리는 어촌의 젓대 소리와 어우러지고, 괴상
한 새소리는 산골 마을 다듬이 소리와 섞였네.
中原戰血流依舊(중원전혈류의구) 西塞軍聲動至今(서해군성동지금)

중원의 싸우다 흘린 핏물 예전과 다름없이 흐르고, 변방의 군
사 띠들썩한 소리는 아직껏 신동하네.

獨上危樓憑曲檻(독상위루빙곡함) 海棠花雨暮江潯(해당화우모강심)

홀로 높은 누대에 올라 굽은 난간에 기댔으려니, 해당화 우수수
떨어지는 강가에는 해가 저무누나.

- 죽서루에 올라 -

드디어 벼슬길에 나서다

공자는 30세를 이립(而立), 즉 '배움에 성과를 이루는 나이'라고 했다.
시인으로서 김득신은 분명 이립에 어느 정도 성과를 이뤘다. 하지만
그는 여전히 배가 고팠다. 어퍼컷 세리머니의 그 '히동구 아재' 처럼.

이립을 넘기면서부터 김득신의 몸이 부쩍 단 이유는 어릴 때부터 품
어 왔던 꿈을 여전히 이뤄내지 못하고 있었기 때문이다. 그건 바로 과
거시험 합격을 통한 벼슬길이었다. 사실 돌아가신 아버지도 "너는 예
순 살이 될 때까지 과거를 포기하지 마라."는 유언을 남긴 마당이니 김
득신에게 있어 이건 이미 '선택'의 차원을 넘어선 문제였다.

이에, 연기가 모락모락 피어오르는 불량 기억 저장장치에 물수건까
지 둘러대며 그는 다시금 글공부에 몰입했다. 그리고 이립의 끝물인
39세(1642년) 때 드디어 소과(진사 시험)에 3등 51위의 성적으로 합격했
다. 당연히 감회가 남달랐을 김득신, 아니 김 진사님은 한 가상 로컬
언론과의 인터뷰에서 이런 합격 소감을 밝혔다.

"한유의 글과 사마천의 사기를 천 번이나 읽었거늘 이제야 겨우 진사과에 붙었시유(韓文馬史千番讀 董捷今年進士科)."

하지만 진사시는 대과(과거시험)로 가기 위한 '예비고시' 성격이었을 뿐 이것만으로 곧바로 벼슬길에 나설 수는 없었다. 김득신은 외삼촌의 '빽'에 힘입어 1646년부터 숙녕전 참봉직을 잠시 맡기도 했지만, 그리 적성에 맞지 않아 - 특히 잦은 숙직이 너무 싫어 - 얼마 뒤 그만뒀다.

그리곤, 성능 형편없는 기억 저장장치를 다시 예열하고 학업에 정진하길 또 수삼 년, 그리하여 그의 나이가 어느덧 환갑을 코앞에 둔 쉰아홉 살에 드디어 마침내 기어코 꿈에 그리던 과거시험(문과 증광시)에 병과(19위)로 합격하는 쾌거를 이룰 수 있었다. 그때가 1662년(현종 3) 3월이었다.

▷ 김득신은 과거 급제 이후 서책에 '사세문과(四世文科)'라는 말을 썼는데, 이 말은 증조부(김충갑, 1546), 조부(김시회, 1567), 부친(김치, 1597), 본인(1662)에 이르는 4대가 차례로 문과에 급제했기 때문이다.

사직 그리고 낙향

'조선 팔도에서 글공부를 가장 열심히 한 사람'이라는 현종의 덕담 -인지 놀림인지 헷갈리는 말 -까지 들으며 조선판 '행정고시' 합격증을 받아 든 김득신은, 이후 병조, 공조, 예조 좌랑·정선 군수·풍기 군수·사헌부 장령·장악원정 등 여러 관직을 짧게나마 두루 거쳤다. 하지만 환갑을 코앞에 두고 시작한 그의 늦깎이 관직 생활은 그리 호락호락하지 않았다. 조정 대신들의 '디스'가 생각 이상으로 거셌기 때문이다.

珂馬驅馳九陌塵(가마구치구맥진)

장식한 말을 타고 한양 거리 먼지를 날리지만

衰年宦味盆酸辛(쇠년환미익산신)

노쇠한 나이라 벼슬살이 더더욱 힘드네.

蒲帆未掛秋風去(포범미괘추풍거)

돛도 달지 않고 갈바람에 배 떠나는데

無乃沙鷗送罵頻(무내사구송매빈)

모래밭 갈매기 어서 가라 꾸짖지 아니할까.

- 돌아가고픈 생각에 -

당쟁이 극심하던 시기에 혼자 '중립기어'를 박고 있는 게 고까웠던지, 심지어는 사관조차 '오활(迂闊)'이라는 심히 굴욕적인 단어를 소환하며 '디스' 대열에 합류하는 지경이었다. 오활이란 '물정에 어두움', '멍청함', '얼뜸' 등의 부정적인 의미를 듬뿍 내포한, 심히 기분 잡치는 단어였다.

『김득신은 젊어서부터 글을 읽었고, 늙어서 더욱 부지런하였으나, 사람됨이 오활(迂闊)하여 시대에 쓰인 바 없었다.』

- 〈숙종실록〉 1684년(숙종 10) 9월 6일 기사 -

벼슬살이와 서울 생활 등에 두루 환멸을 느낀 김득신은 어느 날 '병든 몸 억지로 끌고 서울에 왔건만, 마음은 밤낮 산골 물가로 돌아간다(强扶衰病入京師 日夜歸心峽水湄)'는 자작시처럼 그렇게 벼슬을 내려놓고 홀연히 어린 시절의 추억이 남아 있는 괴산 능촌으로 낙향했다.

그리곤 선산이 있는 개향산 자락에 멋들어진 정자를 하나 짓고 취묵당(醉默堂)으로 명명했다. 술에 취하더라도 입을 막 놀리지 않겠다는 의지가 투영된 취묵당. 당쟁이 기승을 부리던 시대상을 적절히 반영한 이름이었다.

『당(堂)의 이름을 취묵(醉默)이라고 단 것은 대개 취하더라도 침묵해야 한다는 뜻을 잊지 않고자 함이다. 만약에 능히 취하여서도 침묵하고 깨어서도 침묵한다면 망령된 말을 하지 않아 몸이 재

괴산 취묵당

난을 면할 수 있다면, 이는 중구가 준 것이니, 어찌 그가 나를 경
계한 뜻을 저버린 깃이리오?』

- 〈취묵당기(醉默堂記)〉 -

취묵당을 지은 지 얼마 뒤, 김득신은 개항산 입구 언덕바지에 자신
이 거주할 아담한 띠집[52]도 하나 마련했다. 그야말로 나그네 같은 인
생길을 갈무리할 그의 마지막 쉼터였다.

　　山口結開香茅庵(산구결개향모암)　日夜牕間透翠嵐(일야창간투취람)
　　개항산 입구에 지은 띠집, 밤낮없이 창 사이로 푸른 기운이 스
며드네.
　　明月欲沈花滿地(명월욕침화만지)　枕邊孤夢落江南(침변고몽낙강남)
　　밝은 달은 지려 하고 꽃이 땅에 가득한데, 베갯머리의 외로운
꿈은 강남땅에 떨어지네.

김득신은 80세 때까지 이곳에 머물면서 괴산, 증평, 목천 등지의 벗
들, 그리고 당대의 문사들과 시로써 많은 이야기를 나눴다. 이 시기 그
는 '귀석산인(龜石山人)'이라는 호도 썼는데, 이 호는 그의 묘가 자리한
좌구산 아래쪽의 귀석산에서 따온 것이다.

김득신은 1683년(숙종 9) 1월에 '명예직 종2품'인 가선대부(嘉善大夫)
에 오르고 안풍군(安豊君 : 조부 김시민의 공훈)으로 봉해졌다. 하지만 호

---

52 띠집 : 풀로 지붕을 얹은 집

사다마랬다고, 그의 최후는 매우 급작스럽고 또한 참혹했다. 불과 1년 반 뒤인 1684년(숙종 10) 8월 30일, 취묵당에서 한밤중에 들이닥친 명화적[53]에게 처참히 피살되고 만 것이다.

> 『명화적이 사부(士夫)의 집에 들어가서 인명을 살해하여 2품 재신(宰臣)이 칼날에 상하여 죽었으니, 놀라고 참혹함을 금하지 못하겠다. 각진(各鎭)의 토포사(討捕使)로 하여금 시일을 한정하여 찾아 잡게 하라.』
>
> 　　　　　　　　　　 - 〈숙종실록〉 1684년(숙종 10) 9월 6일 -

그때 그의 나이는 81세. 두 명의 부인으로부터 얻은 8남 3녀의 자식과 7책 분량의 문집, 그리고 1,500수가 넘는 시와 177편의 글을 세상에 남긴 채로였다.

무언가에 미친다는 것은

누구든 명색이 '국가대표'급 기인 혹은 이인에 도전장을 내밀 배포가 있다면 무엇보다 그에 합당한 '끼'를 보여줘야 한다. 사실 김득신의 경우는 본시 두뇌 회전이 느린 데다 워낙 책에 미쳐 살다 보니 본의 아니게 깨알 같은 일화들을 많이 남겼을 뿐, 기인이나 이인의 범주에 넣

---

53 명화적(明火賊) : 횃불을 들고 떼를 지어 부잣집 등을 습격하던 도적

기에는 너무나 멀쩡한 인물인 것도 사실이다.

그럼에도, 나는 그의 이름 석 자를 국가대표 괴짜 리스트에 낭랑히 올렸다. 이런저런 군소리 다 빼고 가장 솔직담백한 이유를 하나 댄다면 '이 책을 통해 삶에 귀감이 될 인물을 최소한 하나쯤은 건져야 하잖겠냐' 하는 독자 제위의 소박한(?) 바람에 부응하기 위해서다.

우리가 별생각 없이 내뱉는 말 중에 '제아무리 날고 기는 놈도 질긴 놈한테는 못 당한다'라는 금언(?)이 있다. 스포츠에서도, 기업경영에서도, 직장생활에서도, 심지어 공부에서도, 이건 진리다.

그렇다면 어떻게 해야 '질긴 놈'이 될 수 있나?

옛말에 불광불급(不狂不及)이라는 성어가 있다. '미치지 않으면 미칠(닿을) 수 없다'는 말이다. 그렇다. 질겨지려면 미쳐야 한다. 그것도 적당히 미친 척하는 게 아니라 단단히 미쳐야 한다.

이 단원의 주인공 김득신은 책에 미친 사람이었다. 미쳐도 단단히 미친 사람이었다. 그랬기에 그는 돌멩이를 이고 다닌다는 비아냥 속에서도 종국엔 고을 원님도 하고, 안풍군이라는 작위까지 받는 영예를 얻을 수 있었던 것이다.

충북 증평읍 율리 밤티골 좌구산 자락에는 김득신의 묘가 있다. 그곳에 김득신이 생전에 써놨다는 묘비명은, 수백 년이 지난 오늘날까지 그가 왜 타의 귀감으로 자주 입설에 오르내리는지 절감케 해주는, 그래서 아이들 공부방에 액자로 걸어둬도 참 어울리겠다 싶은 다음과 같은 음각의 글귀가 '모범답안'인 양 반짝거리고 있다.

재주가 남만 못하다고 스스로
한계를 짓지 마라.

나보다 어리석고 둔한 사람도
없지만

결국엔 이룸이 있었다.

모든 것은 힘쓰는데 달려있을
따름이다.

참고 자료

시인(이문열)

정조와 철인정치의 시대(이덕일)

조선의 프로페셔널(안대회)

조희룡과 골목길 친구들(설흔)

조선사 쾌인쾌사(이수광)

작은 것의 아름다움(남공철 지음, 안순태 옮김)

이지함 평전(신병주 지음)

토정 이지함 설화 연구(최운식)

근원수필(김용준)

나는 김시습이다(강숙인)

술에 미치고 자연에 취하다(박경희)

화인열전(유홍준)

전우치전 연구(변우복)

전우치전(김남일 글, 윤보원 그림)

북창 정렴 깊이 읽기(정재서 편저)

조선 명문가 독서교육법(이상주)

김득신(박선욱)